创新型高等教育精品教材
根据《大中小学国家安全教育指导纲要》编写

新编
大学生安全教育
XINBIAN DAXUESHENG ANQUAN JIAOYU

主编 李迪 朱剑昌 李磊

湖南大学出版社

内 容 简 介

本书依据理论结合实践的原则,从培养大学生安全意识、增加大学生的安全知识及提高大学生应对安全危机的技能的角度出发,结合当代大学生面临的安全问题,系统介绍了大学生安全教育的重要性和各类安全常识,并结合具体案例,介绍了各种安全问题的预防与应对方法。具体内容为:大学生日常安全、大学生人身财产安全、网络与信息安全、校外活动安全、公共安全和国家安全。

本书可作为高等院校安全教育课程的教材使用,也可作为广大读者学习安全知识的参考书。

图书在版编目(CIP)数据

新编大学生安全教育 / 李迪,朱剑昌,李磊主编 . — 长沙:湖南大学出版社,2023.8
ISBN 978-7-5667-2987-3

Ⅰ.①新… Ⅱ.①李… ②朱… ③李… Ⅲ.①大学生-安全教育 Ⅳ.① G641

中国国家版本馆 CIP 数据核字(2023)第 090191 号

新编大学生安全教育
XINBIAN DAXUESHENG ANQUAN JIAOYU

主　　编:	李　迪　朱剑昌　李　磊
责任编辑:	全　健
印　　装:	三河市悦鑫印务有限公司
开　　本:	787 mm×1092 mm　1/16　　印　张:15　　字　数:274 千字
版　　次:	2023 年 8 月第 1 版　　印　次:2023 年 8 月第 1 次印刷
书　　号:	ISBN 978-7-5667-2987-3
定　　价:	45.00 元

出 版 人:	李文邦
出版发行:	湖南大学出版社
社　　址:	湖南·长沙·岳麓山　　邮　编:410082
电　　话:	0731-88822559(营销部),88821594(编辑室),88821006(出版部)
传　　真:	0731-88822264(总编室)
网　　址:	http://www.hnupress.com
电子邮箱:	437291590@qq.com

版权所有,盗版必究
图书凡有印装差错,请与营销部联系

《新编大学生安全教育》编写委员会

主　编　李　迪　朱剑昌　李　磊

编　委　（按姓氏笔画排序）

卜朝相	王明才	田　野	田利华	朱　斌	许卫平
杨　剑	李　毅	李亚林	李瑞华	肖　兵	肖　敏
吴　飚	何　伟	汪东明	张　明	张先勇	陆　琼
陈四兰	陈仕玖	周　旭	周　劼	周　波	周松青
赵　闽	赵北辰	洪　亮	贺明华	夏武科	郭建中
唐智勇	陶　昱	黄军华	梁　伟	谌少华	彭　伟
彭海华	曾应华	湛建新	温雪松	蔡　民	黎志忠

前 言

安全是人类生存和发展的基础，也是社会存在和进步的前提。随着经济的腾飞和社会的发展，人类对安全的认识和重视程度也在不断提高。对全社会而言，安全问题是全民关注的焦点，而学校是为国家培养人才的基地，学生安全工作更关系到学生健康成长和人才培养的质量，关系到千千万万个家庭的幸福。

《中华人民共和国高等教育法》《普通高等学校学生管理规定》《高等学校学生行为准则》等法规，明确了高校在大学生安全教育和管理中的权利和义务，推动了大学生安全教育工作的深入开展。

开展大学生安全教育是维护国家安全、保障校园稳定、保护大学生安全的重要措施。安全教育的目标是引导大学生树立安全观念，提高安全意识，掌握安全知识和安全防范技能，使他们能够勇敢、机智地处理各种危险，正确地进行避险自救。掌握安全知识是大学生顺利完成学业的安全保障。

本书紧紧围绕大学生在校期间的各项行为活动，主要讲述了大学生日常安全、大学生人身财产安全、网络与信息安全、校外活动安全、公共安全和国家安全等内容，并结合大量的案例，帮助大学生提高安全防范意识，增强大学生预防和应对安全事故的能力。

本书由李迪、朱剑昌和李磊主编，李迪负责统稿。卜朝相、王明才、田野、田利华、朱斌、许卫平、杨剑、李毅、李亚林、李瑞华、肖兵、肖敏、吴飚、何伟、汪东明、张明、张先勇、陆琼、陈四兰、陈仕玖、周旭、周劼、周波、周松青、赵闻、赵北辰、洪亮、贺明华、夏武科、郭建中、唐智勇、陶昱、黄军华、梁伟、谌少华、彭伟、彭海华、曾应华、湛建新、温雪松、蔡民、黎志忠作为本书编写委员会成员，在本书编写过程中提出了很多建议，并提供了很多资料，对本书的完成给予了很大帮助。

本书在编写过程中参考和借鉴了许多相关专著、论文，在此向相关作者和单位表示感谢。

由于作者水平有限，不足之处恳请广大读者批评指正。

编 者

2023 年 3 月

目 录

绪 论 安全防范 刻不容缓 001

第一节 安全的内涵 003

第二节 大学生安全教育的方法、原则和意义 005

第一章 大学生日常安全 013

第一节 消防安全 015

第二节 交通安全 031

第三节 饮食安全 043

第四节 教学活动安全 052

第二章 大学生人身财产安全 064

第一节 大学生人身安全 066

第二节 大学生财产安全 093

第三节 防范电信诈骗 106

第三章　网络与信息安全 ... 127

第一节　大学生网络安全概述 ... 129
第二节　个人信息安全 ... 144

第四章　校外活动安全 ... 153

第一节　社交活动安全 ... 155
第二节　兼职、实习（实践）安全 ... 159
第三节　求职就业安全 ... 167

第五章　公共安全 ... 183

第一节　应对自然灾害 ... 185
第二节　谨防事故灾难 ... 196
第三节　公共卫生安全 ... 204

第六章　国家安全 ... 214

第一节　总体国家安全观 ... 216
第二节　国家秘密 ... 221
第三节　崇尚科学　反对邪教 ... 227

参考文献 ... 232

绪 论

安全防范 刻不容缓

安全是人类生存发展过程中最基本的需求之一。它是人类生存和发展的基础，也是社会存在和进步的前提。它不仅关乎个体生命财产的安危，还关乎着家庭的幸福美满，更关乎着社会的和谐安定和国家的长治久安。大学生肩负着实现中华民族伟大复兴的使命，加强大学生安全教育具有重大的意义。

大学生安全教育宣传片

知识导图

绪论

- 安全的内涵
  - 安全与安全教育的定义：安全、安全教育、大学生安全教育
  - 大学生安全教育的特征：全面性、实用性和实践性、递进性、创新性
  - 大学生安全教育的目标：树立"安全第一"的意识，掌握必备的安全知识，掌握安全防范技能

- 大学生安全教育的方法、原则和意义
  - 大学生安全教育的方法：课堂教育、实践教育、自我教育
  - 大学生安全教育的原则：课堂教育、实践教育、自我教育相结合；内容充实与方法创新相结合；教育引导与强化管理相结合；加强领导与加强安全队伍建设相结合
  - 大学生安全教育的意义：保障大学生健康成才，维护国家安全和利益，维护高校校园稳定，提高大学生自我防范和自我保护能力

第一节 安全的内涵

一、安全与安全教育的定义

（一）安全

安全就是没有受到威胁，没有危险、危害、损失。它既包括国家、社会层面的安全，也包括个体的安全。安全是人类生存和发展最基本的需要，是生命和健康的基本保障。

（二）安全教育

安全教育，既指教育者对教育对象施加的以安全问题为主要内容的系统性教育活动和教育影响，也包括教育对象进行的自我安全教育。

（三）大学生安全教育

大学生安全教育是指高校依照国家有关法律、法规，组织教师对大学生进行国家安全法规、学校安全规章及纪律、安全防范知识和技能教育的活动。

高校对大学生进行安全教育，旨在引导大学生树立正确的世界观和人生观，增强其安全意识与法治观念，提高其安全防范、自我保护和应急救护的能力，最终促进大学生的全面发展，维护社会的安全稳定。

二、大学生安全教育的特征

大学生安全教育既具有教育的一般特征，也具有其特殊性。概括来讲，大学生安全教育的特征主要表现为以下几个方面。

（一）全面性

一方面，安全教育是大学生综合素质教育的重要组成部分，是面向全体大学生的安全素质教育；另一方面，安全教育涉及的内容丰富，种类繁多，因此，在开展安全教育时要面向全体学生，教育学生全面掌握安全知识和技能，保障和促进学生综合素质的整体提升。

（二）实用性和实践性

进行安全教育的最终目的是提升大学生的安全意识，防范安全事故、安全灾害的发生。要实现这样的安全教育目的，只有通过学习、生活、工作中的实践活动才能达到。因此，在对大学生进行安全教育时，教师和安全教育实际工作者不能把安全教育停留在空洞的说教上，不能停留在让学生仅仅了解安全知识和技能上，还应采取现场说法、案例分析、模拟演习和实习实践等形式，让学生在实践中学习、锻炼和提升。

（三）递进性

安全教育不可能一蹴而就，必须递进强化。由于绝大多数学生在学习、生活和工作中很少遇到大的安全事故和安全灾害，因此他们容易认为安全事故、安全灾害离自己很远，这导致他们自身的安全意识整体不强，加上学习安全知识和安全技能后又不经常使用，因而掌握的安全知识很容易被忽视。所以，在开展安全教育时，必须根据安全形势的需要，以灵活多样的方式、方法开展经常性的安全教育，使安全教育常态化、制度化、科学化，从而不间断地巩固学生的安全意识、安全知识和安全技能，实现安全意识、安全知识和安全技能递进强化。

（四）创新性

随着科学技术的迅速发展和人类生产、生活方式的变化，诱发安全事故、安全灾害的因素也在不断地发生着改变。大学生已有的安全意识、安全知识和技能，随着时间的推移和环境、条件的不断变化，也需要不断地更新和创新。因此，教师和安全教育实际工作者要积极主动地结合新知识、新技术、新案例和新技能，教育学生与时俱进地掌握安全知识，增强安全意识，提升安全技能，排除学习、生活中的安全隐患，正确应对新型安全事故和安全灾害。

三、大学生安全教育的目标

大学生安全教育具有重要的目标指向，其目标是使大学生在安全意识层面、安全知识层面和安全技能三个层面取得进步。

（一）意识层面

通过安全教育，大学生应当彻底走出把安全问题不当一回事的思想认识误区，牢固树立"安全重于泰山""安全无小事"的安全观念，牢固树立"安全第一"的安全意识，牢固树立积极正确的社会安全责任感，把安全问题与个人发展和国家需要、社会发展相结合，为构筑平安中国、平安社会、平安校园、平安人生做出积极的努力。

（二）知识层面

通过安全教育，大学生应当了解和具备有关安全的基本知识；学习和掌握与安全问题息息相关的法律法规和校规校纪；学习和掌握安全问题所包含的基本内容与诱发因素；学习和掌握必要的安全信息、相关的安全问题分类知识及安全保障的基本知识。

（三）技能层面

通过安全教育，大学生应当了解和掌握安全防范技能、安全信息搜索与安全管理技能，了解和掌握以安全为前提的自我保护技能、沟通技能、问题解决技能，了解和掌握必要的急救技能，养成在日常生活和突发安全事故、安全灾害中正确应对的行为习惯，最大限度地预防和减少安全事故和安全灾害对自身造成的危险与伤害，从而保障自身健康快乐地成长。

第二节 大学生安全教育的方法、原则和意义

大学生安全教育是高等院校思想政治教育和素质教育的重要组成部分，涉及的内容非常广泛和丰富。同时，大学生安全教育也要遵循其自身的方法和基本原则，只有这样，才能提高安全教育的实效性和针对性，取得事半功倍的效果。

一、大学生安全教育的方法

大学生安全教育要加强针对性，突出实效性，教育方法与途径的选择至关重要。概括来讲，大学生安全教育主要有三种方法。

（一）课堂教育

课堂教育既包括安全教育教师组织的课堂教育，也包括安全教育实际工作者（如辅导员、班主任）组织的班课、团课等课堂教育。因为课堂教育具有计划性、系统性、科学性和思想性等特点，因此它既是安全教育常用的方法与途径，也是实现安全教育目标的主要方法与途径。课堂讲授形式应该灵活多样，以适合大学生的认知特点和身心发展的基本规律，可以采用计算机多媒体教学、实物演示、典型案例分析，以及研讨式、演讲式、座谈式、参观式、比赛式、辩论式等教学方式。

（二）实践教育

大学生安全实践教育主要包含三个方面的内容：一是模拟危险场景（如火灾、地震等灾害）演练，使学生身临其境，在实践中加深感悟，从而增强自救逃生的意识和能力；二是事故现场参观感悟，如带领学生参观汶川大地震遗址、泥石流灾害现场、安全事故场景等；三是让学生积极参与学校安全管理。强化安全实践教育能使学生产生更深刻的认识与感悟。开展一次模拟演练，参观一个事故、灾害现场，参加一次安全管理，远比一次空洞的课堂说教的教育效果更好。同时，还要经常组织学生参与安全技能实践，使其熟练掌握和运用一些必要的安全技能，这样才能在遇到安全事故和安全灾害时灵活正确地应对，最大限度地减少安全危害和损失。

（三）自我教育

自我教育是激发大学生自身安全教育意识和能力的教育途径和方法。大学生在校学习、生活的几年之中，安全事故、安全灾害并非时时刻刻都会发生，也并非每个学生都会亲身经历，因此，他们很容易认为安全事故、安全灾害离自己很遥远，从而产生麻痹大意、消极松懈的思想意识，进而导致在行为上疏于防范。单纯依靠课堂教育、实践教育这两种途径和方法是远远不够的，还需要学生通过自我管理、自我学习、自我教育，把安全教育贯穿在学校学习、生活的全时段、全方位、全过程，达到安全问题年年讲、月月讲、天天讲、时时讲，将其内化为自觉的安全意识和能力。采用这种教育途径和方法，需要在教师的引导下，既突出某项专门防范重点，又宣传一般安全知识，寓教于乐，使安全知识、安全信息通过潜移默化的方式深入学生心中。

在安全教育的三种途径和方法之中，课堂教育和实践教育一般来讲都是外在的教育，自我教育则是内化的教育。只有把外在的教育积极转化为内化的教育，把安全教育外在的规范要求、说教转化为学生内在的、自觉的安全意识和安全需要，安全教育的效果才会更加显著。

二、大学生安全教育的原则

大学生安全教育要从大学生的认知特点出发，遵循大学生身心发展的基本规律，坚持和把握以下基本原则。

（一）课堂教育、实践教育和自我教育相结合

课堂教育是安全教育的主渠道，实践教育是安全教育的重要组成部分，自我教育是安全教育的内化要求，三者必须相互结合才能相得益彰。安全教育课程要采用理论与实践、讲授与训练相结合的方式进行。加强对安全教育的制度规划和制度设计，将安全教育课程列入教学计划，落实师资、教材、课时、经费及相关教学设施设备，落实实践教育相关环节，确保安全教育课堂教学、实践教学和自我教育的质量。在安全教育过程中要坚持理论联系实际，通过模拟演习、参观现场、安全管理等实践活动，让学生身临其境，提高运用安全知识解决实际问题的水平，将安全知识加快转化为实践能力。

（二）内容充实与方法创新相结合

现代网络信息技术的快速发展，拓展了安全教育的空间和渠道，大学生安全教育如果不思进取，继续停留在原来的老面孔、老套路、老方法上，缺乏时代特征，必然缺乏吸引力、针对性和时效性。因此，开展大学生安全教育，要在继承和发扬优良传统的基础上，不断推陈出新，注意引用最新发生在高校的典型安全事件和安全案例，不断更新和丰富安全教育内容，增强教育的时效性和前瞻性。要不断改进和创新教育的方式和方法，使之由封闭型向开放型转变，由单纯灌输型、说教型向理论与实践并重转变，由传统的教育手段向现代教育手段转变。只有这样，才能取得更好的安全教育效果。

（三）教育引导与强化管理相结合

教育引导与强化管理相结合（即"管教结合"）是安全教育的重要原则。重管理轻教育不对，重教育轻管理更不对。在安全教育实践中，安全教育与安全管理相辅相成、缺一不可，它们都是实现安全教育目标的重要途径和手段。加强大学生安全教育，要坚

持以正面教育为主,引导学生重视安全问题,培养他们的安全意识,提高他们处理安全事故、安全灾害的基本技能,提高他们应对安全风险的能力。在教育引导的同时,还要加强学校安全管理,将安全工作纳入学校办学治校的重要议事日程,严格依照国家有关安全工作的法律法规,建立健全各项安全管理规章制度,规范学生的日常行为;采取各种积极有效的措施,预防、发现和控制学生中可能发生的违法犯罪行为,认真落实学校各项人防、技术安全措施,保障学生的生命财产安全和学习生活安全。

(四)加强领导与加强安全队伍建设相结合

安全工作事关重大,安全责任重于泰山。各院校要高度重视安全工作,切实加强安全工作领导,把安全工作纳入院校的重要工作,与其他重要工作同布置、同落实、同检查。要把安全教育纳入学校人才培养工作和学校德育工作体系,安排和落实好安全教育课时与教学计划,为安全教育进课堂、进教材、进学生头脑提供最基本的组织保障和制度保障。应加大安全教育的经费投入,为开展安全教育提供良好的教学基本设施、设备,提供良好的教育教学条件。要建立安全教育教研机构,负责教育教学组织;要建立建好安全教育资料室,收集整理各种教学资源和学习资源;还要加强安全工作的考核检查,建立健全考核评价体系,完善安全教育的奖惩激励机制。在加强安全教育领导工作的同时,要高度重视安全教育队伍建设。要把安全教育队伍建设纳入学校人才队伍建设的总体规划,做到安全教育队伍建设立足当前、着眼长远;应当根据学校办学实际,建立专职(保卫干部、专职安全教育教师)和兼职(辅导员、班主任和其他工作人员)相结合的安全教育师资队伍,加强安全教育教师培养和培训工作,鼓励教师积极开展教学实践和教学研究,鼓励团队教学;聘请校内外相关方面的专家和安全工作实际工作者充实教学队伍,创造性地开展各种形式的教学活动,促进教师教学效果和学术水平的不断提高,积极组织教研活动、集体备课和教育培训,不断提高安全教育师资队伍的整体素质。

三、大学生安全教育的意义

(一)加强安全教育是大学生健康成长成才的需要

大学时代既是大学生学习科学文化知识的重要时期,也是其心理日益成熟的关键时

期,更是扩大人际交往、丰富社会经验、踏上社会舞台的准备期。大学的生活对于每一位学子来说都是一段美好又难忘的时光。而这一切开始的时候,不易被同学们重视的往往是安全问题。安全是什么？安全是每一个大学生完成学业的重要保证,是每一个大学生健康成长的基本条件。安全教育关系到大学生的个人生命及其他安全,关系到大学生的健康成长,关系到千千万万个家庭的幸福,关系到高校和社会的稳定和发展。

加强安全教育是大学生健康成长成才的需要。大学时代是青年学子生理与心理、个人与他人、理智与情感、专业学习与素质拓展等各种矛盾最集中的阶段,充沛能量的释放、矛盾的交织和情感的跌宕起伏也不时冲击着宁静的校园生活。但朝气蓬勃、多姿多彩的大学校园并不是"世外桃源",在开放包容、宽松多样、鼓励竞争和加快国际化的环境下办学,学校、学生、现实社会三者之间无时无刻不发生着各种各样的联系,大学校园中存在着许多学生必须时刻关注的安全问题。

从大学生成长的历程看,大学是一个人成长成熟的关键时期。当代大学生以"00后"为主。他们思想独立,个性十足。但不少大学生安全意识、法纪观念淡漠,社会生活经验欠缺,人生阅历尚浅,心理承受力较弱,缺乏必要的预防和应对外来侵害、灾害事故等方面的基本常识和经验。而安全问题不仅是大学生在校学习和生活中可能遇到的问题,也是其毕业后走向社会可能遇到的问题。因此,学习和掌握适应时代要求的安全知识和自我保护技能,增强防范意识,提高防范能力,不仅有利于保障大学生在校正常生活学习、顺利完成学业,而且有助于增强他们认识社会、适应社会的能力,将使大学生在今后的人生中获益良多,从而减少因安全问题而造成的终身遗憾和悲剧。

（二）加强安全教育是维护国家安全和利益的需要

首先,当前我国面临的环境复杂多变,安全形势不容乐观,主要表现为境外敌对势力、间谍情报机构、受西方控制的非政府组织和舆论工具等为达到"分化""西化"中国的目的,为了搞乱中国人的思想,一方面,利用各种渠道,以公开或秘密的方式,传播西方的政治和经济模式、价值观念以及腐朽的生活方式,不惜一切与我们争夺青年一代,而大学生是他们着力腐蚀、拉拢、争夺的主要对象,妄图在中国内部培养和平演变的"内应力量"；另一方面,采取金钱收买、物质利诱、色情勾引、出国担保等手段,打着学术交流、参观访问、洽谈业务等幌子,刺探、套取我们国家和单位的秘密。

其次，相当一部分大学生对国家安全的认识模糊。一是对国家安全还停留在军事、战争、国防、领土、情报、间谍这样一些传统的、局部的或片面认识上。当前国家安全既包括国土安全、主权安全、政治安全、经济安全、国防安全、国民安全等传统内容，也包括意识形态安全、文化安全、科技安全、金融安全、信息安全等方面的新内容。因此，全方位理解国家安全有助于端正大学生的思想认识，增强大学生国家安全意识。二是部分大学生认为国家安全与自己无关，不能自觉地把维护国家安全与自身的责任联系起来。三是随着我国经济发展、社会稳定、人民安居乐业，国际地位日益提高，和平发展的环境使大学生自觉不自觉地对国内外敌对势力的破坏活动放松了警惕，认为"对外开放无密可保""和平期间无间谍"等。由于思想麻痹，造成国家的一些机密被泄露。更有甚者，个别人经不起金钱、美色等诱惑，不惜丧失国格、人格，出卖情报，给国家的安全和利益造成重大损失，教训极为惨痛。

最后，我国在和平崛起的过程中，也面临着复杂严峻的安全形势，而大学生的国家安全意识又相对薄弱，因此，切实加强大学生的国家安全知识教育，树立全新的总体国家安全观，既是必要的，也是紧迫的。

（三）加强安全教育是维护高校校园稳定的需要

高校校园稳定是维护国家、社会稳定的重要组成部分，是推进高等教育持续、健康、协调、快速发展的重要保证。随着改革开放的深入，高校已由过去的封闭式办学变为开放式办学，由一般教学、科研机构，变为教学、科研、生产、商贸等多元化的社会机构。当前，高校管理方式社会化，办学形式多样化，学生结构复杂化。高校校园对社会的开放程度越来越高，校园社会化日益明显，校园环境不安全因素也日益增多。校园与社会相互交叉、相互渗透等因素，导致校园治安形势日趋复杂、严峻。其主要表现为以下几种情况。

1. 校园环境日趋社会化、复杂化

随着高等教育事业的发展和改革开放的深入，高校由原来单一的教学封闭式转变为全方位、多功能、开放式的"小社会"，校园内不仅有教学区、生活区，还有家属区、居民区；不仅有教学、科研设施，还有工厂、公司、超市、书店、银行、邮局、医院、宾馆、浴室、餐饮店、影院、歌舞厅等生活服务设施和机构。一所高校就像一个小城市。这种复杂的格局客观上给高校的安全造成诸多不利影响。社会上的一些不法之徒时

常进入高校进行盗窃、抢劫、诈骗、行凶等犯罪活动，危害师生的人身安全，直接影响学校的安全稳定。

2. 大量的外来务工、经商人员给学校的治安管理带来了巨大的冲击

随着高校后勤的社会化，大量的外来人员进校务工、经商。其中，部分人文化素质偏低、法治观念淡薄、流动性较大，不易管理。部分外来人员违法犯罪现象比较突出。据调查，高校外来人员引发的案件占高校刑事、治安案件的40%。有的外来务工人员在工余时间东逛西遛、惹是生非；有的以打工做掩护盗窃学校公私财物；有的聚众赌博、打架斗殴，严重扰乱校园治安秩序。

3. 校区多而分散，交通安全存在较大的隐患

高校合并打破了学校独门独院办学的格局。由于校区分散，相邻校区间的人流、车流、物流互动，有的院（系）学生每天从甲校区到乙校区上课或去图书馆学习，形成了校区之间人员流动性增大的现状，稍有疏忽就易发生交通事故。

4. 校园周边治安环境日趋复杂

当前，高校周边治安形势仍然严峻，侵害学校师生人身及财产安全的治安、刑事案件时有发生。有关统计数据表明，高校校园内发生的刑事、治安案件或安全问题，大多数与学生有关。这些案（事）件的发生，不仅给学生本人及其家庭造成伤害，而且直接影响学校正常的教学、生活秩序，严重的还影响社会的稳定。因此，应加强大学生安全教育，提高学生的安全防范能力，以有效减少和避免发生在大学生中的各种安全问题，维护高校安全和稳定。

（四）加强安全教育是提高大学生自我防范和自我保护能力的需要

大学生群体是一个特殊的群体，其特点鲜明，主要表现如下：生理发育基本成熟，心理发育滞后；个性发展趋向定型，但可塑性依然很大；智力水平接近高峰，但开发尚不完全；社会意识不断增强，但阅历浅、经验不足、承受能力差；自我意识不断增强，但自我保护能力弱；独立意识增强，但社会协调能力差；等等。

近年来，学校内外发生的学生意外伤害事故，原因虽然各不相同，但有一个共同点，就是大多数当事学生面对伤害不知所措，对事故的发生没有任何心理准备和自我保护意识。当前大学生在自我防范意识和自我保护能力方面，主要存在以下问题。

1. 缺乏社会经验

当代大学生经受挫折少,思想单纯,缺乏社会经验,防范能力差,容易上当受骗。

2. 缺乏安全防范意识

大学生安全防范意识普遍淡薄,对可能发生的各种安全问题缺乏必要的重视和警惕。例如,人离开不锁门、贵重物品不妥善保管等,导致钱物失窃;违反宿舍安全管理规定,私拉乱接电线、违章用电、乱扔烟头等,从而造成各种安全事故。

3. 缺乏对社会消极因素的抵御能力

目前,我国正处在一个前所未有的转型发展期,乘虚而入的西方资产阶级腐朽思想和奢靡的生活方式,以及极端个人主义、利己主义、享乐主义,对那些涉世不深、阅历不广、缺乏社会经验的青年大学生来说具有极大的诱惑力。有的学生经受不住诱惑,从贪小便宜、小偷小摸发展到大肆行窃、害人害己、危害社会,堕落成社会的罪人。针对大学生自我防范和自我保护方面存在的问题和不足,加强大学生安全教育可以起到预防犯罪、减少罪案的作用。

第一章

大学生日常安全

 学习目标

1. 了解消防安全的基础知识
2. 了解预防火灾的方法
3. 掌握火灾逃生与自救的技能
4. 了解日常交通安全的常识
5. 了解日常交通事故的预防与处理
6. 了解饮食安全的基础知识
7. 掌握科学饮食的基本规律

知识导图

大学生日常安全

饮食安全

- **养成科学的饮食习惯**：膳食科学搭配的原则、不同季节人体对各种营养成分的需求、培养良好的饮食习惯
- **饮水安全**：卫生和安全的饮用水定义、养成健康的饮水习惯
- **警惕食物中毒**：食物中毒的特征、常见的食物中毒、食物中毒的预防、食物中毒的应急措施

教学活动安全

- **实训安全**：实训安全事故的预防、实训安全事故的应对
- **实验安全**：实验前安全准备工作、实验过程要规范操作、实验结束后安全事项、实验安全事故的处理
- **军训安全**：卫生安全、训练安全
- **体育教学安全**

消防安全

- **消防基础知识**：火灾的基本常识、常见灭火器的种类及选用
- **逃生与自救**：校园常见火灾隐患、校园火灾发生的原因、火灾报警、火灾逃生与自救的方法、人员密集场所火灾事故应急
- **预防火灾**：学生宿舍火灾预防、实验室火灾预防、公共场所火灾预防

交通安全

- **交通安全常识**：交通信号灯、行人交通安全常识、骑行安全常识、乘坐小型客车安全常识、乘坐公交车安全常识、乘坐地铁火车安全常识、乘坐飞机安全常识、乘船安全常识
- **日常交通事故预防及处理**：交通安全事故的预防、发生交通事故后的处理办法

第一章 大学生日常安全

第一节
消防安全

 情景引入

2022年4月,广州某高校一栋宿舍楼内,突发火情。消防救援人员赶赴现场后,发现浓烟从起火宿舍不断涌出,经过努力扑救,明火被扑灭,所幸无人员伤亡。经初步调查,起火原因为学生携带电动车电池回宿舍充电。

2022年11月16日凌晨2时左右,四川某大学一间女生宿舍发生火灾,接警后消防救援人员立即赶赴现场,现场的火势正处于猛烈燃烧阶段,大量的火焰窜出窗外,幸好该校同学们反应及时,迅速撤离至室外空旷地带。最终在消防救援人员全力的扑救下,火势得以控制,未造成人员伤亡。

2022年11月26日凌晨1时40分左右,湖南衡阳一学生宿舍楼突发大火,学生紧急逃生。宿舍楼的数个寝室剧烈燃烧。2时左右,火灾被扑灭,没有造成人员伤亡。

火是人类赖以生存和发展的物质条件,它给人类带来光明和温暖,同时火灾会对人类物质财富、健康和生命造成难以挽回的损失。因此,掌握一定的消防安全知识至关重要。大学校园作为人员密集场所,消防安全尤为重要。

一、消防基础知识

（一）火灾的基本常识

火灾是指在时间或空间上失去控制的燃烧所造成的灾害。

1. 火灾的成因

引起火灾的原因很多,主要包括人为因素、物的不安全状况、自然灾害、管理缺陷等。比如,电气老化、吸烟不慎、用火不慎、生产作业操作不当、雷击、人为纵火等都会引起火灾。根据火灾数据分析,在火灾的成因中,人是最重要的因素。

2. 火灾的蔓延

（1）建筑物内火灾的发展过程。火灾的发展，一般都要经过一个火势由小到大、由弱到强逐步发展的过程。建筑火灾最初是发生在建筑物内的某个房间或局部区域，然后蔓延到相邻房间或区域，以至整个楼层，最后蔓延到整个建筑。房间内局部燃烧向全室性燃烧过渡的现象通常称为轰燃，轰燃标志着火灾全面发展阶段的开始。对于安全疏散而言，人员若未能在轰燃发生之前逃出室内，则很难幸存。

（2）建筑物内火灾蔓延的途径。火灾蔓延的途径有水平方向的蔓延和通过竖井蔓延两种。火灾主要是通过内墙门、隔墙、楼板、闷顶等进行火焰蔓延、热传导、热对流及热辐射。

3. 火灾的发展阶段

火灾的形成一般有四个阶段：

（1）初起阶段。在火灾初起阶段，燃烧面积较小，火焰不高，燃烧强度弱，火场温度和辐射热度低，火势向周围发展蔓延的速度较慢，此时的火灾只要能被及时发现，用很少的人力和简单的灭火工具就可以扑灭。

（2）发展阶段。在火灾的发展阶段，由于燃烧强度增大，温度进一步上升，周围可燃物和结构受热并开始分解，气体对流加强，燃烧速度加快，燃烧面积迅速扩大。在这个阶段需要投入较大的消防力量才能将火扑灭。

（3）充分发展阶段。火灾进入充分发展阶段后，发展的速度很快，燃烧强度增大，温度升高，附近的可燃物被加热，气体对流增强，燃烧面积迅速扩大。随着时间的延长，火场的燃烧温度急剧上升，燃烧速度不断加快，燃烧面积迅猛扩张，火灾包围整个设施或者建筑物。在火灾作用下，设备开始遭到破坏，变形塌陷，甚至出现连续爆炸。扑救处于充分发展阶段的火灾是极为困难的，需要大批的灭火力量，经过较长时间的艰苦奋战，付出很大代价，才能控制火势，扑灭火灾。

（4）衰减阶段。火场的火势被控制以后可燃材料已大部分燃烧殆尽，加上灭火剂的作用，火势逐渐减弱直到熄灭。

火灾在初起阶段易于控制和扑灭，所以要想尽一切办法抓住这个有利时机，扑灭初起火灾。日常生活当中，凭我们个人或少数人的力量和简单的灭火工具，只能扑救初起火灾。

4. 灭火的基本原理和方法

灭火的基本原理是破坏燃烧条件，使燃烧反应终止。通常采取以下几种灭火的方法。

（1）冷却法。火灾发生后，周围温度的不断上升，是火灾继续蔓延和扩大的主要原因，同样，降低火灾周围的温度即冷却是灭火的基本方法。常见的冷却物质是水。

（2）窒息法。窒息灭火法是阻止空气流入燃烧区或用不燃物质冲淡空气，使燃烧物得不到足够的氧气而熄灭的灭火方法。窒息法主要是利用二氧化碳、氮气、水蒸气等气体来降低或稀释氧气的浓度以达到灭火的目的，多用于密闭或半密闭空间。

（3）隔离法。隔离法灭火就是将火源处或其周围的可燃物质隔离或移开，燃烧会因缺少可燃物而停止。如将火源附近的可燃、易燃、易爆和助燃物品搬走；关闭可燃气体、液体管路的阀门，以减少和阻止可燃物质进入燃烧区；设法阻拦流散的液体；拆除与火源毗连的易燃建筑物等。消防部队在灭火救援过程中最常用的隔离法是使用泡沫灭火剂灭火。

 小知识

燃烧的定义与必要条件

火灾的本质是物质的燃烧，燃烧是指可燃物与氧化剂相互作用的化学反应，通常伴有火焰、发光和（或）发烟现象。燃烧过程中，燃烧区的温度较高，使其中白炽的固体粒子和某些不稳定（或受激发）的中间物质分子内电子发生能级跃迁，从而发出各种波长的光。燃烧会产生新的物质，燃烧不完全产生的固体小颗粒形成了烟。

燃烧有三个必要条件：可燃物、助燃物（氧化剂）、火源。

1. 可燃物

凡是能与空气中的氧或其他氧化剂起燃烧化学反应的物质称为可燃物。可燃物按其物理状态分为气体可燃物、液体可燃物和固体可燃物三种类别。可燃物质大多是含碳和氢的化合物，某些金属（如镁、铝、钙等）在某些条件下也可以燃烧，还有许多物质（如肼、臭氧等）在高温下可以通过自己的分解而放出光和热。

2. 助燃物

助燃物（氧化剂）指可以与可燃物发生燃烧反应的物质，常见的氧化剂是空气、氧气，其他常见氧化剂还有氟、氯、溴、碘等卤素单质，以及硝酸盐、氯酸盐等化合物。

3. 火源

火源是指能够使可燃物和助燃物（包括某些爆炸性物质）发生燃烧或爆炸的能量来源，这种能量来源常见的是热能，还有电能、机械能、化学能、光能等。

5. 火灾的分类

根据中华人民共和国国家标准《火灾分类》（GB/T 4968—2008，2008年11月4日发布，2009年4月1日实施），火灾根据可燃物的类型和燃烧特性，分为A、B、C、D、E、F六大类。

A类火灾：指固体物质火灾。这些固体物质通常具有有机物质性质，一般在燃烧时能产生灼热的余烬。如木材、干草、煤炭、棉、毛、麻、纸张、塑料（燃烧后有灰烬）等火灾。

B类火灾：指液体或可熔化的固体物质火灾，如煤油、柴油、原油、甲醇、乙醇、沥青、石蜡等火灾。

C类火灾：指气体火灾，如煤气、天然气、乙烷、丙烷、氢气等火灾。

D类火灾：指金属火灾，如钾、钠、镁、钛、锆、锂、铝镁合金等火灾。

E类火灾：指带电火灾，物体带电燃烧的火灾。

F类火灾：指烹饪器具内的烹饪物（如动植物油脂）火灾。

 小知识

火灾的等级划分

根据2007年6月26日公安部下发的《关于调整火灾等级标准的通知》（公消〔2007〕234号），火灾等级标准分为特别重大火灾、重大火灾、较大火灾和一般火灾四个等级。

1. 特别重大火灾

造成30人以上死亡，或者100人以上重伤，或者1亿元以上直接财产损失的火灾。

2. 重大火灾

造成10人以上30人以下死亡，或者50人以上100人以下重伤，或者5 000万元以上1亿元以下直接财产损失的火灾。

3. 较大火灾

造成3人以上10人以下死亡，或者10人以上50人以下重伤，或者1 000万元以上5 000万元以下直接财产损失的火灾。

4. 一般火灾

指造成3人以下死亡，或者10人以下重伤，或者1 000万元以下直接财产损失的火灾。

（二）常见灭火器的种类及选用

灭火器是一种可携式灭火工具。其种类繁多，适用范围也各不相同。只有正确地选择灭火器的类型，才能更加有效地扑救不同类型的火灾。

1. 灭火器的种类

（1）按其移动方式可分为手提式和推车式；

（2）按驱动灭火剂的动力来源可分为储气瓶式、储压式、化学反应式；

（3）按所充装的灭火剂可分为泡沫、干粉、卤代烷、二氧化碳、清水等。

2. 常见灭火器的适用范围与使用方法

常见的手提式灭火器有干粉灭火器、泡沫灭火器、二氧化碳灭火器。

（1）干粉灭火器。主要适用于扑救各种易燃、可燃液体和气体引起的火灾，以及电气设备火灾。具体操作步骤如下：

①右手握着压把，左手拖着灭火器底部，轻轻取下灭火器；

②除掉铅封；

③拔掉保险销；

④左手握着喷管，右手提着压把；

⑤在距火源2 m左右的地方，右手用力压下压把，左手拿着喷管左右摆动，喷射干粉覆盖燃烧区。

灭火器的使用方法

（2）泡沫灭火器。可用来扑灭木材、棉布等固体物质燃烧引起的火灾，最适宜扑救汽油、柴油等液体火灾；不能扑救水溶性可燃、易燃液体（如醇、酯、醚、酮等物质）火灾和E类（带电）火灾。具体操作步骤如下：

①右手握着压把，左手拖着灭火器底部，轻轻取下灭火器；

②右手提着灭火器到现场；

③右手捂住喷嘴，左手执筒底边缘；

④把灭火器颠倒过来呈垂直状态，用力上下晃动几下，然后放开喷嘴；

⑤右手抓筒耳，左手抓筒底边缘，把喷嘴朝向燃烧区，站在离火源8m左右的地方喷射，并不断前进，围着火焰喷射，直至把火扑灭。

（3）二氧化碳灭火器。二氧化碳灭火器主要适用于各种易燃、可燃液体和气体火灾，还可扑救仪器仪表、图书档案、低压电气设备等初起阶段的火灾。二氧化碳灭火器的适用范围较广，具体操作步骤如下：

①右手握住压把；

②除掉铅封；

③拔掉保险销；

④站在距火源2m左右的地方（尽量在上风处），左手拿着喇叭筒，右手用力压下压把。

二、逃生与自救

消防安全教育的目标和要求是"四懂四会"。"四懂"即懂得火灾的危险性，懂得预防火灾的措施，懂得扑救火灾的方法，懂得逃生路线；"四会"即会使用消防器材，会报火警，会扑救初起火灾，会组织疏散逃生。

火灾逃生

高校人员集中，各种建筑物、服务设施（设备）、活动场所多，防火重点部位多，面临的防火形势也越来越严峻。高校要在建立健全相关消防制度，完善相关消防设施的同时，不断加强大学生消防安全教育和消防演练，增强大学生消防意识，提高大学生自防自救能力，避免和杜绝火灾的发生。

【典型案例】2016年8月17日凌晨1点30分左右，山东烟台某大学13号公寓某一楼宿舍留校学生在宿舍点燃了蚊香后外出上网。因蚊香点燃了可燃物导致整个宿舍全部烧毁，整个宿舍楼300多人在浓烟中疏散、撤离，所幸没有人员受伤。

第一章 大学生日常安全

【案例简析】夏季比较炎热，少数大学宿舍卫生条件较差，导致蚊虫较多，大学生在宿舍使用蚊香较为普遍，但是一定要注意防火，尽量选择电蚊香，避免发生火灾。

（一）校园常见火灾隐患

1. 违规使用明火

有的大学实行按时集体熄灯的规章制度，一些学生熄灯后违章使用蜡烛，有些大学生违规使用酒精炉做饭、吃火锅，个别大学生在校园内违章吸烟，且未能及时熄灭烟头，随意乱扔烟头，这些行为极易引起火灾事故。稍有不慎，这些明火就会引燃周围可燃物，从而引发火灾。

 小知识

杜绝宿舍内火灾事故的发生要做到"十戒"

一戒私自乱拉电线，避免电线穿行于可燃物中间。

二戒使用大功率电器。

三戒使用电热器具。

四戒使用电器无人看管，必须人走断电。

五戒明火照明，电器照明戒用可燃物做灯罩。

六戒床上吸烟，室内乱扔烟头、乱丢火种。

七戒室内燃烧杂物。

八戒室内存放易燃易爆物品。

九戒室内做饭。

十戒使用假冒伪劣不合格电器。

2. 违章用电

大学生除经常使用计算机以外，还会频繁使用充电器、饮水机、空调、台灯等电器。有的大学生使用充电器、电源插座时间过长，不注意散热；有的大学生在长时间无人的情况下不关电器开关、不拔掉插头；有的大学生在同一插座上使用过多大功率电器；有的大学生甚至在统一断电后，私拉乱接电源；这些行为都极易引发火灾。

新编大学生安全教育

【典型案例】2020年9月8日，某高校男生宿舍楼602室一名学生在宿舍内使用电热水瓶。插上电源插头后，电源线拖在被子上，然后人离开宿舍。过了一段时间，发现宿舍窗外冒烟，原因是线路超负荷，线路发热，绝缘层熔化，造成线路短路起火。

【案例简析】高校的建筑物供电线路、供电设备，都是按照一定使用标准设计的，在宿舍内使用大功率电器，如电炉、电饭锅、电吹风、电热水瓶等，会使供电线路过载发热，加速线路老化而起火。

3. 电动车违规停放和充电

电动车由于其经济、便捷的特点，迅速成为高校教职工、大学生的代步工具，校园里的电动车数量呈明显上升趋势。高校面积一般较大，所以电动车存放也相对分散，这给高校车辆安全管理工作造成一定的难度。电动车长时间充电或者充电器使用不当，容易导致火灾。

4. 实验室火灾

实验室用火、用电多，存放易燃易爆危险化学品多，实验过程复杂、危险。有的高校对实验室安全管理不到位，物品存储、使用不规范，如将实验室兼作试剂库，将低温储存的试剂存放在普通冰箱里；未能及时检修已经腐蚀、磨损的实验仪器、设备、管道等；实验方案设计有缺陷；实验过程操作不当等，从而引发火灾事故，造成严重后果。

【典型案例】2017年11月30日，某大学一名学生进行化学实验时，用可燃溶剂清洗实验器皿后未晾干就放进烘箱，同时烘箱的排风分流功能未开，使可燃溶剂达到爆炸极限而爆炸，加上周围又有许多的可燃试剂，爆炸后又引起燃烧。

【案例简析】大学实验室的爆炸、燃烧等事故时有发生，对此，我们一定要吸取教训，避免类似事件的发生。

（二）校园火灾发生的原因

1. 消防安全管理不到位

部分高校在消防安全管理方面还存在漏洞，如消防安全责任体系不健全，没有把责任层层分解落实到人；消防安全管理措施执行不严格。

2. 消防安全教育不到位

高校师生多，人员密集，消防安全教育本是提高高校师生防火责任意识，学习消防知识的重要方法和手段，但一些高校在消防安全教育方面不够重视，未形成长效机制。

3. 各种火灾预案体系不健全

部分高校不重视火灾预案体系和义务消防队伍的建设。一些高校没有根据自身客观条件，制定人员密集场所的火灾应急和人员疏散预案。高校的义务消防队伍起着发现火灾隐患、防止火灾发生、及时扑救初起火灾以及协助公安消防扑救火灾的重要作用。虽然一些高校组织了义务消防队伍，却忽视对该队伍进行消防知识、消防器材的使用、各种火灾扑救的模拟演练等培训。

4. 火灾隐患治理工作不落实

有些高校不重视消防安全工作，在对待火灾隐患上，麻痹大意、心存侥幸，没有从根本上治理火灾隐患的决心和举措；这也是最终酿成火灾惨剧的重要因素。

（三）火灾报警

一般来说，发生火灾以后，要迅速准确地报警。只有早报警，才能在较短的时间内调集较强的灭火力量到达火场，及时控制火势蔓延和扑灭火灾，并为受困人员赢得安全疏散的时间，从而减少和避免重大火灾事故的发生。

（四）高楼火灾事故逃生与自救

高楼火灾具有火势蔓延快、疏散困难和扑救难度大的特点。由于高楼结构复杂、人员密集，一旦失火，火势难以控制，人员难以逃离，而且容易发生因人员拥挤阻塞通道相互踩踏的惨剧。

1. 及时扑救

可利用各楼层的消防器材扑灭初起火灾。

2. 向下不向上

因火势向上蔓延，应用湿棉被等物做掩护快速向楼下有序撤离。

3. 关紧房门

离开房间后，一定要随手关门，使火焰、浓烟控制在一定的空间内。

4. 注意防烟

用湿毛巾等物掩住口、鼻，保持低姿势前进，呼吸要小而浅。带婴儿逃离时，可用湿布轻轻蒙在婴儿脸上。

5. 理性逃生

可利用建筑物阳台、避难层、室内设置的缓降台和救生袋、应急逃生绳等进行逃生，也可将被套、床单、台布等结成牢固绳索系在窗栏上，顺绳滑至安全楼层。

6. 等待救援

当通道被火封住，逃生无路时，可靠近窗户或阳台向外呼救，同时关紧迎火门窗，用湿毛巾、湿布、湿衣物堵塞门缝，用水淋透房门，防止烟火侵入。有手机的或室内有电话的，用手机或电话同外界加紧联系，争取时间使外界尽快来救援。

7. 靠墙躲避

如果临近通道，应尽量靠墙躲避，因为消防队员进入室内救援时，大多沿墙壁摸索行进，易被发现。

（五）人员密集场所火灾事故应急

酒店、影剧院、商场、体育馆、娱乐厅等人员密集的场所一旦发生火灾，常因人员慌乱、拥挤而阻塞通道，发生互相踩踏的惨剧，或由于逃生方法不当，造成人员伤亡。

进入影剧院、商场、酒店、娱乐厅等公共场所时，要观察太平门、安全出口、灭火器的位置，并注意查看安全疏散指示标志，了解紧急救生路线。一旦发生火灾，可及时疏散和灭火。

1. 迅速撤离

一旦听到火灾警报或意识到自己被火围困，要立即设法撤离。

2. 保护呼吸系统

逃生时可用毛巾或餐巾布、口罩、衣服等将口鼻捂严，否则会有中毒和被热空气灼伤呼吸系统软组织而窒息致死的危险。

3. 通道疏散

如利用疏散楼梯、消防电梯、室外疏散楼梯快速撤离等，也可考虑利用窗户、阳台、屋顶、避雷针引线、落水管等脱险。

4. 绳索滑行

用结实的绳子或将窗帘、床单、被褥等撕成条，拧成绳，用水蘸湿后将其拴在牢固的暖气管道或窗框、床架上，被困人员顺绳索滑到下一楼层或地面。

5. 低层跳离

低层跳离适用于两层楼。跳前先向地面扔一些棉被、枕头、床垫、大衣等柔软物品，以便"软着陆"。然后用手扒住窗户，身体下垂，自然下落，以降低跳落高度。

6. 借助器材

器材通常使用的有缓降器、救生袋、网、气垫、软梯、滑台、导向绳、救生舷梯等。

7. 暂时避难

在无路逃生的情况下，可利用卫生间等暂时避难。避难时要用水喷淋迎火门窗，把房间内一切可燃物淋湿，延长时间。在暂时避难期间，要主动与外界联系，以便尽早获救。

8. 利用标志引导脱险

在公共场所的墙上、顶棚上、门上、转弯处都设置"太平门""紧急出口""安全通道""火警电话"和逃生方向箭头等标志，被困人员按标志指示方向顺序逃离。

 小知识

火场逃生禁忌

有关资料显示：发生火灾时，燃烧产生的有害气体、高温及烟气是人员致命的杀手。当置身于商场、宾馆、歌舞厅及网吧等公共聚集场所，火魔突然降临身边时，在采取正确逃生方法的同时，切忌有以下行为，它可能会延长逃离火场的时间甚至致命。

1. 忌惊慌失措

当所处的环境突然发生火灾时，一定要保持镇定，切不可惊慌失措，乱作一团，盲目地起身逃跑或纵身跳楼。要了解自己所处的环境位置，及时地掌握当时火势的大小和蔓延方向，然后根据情况选择逃生方法和逃生路线。

2. 忌盲目呼喊

由于现代建筑物室内使用了大量的木材、塑料、化学纤维等易燃可燃材料，且装修材料表面常用漆类粉刷,燃烧时会散发出大量的烟雾和有毒气体,容易造成毒气窒息死亡,所以,在逃生时,可用湿毛巾折叠,捂住口鼻,屏住呼吸,起到过滤烟雾的作用,不到紧急时刻不要大声呼叫或移开毛巾,且须采取匍匐式前进逃离方式(贴近地面的空气中一般多氧气少烟雾)。

3. 忌贪恋财物

逃生时不要为穿衣服或寻找贵重物品而浪费时间,也不要为带走自己的物品而身负重压影响逃离速度,更不要贪财,本已逃离火场又重返火海。

4. 忌乱开门窗

在避难时,千万不要打开门窗,如果避难间充满烟雾,无法避难时,可打开着火一侧门窗。排放烟雾后,应立即重新关闭好,否则,大量浓烟涌入室内,能见度降低,高温充斥,将无法藏身。

5. 忌乘坐电梯

不要随意去乘坐电梯,因为一旦着火,电梯就会断电,很有可能将你困在电梯内无法逃生。

6. 忌随意奔跑

火场上千万不可随意奔跑,否则不仅容易引火烧身,还会引起新的燃烧点,造成火势蔓延。如果身上着火应及时脱去衣服或就地打滚进行灭火,也可向身上浇水,用湿棉被、湿衣物等把身体包起来,使火熄灭。

7. 忌方向错误

应从高处向低处逃生,逃生时应从高楼层处向低楼层处逃生,因为火势是向上燃烧的,火焰会自下而上地烧到楼顶。经过装修的楼层火灾向上的蔓延速度一般比人向上逃生的速度还快,在跑不到楼顶时,火势已发展到前面,因此产生的火焰会始终围着你。如不得已可就近逃到楼顶,要站在楼顶的上风方向。

8. 忌轻易跳楼

如果火灾突破避难间,在根本无法避难的情况下,也不要轻易做出跳楼的决定,此时可扒住阳台或窗台翻出窗外,以求绝处逢生。

资料来源:中国政府门户网站.火场逃生八忌[EB/OL].(2005-08-02)[2023-05-06].http://www.gov.cn/yjgl/2005-08/02/content_19100.htm.

三、预防火灾

（一）学生宿舍火灾预防

要做好学生宿舍防火工作，每个学生都要树立防火意识，认识到火灾的危害，遵守学校的消防安全管理规定，自觉做到以下预防措施。

1. 不躺在床上吸烟，不乱扔烟头

躺在床上吸烟，稍有不慎，燃烧的烟灰就会掉在被褥上直接引起火灾。特别是人在疲倦或酒醉之后，躺在床上很容易入睡，往往烟还没有吸完人就睡着了，烟火失去控制掉在被褥等可燃物或者烟头扔在易燃物上，容易引起火灾，造成人身伤亡或财产损失。

2. 不在宿舍内使用明火及大功率电器

不在宿舍内使用电炉、"热得快"等大功率电器、电热设备及煤气炉、酒精炉、液化气炉等明火。电茶壶、电炉、"热得快"、电炒锅等都是靠电阻值较大的材料发热来获得热量，耗电量高（"热得快"功率有800～1 000W），如果用不配套的电线连接，一通电就会使电线发热，橡皮绝缘体软化，时间一长，超负荷运转就会使绝缘体老化甚至燃烧，从而引起火灾。另外，学生宿舍内可燃物品多，使用煤气炉、酒精炉等明火炉具，稍有不慎就会引起火灾。

【典型案例】2017年3月6日上午，某大学信息通信学院白某在实验室使用"热得快"烧水，不慎引起火灾，并造成很大损失。事故发生后，学校依照"谁主管、谁负责"的原则对有关责任人进行了责任追究。学校党委书记、校长、主管安全工作的副校长，信息通信学院党支部书记、院长以及主管安全工作的副院长都分别做了检查，并对相关责任人进行了罚款。对引起火灾的责任人白某，公安机关给予行政拘留5天、学校给予留校察看的处分，对学院主管安全工作的副院长给予行政警告处分。

【案例简析】由于白某忽视了"热得快"的危险性，不慎给学校和个人造成了双重损失。这个案例告诉我们，大学生在日常生活中一定要注意防火，尤其要注意易引起火灾的电器的使用。

3. 不在宿舍乱拉乱接电源

电线和插头、插座多重连接，容易导致接触不良或使电流过载。接触不良容易产生电火花，如果遇到可燃物，就会引发失火。更危险的是将电线埋在被褥下面，如果使用的是不合格的电器或老化电线，电线发热造成绝缘层起火，后果更是不堪设想。

4. 不在室内点蜡烛看书

秉烛夜读，时间一长就会感到身体疲倦。疲乏入睡后，蜡烛一旦倒下就会点燃周围诸如书本、蚊帐、被褥等可燃物，从而引发火灾。

5. 不能用纸当灯罩

纸的燃点是130 ℃，而一只功率为60 W的白炽灯在一般散热条件下，其表面温度为140 ℃～180 ℃，大大超过纸的燃点。如果用纸当灯罩，灯泡表面温度积累到一定程度，达到纸张的燃点就会引起纸张燃烧，最终引燃周围的易燃物，从而导致火灾。

6. 不在室内燃烧杂物

被燃物飘飞到床上，或者被燃物未彻底熄灭，人离开室内，都容易引起火灾。

（二）实验室火灾预防

在实验室和实践实习中，大学生要严格遵守各项安全管理规定、操作规程和有关制度，涉及使用化学危险品时，一定要注意防火安全，按照规定，一丝不苟地在老师指导下进行工作。实验室的火灾预防主要有以下几个方面：

（1）应充分做好实验前的准备，熟悉实验内容，掌握实验步骤。

（2）服从实验老师的指导，严格遵守实验室纪律，禁止在实验室玩耍打闹。防止打破仪器设备酿成火灾。

（3）严禁摆弄与实验无关的设备和药品，特别是电热设备。

（4）严禁携带任何火种或其他与实验无关的易燃易爆物品进入实验室，减少实验室致灾因素。

（5）不在实验室给手机、电动车充电。如今充电器不合格产品较多，如果充电时间过长，就易发生危险。

（6）不能在实验室内及其附近使用明火。

（7）注意电热器具的正确使用和保管，正在使用的电热器具不准接近可燃物。

（8）严格实验室用电制度，用电及电器安装必须符合国家规定的技术规范。

（9）详细掌握所处实验室内药品的化学特性，严禁将化学性质相抵触的药品混装、混放，实验剩余的药品按规定处理，严禁带走或倒入下水道。

（三）公共场所火灾预防

进入公共场所、林区、草原、自然保护区和风景名胜区等，只要人们具有较强的消防安全意识，自觉遵守执行消防法律法规，大多数火灾是可以预防的。

（1）要遵守公共场所消防安全制度和有关规定，做到不携带易燃易爆物品如汽油、酒精等去公共场所。

（2）不携带火柴、打火机等火种和易燃易爆品进入公共场所、林区、草原、自然保护区和风景名胜区。

（3）进入公共场所、林区、草原、自然保护区和风景名胜区等，要做到不吸烟，不随地丢弃烟头、火种，不使用明火照明。

（4）自觉保护公共场所、林区、草原、自然保护区和风景名胜区的消防设施、设备。不随便接触公共场所的电器设备开关；不玩弄电线，以免触电或引起短路。

（5）进入公共场所、林区、草原、自然保护区和风景名胜区，要熟悉所处位置基本情况，熟悉消防通道的位置。

（6）注意树林草坪防火。对树林草坪更要注意防火；做到不使用明火，严禁做容易引起火灾的游戏；严禁在树林草坪中吸烟；一旦发现火灾隐患要及时向有关部门报告；秋冬季节及干旱天气尤其要注意防火。

拓展阅读

火场逃生自救的方法[①]

1. 绳索自救法

有绳索的，可直接将其一端拴在门、窗或重物上沿绳索爬下。在此过程中，脚要夹紧绳子，双手交替往下移，并尽量用手套、毛巾保护好手。有条件的可以使用缓降器逃生。

---

① 宋志伟，陈建军. 大学生安全教育[M]. 北京：清华大学出版社，2020：99-100.

2. 匍匐前进法

由于火灾发生时烟气大多聚集在上部空间,因此在逃生过程中应尽量将身体贴近地面匍匐或弯腰前进。

3. 毛巾捂鼻法

火灾烟气具有温度高、毒性大的特点,一旦吸入后很容易引起呼吸系统烫伤或中毒,因此疏散中应用湿毛巾捂住口鼻,以起到降温及过滤的作用。

4. 棉被护身法

把用水浸泡过的棉被或毛毯、棉大衣盖在身上,确定逃生路线后用最快的速度钻过火场并冲到安全区域。

5. 毛毯隔火法

将毛毯等织物钉或夹在门上,并不断地往上浇水冷却,以防止外部火焰及烟气侵入,从而达到抑制火势蔓延、增加逃生时间的目的。

6. 被单拧结法

把床单、被罩或窗帘等撕成条或拧成麻花状,按绳索逃生的方式沿外墙爬下。

7. 跳楼求生法

火场切勿轻易跳楼!在万不得已的情况下,住在低楼层的同学可采取跳楼的方法进行逃生,但要选择较低的地面作为落脚点,并将床垫、沙发垫、厚棉被等抛下做缓冲物。

8. 管线下滑法

当建筑物外墙或阳台边上有落水管、电线杆、避雷针引线等竖直管线时,可借助其下滑至地面,同时应注意一次下滑时人数不宜过多,以防逃生途中因管线损坏而致人坠落。

9. 竹竿插地法

将结实的晾衣竹竿直接从阳台或窗台斜插到室外地面或下一层平台,两头固定好以后顺竿滑下。

10. 攀爬避火法

通过攀爬阳台、窗口的外沿及建筑周围的脚手架、雨篷等突出物以躲避火势。

11. 楼梯转移法

当火势自下而上迅速蔓延而将楼梯封死时，住在上部楼层的居民可通过老虎窗、天窗等迅速爬到屋顶，转移到另一家或另一单元的楼梯进行疏散。

12. 卫生间避难法

当实在无路可逃时，可利用卫生间进行避难，用毛巾塞紧门缝，把水泼在地上降温，也可躺在放满水的浴缸里躲避。千万不要钻到床底、阁楼、橱柜等处避难，因为这些地方可燃物多，且容易聚集烟气。

第二节 交通安全

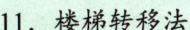
情景引入

> 2021年9月5日8时45分，山东某高校校园内一快递货车在倒车时，将车辆后方一名女生撞倒，并发生碾压。9时08分，120救护车赶到，医生初步判断女生有生命危险，进行简单处理后，学生被送至某医院急诊科救治。当晚8时左右，该女生因抢救无效死亡。
>
> 2022年9月7日12时许，湖南某高校教师张某容（女）驾驶小车在校园内行驶时，因操作不当，与停放在路边的小车及行人碰撞，造成2人受伤、3车受损。

生活中的衣、食、住、行等方面，无不与交通有着紧密的联系。然而，交通带给人们便利的同时，也带来了一些烦恼和伤痛。每天，当你走出宿舍去上课、运动、购物、旅行，就已经与"交通"二字发生了关系。交通安全问题是大学生需要倍加关注的问题。

一、交通安全常识

（一）交通信号灯

1. 机动车和非机动车道信号灯

一般情形：

（1）绿灯亮时，准许车辆通行，但转弯的车辆不得妨碍被放行的直行车辆、行人通行；

（2）黄灯亮时，已越过停止线的车辆可以继续通行；

（3）黄灯不断闪烁时，车辆须在确保安全的原则下通行；

（4）红灯亮时，禁止车辆通行；

（5）红灯亮时，右转弯的车辆在不妨碍被放行的车辆、行人通行的情况下，可以通行。

车道信号灯：

（1）方向指示信号灯的箭头方向向左、向上、向右分别表示左转、直行、右转；

（2）绿色箭头灯亮时，准许本车道车辆按指示方向通行；

（3）红色叉形灯或者箭头灯亮时，禁止本车道车辆通行。

2. 人行横道信号灯

（1）绿灯亮时，准许行人通过人行横道；

（2）黄灯亮时，已经进入人行横道的，可以继续通过或者在道路中心线处停留等候；

（3）红灯亮时禁止行人进入人行横道；

（4）在未设置人行横道信号灯的路口，行人应当按照机动车信号灯的指示通行。

道路与铁路平面交叉道口有两个红灯交替闪烁或者一个红灯亮时，表示禁止车辆、行人通行；红灯熄灭时，表示允许车辆、行人通行。

（二）行人交通安全常识

行人交能安全常识主要有以下几点：

（1）在城市道路上行走，须走人行道；在无人行道与机动车道划分的街道或乡镇混合道上行走时，应靠右边行走，主动避让各种车辆；群体行进时要列队，横排不超过两人。

（2）行走时要注意各种信号灯的指示，尤其是路口的红绿灯、人行横道信号灯和车辆转向灯的变化。要服从交通指挥和管理，不要只顾行走。

（3）横过车行道时，有交通信号灯的，自觉按信号灯的指示行进或走人行天桥或地下通道；没有交通信号灯的，要注意观察过往车辆，特别是右转和左转车辆，不要猛冲或在车流中穿行，确认安全后快速通过。长队横过车行道时可视情况分段通过，有条件的可佩戴明显标志，但不准横过画有中心实线的行车道。

（4）在有隔离栏的路段过马路，要走人行天桥或地下通道，或从有人行横道标志的地方通过，不要穿越、攀登或跨越道路的隔离设施，也不要从铁路桥梁隧洞和没有道口或其他平面交叉设施的铁路轨道上通过。

（5）不要在车行道、桥梁、隧道或交通安全设施处逗留，不要在路上玩耍、抛物、泼水、散发印刷广告或进行妨碍交通的活动。

（6）走路时要专心，注意观察车流量、流向及是否有障碍物。不要在途中看书、看报、聊天、嬉戏、打闹；不要在路上踢球、滑旱冰、滑板或做其他运动。

（7）穿越居民区、胡同和从施工的建筑物旁通过，注意观察住户窗户上是否摆放物品和是否有人在活动，建筑物施工场地是否设有安全标志线和安全设施，尽量不要从工地上穿过。

（8）雨雪天出行，要注意观察路面和周围环境。特别是路边有高大树木或有供电线路、电缆从空中穿过的区域，有变压器、高压线路的地方，注意是否有潜在的危险。

（9）夜间外出尽量选择有路灯的道路行走；在没有路灯的情况下最好带照明用具，注意观察路边有无窨井，停放的车辆是否启动，是否有非机动车往来。特别是混合道上，不要匆忙走过，注意行驶车辆。

小知识

《中华人民共和国道路交通安全法》行人通行相关规定（节选）

第二条　中华人民共和国境内的车辆驾驶人、行人、乘车人以及与道路交通活动有关的单位和个人，都应当遵守本法。

第六十一条　行人应当在人行道内行走，没有人行道的靠路边行走。

第六十二条　行人通过路口或者横过道路，应当走人行横道或者过街设施；通过有交通信号灯的人行横道，应当按照交通信号灯指示通行；通过没有交通信号灯、人行横道的路口，或者在没有过街设施的路段横过道路，应当在确认安全后通过。

第六十三条 行人不得跨越、倚坐道路隔离设施，不得扒车、强行拦车或者实施妨碍道路交通安全的其他行为。

第六十四条 学龄前儿童以及不能辨认或者不能控制自己行为的精神疾病患者、智力障碍者在道路上通行，应当由其监护人、监护人委托的人或者对其负有管理、保护职责的人带领。

盲人在道路上通行，应当使用盲杖或者采取其他导盲手段，车辆应当避让盲人。

第六十五条 行人通过铁路道口时，应当按照交通信号或者管理人员的指挥通行；没有交通信号灯和管理人员的，应当在确认无火车驶临后，迅速通过。

（三）骑行安全常识

短途出行，骑行较为方便，而且绿色环保、经济实惠。骑行的安全常识主要有以下几点：

（1）要经常检修自行车，保持车况完好。检查车闸、车铃是否灵敏、正常。

（2）自行车的车型大小要合适，不要骑儿童玩具车上街，也不要人小骑大型车。

（3）骑自行车要在非机动车道上靠右边行驶，不逆行；转弯时不抢行猛拐，要提前减慢速度，看清四周情况，以明确的手势示意后再转弯。

（4）经过交叉路口，要减速慢行，注意来往的行人、车辆；不闯红灯，遇到红灯要停车等候，待绿灯亮了再继续前行。

（5）骑车时不要双手撒把，不多人并骑，不互相攀扶，不互相追逐、打闹。

（6）骑车时不攀扶机动车辆，不载过重的东西，不骑车带人，不在骑车时戴耳机听广播或音乐以免分散注意力。

（7）骑车途中遇雨，不要为了免遭雨淋而埋头猛骑。

（8）雨天骑车，最好穿雨衣、雨披，不要一手持伞，一手扶车把骑行。

（19）雪天骑车，自行车轮胎不要充太足气，这样可以增加与地面摩擦，不易滑倒。

（10）雪天骑车，应与前面的车辆、行人保持较大的距离。

（11）雪天骑车，要选择无冰冻、雪层浅的平坦路面，不要猛捏车闸，不急拐弯，拐弯的角度也应尽量大些。

（12）雨雪天气，道路泥泞湿滑，骑车要精力集中，随时准备应付突发情况，骑行的速度要比正常速度慢些才好。

 小知识

《中华人民共和国道路交通安全法》非机动车通行相关规定（节选）

第五十七条 驾驶非机动车在道路上行驶应当遵守有关交通安全的规定。非机动车应当在非机动车道内行驶；在没有非机动车道的道路上，应当靠车行道的右侧行驶。

第五十八条 残疾人机动轮椅车、电动自行车在非机动车道内行驶时，最高时速不得超过 15 km。

第五十九条 非机动车应当在规定地点停放。未设停放地点的，非机动车停放不得妨碍其他车辆和行人通行。

（四）乘坐小型客车安全常识

随着我国经济的发展，小型客车的使用越来越普遍，乘坐小型客车出行的安全常识主要有以下几点：

（1）乘坐小型客车时要系好安全带。

（2）在车子未停稳时不要打开车门，不要下车；打开车门前，要先向后观察是否有车辆或行人通过，以免发生碰撞。

（3）不要催驾驶员开快车，不要与驾驶员闲谈或用任何方式妨碍驾驶员驾驶，因为这样会分散驾驶员的注意力而造成危险。

（4）发现驾驶员无驾驶证或饮酒后驾车，不要乘坐该车。

 **小知识**

轿车里哪个座位最安全[①]

美国的一个专家小组，通过近 10 年的事故调查分析和无数次实车检测后得出结论：如果将汽车驾驶员座位的危险系数设定为 100，则副驾驶座位的危险系数是

---

① 陶剑钊，冯贵全. 汽车上的"黄金座位"[J]. 汽车运用，2005（11）：41.

101，而驾驶员后排座位的危险系数是 73.4，后排另一侧座位的危险系数为 74.2，后排中间座位的危险系数为 62.2。也就是说，小汽车内安全性由大到小可排列为后排中间座位、驾驶员后排座位、后排另一侧座位、驾驶座位、副驾驶座位。

（五）乘坐公交车安全常识

大学生离校、返校、外出旅游、社会实践、寻找工作等都要乘坐各种长途或短途的交通工具。乘坐公交车的安全常识主要有以下几点：

（1）上车前，必须在站台里或候车室候车，待车停稳，再按顺序上车。如果是单门汽车，应让下车的乘客下完后再上车。

（2）在车辆行驶途中，不准将头、手等身体任何部位伸出车外。

（3）乘坐公交车时，无论是站着还是坐着，车辆行驶过程中，都要抓紧扶手或椅背，以免在车辆紧急刹车时碰伤或摔伤。

（4）下车时，要等车辆停稳后按顺序下车；不要拥挤或抢先跳车，以免摔伤；下车后，不要从车辆前面突然走过。

（5）千万不要将易燃、易爆危险物品带上公交车或客车。

（六）乘坐地铁火车安全常识

铁路交通相较其他交通方式是一种既安全又快速的交通方式，特别是长途旅行时更安全、方便。但如果忽略安全问题，铁路交通也会有危险。

地铁（城铁）是在封闭状态下运营的大型载客交通工具，因设备故障、技术问题、人为破坏、不可抗力等原因，均可能发生重大意外事故。

乘坐地铁、火车的安全常识主要有以下几点：

（1）乘客在火车站和地铁车站候车时，一定要站在站台的安全线后面，不能越过安全线或跳下站台。

（2）乘客上车时，要有秩序地排队上车，不要乱跑乱闹，抢先拥挤，特别注意不要被车门夹住身体；下车时，要有组织有纪律，在列车乘务员的统一指挥下安全地下车。

（3）乘客坐在座位上时，不要把头伸出窗外，也不要在车厢内随便走动，要听从列车乘务员的指挥。

（4）乘客乘坐火车、地铁时，严禁携带鞭炮、烟花等易燃、易爆危险物品。

（5）乘客不要在轨道上行走、坐卧和玩耍，也不要在铁路两旁放牧；不要扒停在轨道上的列车，也不要在列车下钻来钻去；不要在轨道上放置石块、木棍等东西；不要乱动扳道、交通信号灯等设施；不要拧动铁轨上的螺栓；不要翻越护栏横穿铁路；不要从铁路桥梁和铁路隧道通过。

（6）电气化铁路的接触网带有高压电，严禁直接或间接接触所有部件。

（7）列车遇有特殊情况，乘客要听从列车乘务员的指挥，不要随意跳车；必须下车时，要注意相邻铁路上是否有列车通过。

（8）列车在桥梁上、隧道内因故停车，乘客要听从列车乘务员的指挥，乘客下车后可沿着员工通道到达桥头或洞口。桥梁上或隧道内的铁路两侧每间隔 30 m 左右设置有避车台（洞），其中可停留 5 至 10 余人，必要时乘客可在避车台（洞）中临时躲避，等待救援。

（9）地铁中发生火灾时，乘客不应乱跑，在浓烟中视线不清易发生相互踩踏；注意观察火源，向相反的方向寻找最近的出口逃离；用衣服、毛巾等捂住鼻孔，低头弯腰前行，尽量减少有毒气体进入体内而造成窒息、昏厥的危险。

（10）发生交通安全事故时，乘客应保持冷静，对事态的发展作出正确判断是提高生存能力的前提，日常生活中安全防范、危机意识的养成可帮助自己在危难时刻安全逃生。

（七）乘坐飞机安全常识

随着我国航空事业的发展，乘坐飞机出行已经较为普遍，尤其是路途较远的行程。乘坐飞机的安全常识主要有如下几点：

（1）乘客在登机以前必须办理登机手续，同时接受安全检查，确保自己所携带的物品符合安全规定，以减少交通安全事故隐患。因此，乘客最好能提前 1 小时到达机场，保证登机、安检时间充裕。

（2）由于飞机在起飞和着陆时处于颠簸的气流中，少数人可能会感到不适，有些人也会出现晕机现象，有这种情况的乘客只要在登机前服用晕车药，同时注意减少活动即可。此外，飞机高度变化所引起的气压变化可能会导致乘客耳中不适，此时乘客只要做吞咽动作，使耳腔内的气压均衡，就可以解除。当飞机遇到湍流时，乘客在座位上要始终系好安全带；认真收听所有安全通知，并且遵循乘务员的指示，保持镇静；在湍流过后，打开顶部行李舱时要小心。

（3）乘客登机后，要注意倾听乘务员的通知，收听安全须知，即便自己已经听过许多次；阅读前面椅背口袋中的安全资料卡。

（4）乘客就座后，要先查看一下四周，记住从自己的座位到最近的紧急出口有多少排座位。有时离自己最近的出口就在自己的座位后面。

（5）乘客就座后，应系好安全带，因为随时可能发生湍流；在长途旅行中，注意活动手臂和腿部肌肉。每次起飞前，乘务员都要为所有乘客介绍安全须知，指导乘客如何应对机舱失压。如果机舱失压，乘客要保持镇静并正常呼吸，用力拉下自动下落到面前的氧气面罩并戴好，确认氧气开始放送后，拉紧系带。

（6）乘客最好穿纯棉、羊毛、丝绸或皮革等天然纤维衣物，这些服装在着火或者疏散时可提供最好的保护；避免穿尼龙、人造丝或混纺织品，因为这些材质在高温下会熔化；尽量不要穿短裙、短裤或紧身T恤衫，注意保护手臂和腿。

（7）乘客应选择穿不露脚趾、鞋带牢固的鞋，把拖鞋、凉鞋或高跟鞋放在行李中。

（8）为了保持身体里的水分，乘客应在航程中尽量多饮水，但不要喝含咖啡因或者酒精的饮料。

（9）飞行过程中，乘客应不在机舱内穿梭，不吸烟，不动救生设备；全程关闭手机、笔记本电脑等电子设备，以免影响飞机电子导航系统从而引发安全事故。

（10）如果飞机降落在水里，乘客可以将滑梯当作救生筏用。坐垫在紧急情况下很容易拆下并携带，可以兼作漂浮工具。在跨航线飞行的飞机上还有充气救生筏，每个座位下面都有救生衣。

（八）乘船安全常识

在我国，许多地方都有河流、湖泊，城市公园里也多有湖泊。因此，乘坐轮船在大江大海上航行，划着小船在公园的湖面上或在村边的小河中游玩，都是大学生很喜欢的活动。乘船安全常识对大学生十分重要。

（1）乘客不要乘坐无牌、无证船舶，不要乘坐客船、客渡以外的船，不要乘坐超载船舶和人货混装的船舶，更不要乘坐安全系数低且无安全救生设备的排筏。

（2）乘客乘船严禁携带易燃易爆危险品，看到他人携带也要予以劝阻或反映给船上的工作人员，以确保全船人员的生命财产安全。

（3）乘客候船时，在候船室不要到处乱跑；在船上不要随意跨过"旅客禁止"界限；不要随便拨弄、按动机械和电气设备；不要在甲板上追逐打闹。

（4）乘客登船后要尽快熟悉所乘舱位的周围环境；要在座位上坐稳，不得打闹、随意走动，不要将身体的任何部位伸出船外；要听工作人员的指挥，遵守船上的安全规定和秩序。

（5）乘客要牢记救生衣、救生船、灭火器、消防栓的位置及使用方法，以便一旦发生意外能尽快使用。

（6）船在航行中遇到大的风浪，会出现颠簸，这时不必惊慌，乘客要听从工作人员的指挥，不要乱跑乱闯、大声喧哗，以免引起全船人员的混乱，使船体失去平衡，造成不可预料的严重后果。尤其是乘较小船只在海上或江河上航行时，更应当注意这一点。

（7）乘客上下船时，一定要等船靠稳，待工作人员安置好上下船的跳板后再行动。

（8）船在航行时，乘客不要在船上嬉闹；摄影时，不要紧靠船边，也不要站在甲板边缘向下看波浪，以防晕眩或失足落水；观景时，切勿一窝蜂地拥向船的一侧，以防引起船体倾斜，发生意外。

（9）如果发现局部失火、漏水或其他不安全迹象，应当尽快向工作人员报告，并立即采取补救措施；乘客在弄清楚情况前，不可大声喧哗，以免引起全船人员不安或影响其他乘客休息。

 小知识

大学生驾驶小汽车注意事项

1. 不超速

机动车驾驶人超速行驶可能影响车辆驾驶的稳定性，延长制动距离，扩大车辆制动非安全区。机动车驾驶人在高速行驶的情况下转弯，极易引发翻车。超速行驶也会使正常交通秩序受到影响，过短的时间往往使机动车驾驶人在遇到险情时难以作出正确判断，只有有效控制车速才能够有效预防交通安全事故。

2. 不违法

机动车驾驶人在驾驶车辆的过程中没有遵守交通规则进行超车、抢行，在转弯过程中不降速、不鸣喇叭，不按要求在规定地点停放车辆，不根据具体要求进行装载，由没有驾驶证的人开车或酒后开车等，都是造成交通安全事故，致使车祸发生的重要原因。

3. 精力集中

机动车驾驶人有时受心情或生理等因素影响，会在驾驶过程中心烦意乱，且精力不集中；在驾驶过程中听音乐，与其他人聊天使注意力分散；过度疲劳驾车；对自己驾车技术过度自信而麻痹大意等：这些都是机动车驾驶过程中不应该有的。

4. 提升驾驶水平

许多机动车驾驶人驾驶车辆时间较短，驾驶经验较少，且技术水平低，如果不了解车辆和道路状况，一旦发生险情就会慌张无措，很容易进行错误操作。机动车驾驶人应不断熟悉汽车性能，努力提高个人驾驶技术，避免盲目自信、过早上路。

二、日常交通事故预防及处理

大学生交通安全是指大学生在校园内和校园外的道路行走、乘坐交通工具时的人身安全。只要有行人、车辆、道路这三个交通安全要素存在，就有交通安全问题。也许只是一个小小的意外，就会造成严重后果，断送美好的前程甚至生命。

（一）交通安全事故的预防

1. 树立安全意识

在交通安全事故中，人、车辆、道路三者存在着必然的联系，大多数情况下，人是最关键的因素。因此，树立交通安全意识，杜绝麻痹大意是首要的预防措施。

2. 大学生应认真遵守交通法规

交通法规是人们出行交通安全的基本保障。只要自觉遵守交通法规，就会少发生或不发生交通事故。相反，如果不遵守交通法规，存有侥幸心理，甚至明知故犯，如违法驾驶、骑车带人、逆行、闯红灯、行人过马路不走人行横道或过街天桥等，就非常容易发生交通事故。

3. 掌握交通安全准则，并严格执行

掌握知识只是保障交通安全的基础，严格遵照执行才是安全的根本。

4. 加强学校周边道路的秩序管理，完善交通安全设施

交警部门要结合师生出行的特点，全面排查学校周边地区的交通安全隐患点，及时联合有关部门制定整改方案，认真加以解决。一是针对师生出行规律，科学调整执行警务方式，合理调配警力，特别是对校园周边路段的堵点、乱点、事故多发点和人流车流高峰时段要进行定点、定岗管理，加强交通管控力度。二是联合相关职能部门从严查处学校周边地区从事非法营运的车辆。三是通过组织学生志愿者上路维护交通秩序、劝阻交通违法行为等形式，落实长效管理措施。四是将校方就师生出行问题提出的专门方案及时向当地党委、政府做专题汇报，在党委、政府的统一领导下加以落实。

5. 学校应广泛开展道路交通安全的宣传和教育

学校作为大学生的管理部门，应设立交通安全宣传栏，利用广播、网络等途径传播交通安全知识，广泛开展交通安全宣传教育活动。安排一定课时的交通安全讲座，同交警部门一起宣讲交通法律知识和安全知识，提高学生知法守法的自觉性。要动员、教育全体教职员工进一步增强工作责任感和自觉性，以教育学生、提醒学生和帮助学生为己任。加强与交警的协调联动，完善对学生交通安全的教育、宣传等管理机制。

在平时的生活中，大学生要重视交通安全，学习和积累交通安全常识，自觉遵守交通法规。无论在校园内还是校园外行走，都要做到"眼观六路，耳听八方"，时刻注意来往的车辆和行人，及时避让往来车辆，学会保护自己的人身安全。

（二）发生交通事故后的处理办法

发生交通事故后，要在第一时间报案并及时施救。对伤员采取正确的救护措施，可以最大限度地减少损失和挽救生命。

1. 及时报案

无论在校外还是在校内，一旦发生交通事故，要及时报案，这样才有利于事故的公正处理，不能与肇事者"私了"。若在校外发生交通事故，除及时报案外，还应该及时与学校辅导员老师或班主任取得联系，由学校老师出面处理有关事宜。

2. 医疗救护

当在道路上发生造成人身伤亡的交通事故时，应当立即抢救受伤人员。必要时拨打"120"求助。

3. 保护现场

事故现场的勘查结论是划分事故责任的依据之一，若现场没有保护好，会给交通事故的处理带来困难。切记发生交通事故后要保护好事故现场。

4. 控制肇事者

若肇事者想逃脱，要设法控制，自己不能控制时可以发动周围的人帮忙控制。若实在无法控制也要记住肇事车辆的车牌号码等特征。

5. 依法解决赔偿

交通安全事故发生时，当事人不能自行协商处理，要依据法律进行处理。当事人报警之后，要协助交通警察收集现场证据和做好交通安全事故认定。当事人在收到交通安全事故认定书后，若对交通安全事故损害赔偿有争议，可请求公安交通管理部门协商解决，也可直接向人民法院提起民事诉讼。

拓展阅读

特殊天气驾驶小技巧

1. 雨天行驶

出车前要认真检查制动器、雨刮器、灯光、喇叭、转向等机件，确认良好方可出车。行车时，车速要酌情放慢，前后车距要适当拉大，一般不要超车。遇到意外情况要及早采取措施，不要紧急转向和紧急制动，以防车辆横滑侧翻。车辆通过积水路段，通过前应探明水情，水深不能超过排气管；通过时车速要缓慢，中途不能熄火停车。

2. 刮风行驶

刮风对机动车行驶影响不大，但对非机动车和行人的影响较大。大风天气影响行人视线，易造成事故。驾驶员应减速慢行，随时做好避让或停车准备。

3. 雾天行驶

雾天能见度低，视线模糊，驾驶员难以看清路况，行车危险性大，除打开防雾灯和尾灯外，还应以很慢的速度行驶。如浓雾过大应停车，待雾散后再行驶。

4. 冰雪天气行驶

路面滑，附着力小，汽车后轮容易打滑空转。开车应做到缓慢起步，慢行，车速均匀。在转向、使用制动方面都应忌急，尽量少用制动，避免紧急制动。冰雪道路制动距离长,约是普通沥青路面的三倍。因此行驶中与前车要保持足够的距离,做到早发现,提前做好停车准备,严禁空挡滑行。冰雪道路因雪光反射,易使驾驶员视觉疲劳,甚至会产生短时目眩现象,此时必须减速停车,待视力恢复后再继续行驶。

5. 夜间行车

夜间行车,要做到灯光齐全、有效,符合规定。根据可见度控制车速,尽量不超车;必须超车时,应事先连续变换远近灯光,必要时用喇叭配合,在确定前车让路允许超越后,再进行超车。另外,骑车人和行人在来车灯光照射下易发生目眩,看不清路面,所以还必须注意骑车人和行人的安全。坐前排的乘客或者驾驶员在突然刹车时,会因为惯性向前倾。如果不系安全带,就会撞在方向盘或者玻璃上。而安全带可以在急刹车或发生撞车时将人固定在座椅上,这样人就不会撞在方向盘或前玻璃上了,也就保证了安全,所以要系安全带。

第三节 饮食安全

情景引入

2017年6月,珠海某高校王某与同学聚会时,因餐厅规定3分钟内喝下6杯总共1 800 mL的鸡尾酒,500元以内的消费就可以免单,其不顾个人身体状况,将四杯酒一饮而尽,这期间还有人拿着手机在计时。当他喝下第五杯酒时,干呕了几下,走下台阶,摆了摆手。喝到第六杯酒时,这个大一学生的身体开始不听使唤,头一歪,重重地倒了下去。在一片"加油"声中,这名学生再也没有醒来。公安机关出具的鉴定意见通知书中显示,这名学生死于"急性酒精中毒"。

2020年4月,某大学食堂发生一起集体食物中毒事件。若干名在该学校食堂用餐的学生陆续出现恶心、呕吐、腹痛、腹泻等症状。送到医院经过治疗后,除了个别学生因头晕、头痛、胸闷、心慌及胃部灼烧感需要继续留院观察外,其余学生均康复出院。经调查,中毒学生均食用过未烧熟的四季豆。

"民以食为天。"食物是人类赖以生存的物质基础，饮食安全关系到人的身体健康和生命安全。大学生应养成科学的饮食习惯，健康饮食非常重要。

一、养成科学的饮食习惯

食物是我们获得能量的主要来源，大学生要养成科学的饮食习惯。

（一）膳食科学搭配的原则

合理的膳食构成就是指符合营养及卫生要求的平衡膳食，就是膳食的质和量都要满足人们生理、生活和劳动对营养的需求。科学的搭配就是合理营养、平衡膳食的理念要体现在膳食之中。科学的搭配应考虑两个原则：能量代谢平衡的原则和物质代谢平衡的原则。

1. 能量代谢平衡的原则

营养学家按照人的年龄、性别、劳动强度，确定一日总能量的摄入，再根据总能量，对蛋白质、脂肪、碳水化合物进行合理分配。一般人群的三大营养素热能的分配是蛋白质占10%～15%，脂肪占20%～25%，碳水化合物占60%～70%。

2. 物质代谢平衡的原则

营养学家根据人的年龄、性别、劳动强度，确定一日其他营养素的摄入，即找出维生素、矿物质的摄入量标准，然后确定从什么食物中摄取这些营养素。

根据大学生的身体发育状况，给大学生建议的常用的食谱见表1-1。

表1-1 给大学生的推荐食谱

	推荐食谱
早餐	主食（标准粉）100 g，豆浆或牛奶200 mL，小菜一碟
午餐	主食（米饭、面条）200～250 g，菜（荤素搭配）100 g，汤100 g，水果100 g
晚餐	主食（馒头、稀饭）150～200 g，菜（荤素搭配）适量
晚点	奶粉20 g，香蕉100 g
说明：个体的身体状况不同，用餐的标准应根据个体状况适当调整。	

（二）不同季节人体对各种营养成分的需求

人体日常生活中所需要的营养都是从食物中获取的，不同季节人体对各种营养成分的需求存在很大的不同。大学生应合理搭配饮食，根据季节变化特点，确保营养均衡。

四季的变化使当季上市的食物品种不同,大学生在制定食谱时要充分考虑到季节因素,合理搭配食物品种,满足身体需要。

春季大学生的活动量增加,需要补充的钙量较多,食谱中就要多增加牛奶、海带、鱼、虾、豆制品等含钙量丰富的食物,同时要多吃蔬菜补充维生素,以防口腔疾病。

夏季天气炎热,会令人食欲不佳,大学生体内的能量消耗多,应注意补充水分,饮食以清淡为主,不要过于油腻。

秋季是天气由热转凉再由凉转寒的过渡性季节。立秋以后气温由热转凉,人体的消耗也逐渐减少,食欲就开始增加。但要注意养阴清热、润燥止渴、清心安神。此时,大学生可常食蜂蜜、银耳、乳制品等具有滋润作用的食物,多吃新鲜的蔬菜、水果。

冬季天气寒冷,大学生对热量的需求增多,故要多选择口味较浓的食物。

(三)培养良好的饮食习惯

1. 食物要多样化(不挑食、不偏食)

人体所需要的营养物质是由各种食物供给的,没有任何一种天然食品能包含人体所需要的全部营养物质。单吃一种食物,不管吃的数量多大,营养如何丰富,也不能维持人体的健康。有些大学生往往喜欢吃单一类型的饭菜,这是很不好的习惯。各种食品都有其各自的营养成分,大学生经常变换饭菜进餐,才能为身体提供足够的营养。一般来说,午饭质量要高一些,可吃一些含糖、蛋白质、维生素 B_1、维生素 C 和磷较多的食物,晚饭应吃一些易消化吸收的食物。

2. 饥饱要适当

明代敖英在《东谷赘言》中说,多食之人有五患:一者大便数;二者小便数;三者扰睡眠;四者身重不堪修养;五者多患食不消化。我国人民根据长期的养生经验提出"食不过饱"的主张,也就是饮食要适度,饥饱要适当,以达到营养适宜的程度,使摄入与消耗相适应,避免身体超重或消瘦。

3. 油脂要适量

脂肪是膳食的重要成分,它是最浓缩的热能来源,能提供必要的脂肪酸,改善食品风味。但过多的饱和脂肪酸(动物性脂肪)会增高血中胆固醇含量,是冠心病的致病因素之一。中国营养学会建议,脂肪摄入量以不超过热能供给量的30%为宜。

4. 粗细要搭配

不被人体消化酶分解的膳食纤维对人体健康有益，人们每天要吃不同类型富含膳食纤维的食物，如粗粮、杂粮、豆类、蔬菜、水果等，要提倡吃些粗米、面，因为米碾得太精，谷粒中所含的维生素、矿物质和膳食纤维等，大部分流失，对人体健康不利。

5. 食盐要适量

食盐含钠和氯，两者都是人体必需的。但钠的摄入量与高血压的发病率成正比。成年人对钠的需要量，每日平均为 2 g，约合食盐 5 g。

6. 甜食要少吃

吃糖过多会影响其他营养素的摄入，为了保持牙齿卫生，吃糖后最好漱口。

7. 饮酒要节制

无节制饮用高度白酒，会使食欲下降，食物摄取量减少，以致营养缺乏，严重的还会发生酒精中毒、肝硬化等。因而，严禁酗酒，不宜无节制饮酒。

二、饮水安全

（一）卫生和安全的饮用水定义

一般而言，卫生和安全的饮用水须满足三个方面的要求：

（1）水质感官性能良好。水质感官性状（即水的外观、色、臭和味）良好是十分必要的。它是饮用者判断水质的首要的和直接的指标。饮用者一般依赖自己的感官来判断水质及其安全性。如果水的浑浊度很高，有异色或令人厌恶的臭味，就会使饮用者感到不安全而拒绝饮用。

（2）防止介水传染病的发生，确保水质微生物学质量的安全性。

（3）预防化学物质的急、慢性中毒以及其他健康危害。饮用水中化学物质的危害不同于微生物污染所带来的危害。一般而言，主要是人群长期饮用所带来的健康影响，特别是其中的蓄积性毒物和致癌物。

（二）养成健康的饮水习惯

"人可一日无食，而不可一日无水"，说明水对人类的重要性。成年人体内含水量占体重的 60%~70%。人体中的水有调节体温、促进新陈代谢、输送营养物质、排除废物的作用;同时,水也参加化学反应,与蛋白质、糖、磷脂等结合,发挥复杂的生理作用。因此,一些不良饮水习惯会影响健康。

1. 每日饮水量不足

有人认为不渴就不用喝水,其实,人体内细胞不断进行代谢、排除废物、散发热量等过程都会损失水分,因此保持人体每日水分摄入与排出的平衡是十分必要的。等到口渴时再喝水,表明体内失水已经严重,因此我们应养成随时主动饮水的习惯。

2. 喝饮料等同于喝饮用水

许多大学生喜欢喝含有碳酸、带甜味、带酸味的饮料,认为饮料既可以解渴,口感又好。事实上饮料并不能代替饮用水。饮料不但容易造成厌食与厌水,长期饮用还会造成营养缺乏症,而饮用过多饮料会使机体血液呈酸性,不利于血液循环,且肌肉内乳酸堆积多,容易产生疲劳感,进而导致机体免疫力下降,并容易患感冒、龋齿、牙周炎等多种疾病。

3. 生饮自来水

一些人错误地认为自来水有营养,尤其是在夏天喜欢图方便拧开自来水龙头对着就喝,这样很容易感染痢疾等肠道疾病。

4. 长期喝千滚水

我们提倡喝开水,但反对长期喝千滚水。千滚水是指在炉上沸腾了很长时间的水,还有电热水器中反复煮沸的水。其中钙、镁等重金属成分和亚硝酸盐含量很高。长期饮用这种水会干扰人的胃肠功能,导致腹泻、腹痛,而有毒的亚硝酸盐还会造成机体缺氧,并引起神经、泌尿和造血系统病变。

5. 长期喝矿泉水

优质矿泉水含有对人体有益的多种物质,且无菌,因此它获得了众多消费者的青睐。但是,即使是矿泉水也并非适宜于所有的人。不加分析地长期饮用矿泉水,有时也会影响健康。矿泉水、矿物质水等也可以作为一种选择,但不宜作为主要的饮用水。

6. 白开水是最佳选择

白开水是日常生活中的最佳饮品。白开水容易透过细胞膜进入细胞促进人体的新陈代谢，增加血液中的血红蛋白含量，增强机体免疫功能，提高人体抗病能力，是最符合人体需要的饮用水，并且干净卫生、制作简单、经济实惠。

三、警惕食物中毒

摄入了含有生物性、化学性有毒有害物质的食品后出现非传染性、急性或亚急性疾病，称为食物中毒。

（一）食物中毒的特征

1. 发病与某种食物有关

病人在近期同一段时间内都食用过同一种"有毒食物"，发病范围与食物分布呈一致性，不食者不发病，停止食用该种食物后很快不再有新病例。

2. 临床表现相似

临床表现多以急性胃肠道症状为主。

3. 潜伏期比较短

食物中毒的潜伏期一般是几分钟到几小时，食入有毒食物后于短时间内接近同时出现一批病人，来势凶猛，很快形成高峰，呈暴发流行。

4. 人与人之间不传染

食物中毒的发病曲线呈骤升骤降的趋势，没有传染病流行时发病曲线的余波。

（二）常见的食物中毒

1. 四季豆中毒

食用未烧熟的四季豆，可能会导致食物中毒。中毒的潜伏期为5小时内，症状为恶心、呕吐、胸闷、心慌、出冷汗、手脚发冷、四肢麻木、畏寒。

食用四季豆要注意观察是否已经烧熟，尽量选择炖食的四季豆，尽量不选择焯水后做凉菜食用的四季豆。

2. 发芽马铃薯中毒

食用发芽的马铃薯可能会导致食物中毒。中毒表现为病人在中毒初期，先有咽喉抓痒感及烧灼感，后出现胃肠道症状，剧烈地呕吐、腹泻。

马铃薯应贮藏在低温、无阳光直射的地方，或用沙土埋起来，防止发芽；不吃发芽或黑绿色皮的马铃薯；加工发芽马铃薯，应彻底挖去芽、芽眼及芽周部分。

3. 豆浆中毒

生豆浆加热不彻底，有害成分没有被破坏，人在饮用后可能会导致中毒。中毒的潜伏期为 0.5～1 小时，主要表现为胃肠道症状，恶心、呕吐、腹胀、腹泻，一般不发热，愈后良好。

在加热豆浆时，当豆浆出现泡沫时，还没有煮开，应继续将豆浆加热至泡沫消失。豆浆沸腾后，再继续加热几分钟。

（三）食物中毒的预防

1. 养成良好的饮食卫生习惯

（1）坚持饭前、便后洗手；

（2）蔬菜瓜果要浸泡、洗净后再食用；

（3）避免吃隔夜或放置时间较长的食品；

（4）不吃来历不明的食品；

（5）在正规市场、超市购买食品，不吃没有安全保障的食品和过期食品。

2. 把好"食品入口关"

在日常生活中，因食用被细菌及毒素污染的食物而引起的食物中毒较为多见，大学生饮食安全要重点预防细菌性食物中毒。

（1）不随便吃野果，不吃野生动物，不吃有病的或病死的禽畜肉。

（2）蛋类食品营养丰富，但受细菌污染后易引发腐败变质，即使未曾变质，人吃后也会发生食物中毒，所以禽蛋必须煮沸 10 分钟以上才可食用。

（3）当心冰箱储藏食物引起的食物中毒。使用冰箱一定要做到生、熟食品分开储存，防止交叉感染，且保存时间不宜过长。

（4）防止食用动物肝脏中毒、食用毒蘑菇中毒以及食用扁豆（四季豆）、瓠子、发了芽的马铃薯中毒，防止多食白果、杏仁中毒，防止食用变质银耳中毒，饮用未煮开的豆浆也容易发生中毒。

3. 尽量在学校食堂就餐

学校食堂有严格的卫生消毒程序和卫生监督，一般不会发生细菌性食物中毒。在校外就餐时要选择卫生条件好的餐馆就餐，尽量不吃或少吃路边摊小吃。

(四)食物中毒的应急措施

一旦发生食物中毒,千万不要惊慌失措,针对引起中毒的食物以及服用的时间长短,及时采取如下应急措施。

(1)停食。立即停止食用可疑中毒食品。

(2)催吐。神志清醒者可饮温水300~500 mL,然后用手指或压舌板、圆钝的勺柄等钝头物刺激舌根或咽后壁,引起反射性呕吐。

(3)补水。吐泻可造成脱水,多饮淡盐水,以补充液体,有利尿液生成,促进毒素排泄。病情严重者可暂时禁食。

(4)了解。了解与中毒者一起进餐的其他人有无异常。

(5)上报。及时报告当地的食品卫生监督检验部门,采取病人标本,以备送检。

(6)收集。封存中毒的食品或疑似中毒食品。收集残存毒物、呕吐物、相关容器等以便鉴定毒物类型。

(7)就医。初步处理后立即送医就诊以求进一步治疗,切不可抱有侥幸心理,因为有些毒物会引起迟发反应和后续效应,导致中毒症状加重或死亡。

(8)注意。反复呕吐和腹泻是机体排泄毒物的途径,所以在出现食物中毒症状24小时内,不要擅用止吐药或止泻药。

拓展阅读

食品加工的相关安全标志

1. 食品质量安全标志

食品质量安全标志是食品市场准入标志,其式样和使用办法由国家市场监督管理总局统一制定。加贴(印)有食品质量安全标志的食品,即意味着该食品符合质量安全的基本要求。获得食品质量安全生产许可证的企业,其生产加工的食品经检验合格的,在出厂销售之前,必须在最小销售单元的食品包装上标注由国家统一制定的食品质量安全生产许可证编号,并加印或者加贴食品质量安全标志。该标志由"QS"和"质量安全"中文字样组成(图1-1),标志主色调为蓝色,字母"Q"与"质量安全"四个中文字样为蓝色,字母"S"为白色。使用时可根据需要按比例放大或缩小,但不得变形或变色。

QS质量安全认证

图1-1 食品质量安全标志

2. 有机食品标志

有机食品指来自有机农业生产体系,根据国际有机农业生产要求和相应标准生产、加工,并经具有资质的独立认证机构认证的一切农副产品。有机食品不使用任何人工合成的化肥、农药和添加剂。有机食品标志如图1-2所示。有机食品与我国绿色食品的最显著差别是在其生产和加工过程中绝对禁止使用农药、化肥、激素等人工合成的物质,而绿色食品允许有限制地使用这些物质。

图1-2 有机食品标志

3. 绿色食品标志

绿色食品是遵循可持续发展原则,按照特定生产方式生产,经过专门机构认定,许可使用绿色食品标志的无污染的安全、优质、营养类食品,级别比"无公害农产品"更高。

由于与环境保护有关的事物国际上通常都冠之以"绿色",为突出这类食品出自良好生态环境,因此定名为绿色食品。绿色食品标志如图1-3所示,由三部分构成:

上方的太阳、下方的叶片和中心的蓓蕾。标志图形为正圆形,意为保护。该标志形象地告诉人们,绿色食品正是出自纯净、良好生态环境的安全无污染食品。绿色食品分为 A 级和 AA 级。A 级产地环境质量要求评价项目的综合污染指数不超过 1,在生产加工过程中,允许限量、限品种、限时间地使用安全的人工合成农药、兽药、鱼药、肥料、饲料及食品添加剂。AA 级产地环境质量要求评价项目的单项污染指数不得超过 1,生产过程中不使用任何人工合成的化学物质,且产品需要 3 年的过渡期。

图 1-3　绿色食品标志

第四节　教学活动安全

情景引入

2018 年 12 月 26 日上午,北京某高校市政环境工程系学生在学校环境工程实验室进行垃圾渗滤液污水处理科研实验时,实验现场发生爆炸,造成 3 名参与实验的学生当场死亡。经调查核实事故原因为:在使用搅拌机对镁粉和磷酸搅拌、反应过程中,料斗内产生的氢气被搅拌机转轴处金属摩擦、碰撞产生的火花点燃爆炸,继而引发镁粉粉尘云爆炸,爆炸引起周边镁粉和其他可燃物燃烧。

事故发生后,2019 年 1 月 3 日,国务院安委会办公室召开高等学校实验室安全管理工作视频会议,深入贯彻落实党中央、国务院领导同志指示批示要求,深刻吸取"12·26"较大事故教训,进一步推动高校实验室安全管理责任落实。1 月 10 日,教育部印发了《关于进一步加强高校教学实验室安全检查工作的通知》(以下简称《通知》），要求各地各高校全面加强高校教学实验室安全检查工作，有效防范类似事故发生。随《通知》下发的《高校教学实验室安全工作检查要点（2019版）》，分层分类逐项列出了高校教学实验室在安全管理体制机制、安全宣传教育、危险源管理等方面的关注要点。

事实告诉我们，高校实训（验）室安全状况不容忽视。实训（验）室任何一个小小的疏忽或者隐患都有可能造成难以估量的损失。大学生必须牢固树立实训（验）安全意识，警钟长鸣，杜绝安全事故发生。

一、实训安全

安全地进行实训是保障学生生命安全和实训设备安全的基础，是避免发生人身伤害和设备事故的重要举措，因而是学校安全工作的重中之重。在实训教学中，教师应在教学生学习和操作的同时，向他们强调安全的重要性，并引导其养成良好的安全操作习惯，为其安全成长创造一个良好的环境。

（一）实训安全事故的预防

为了避免实训课上发生安全事故，教师与学生应做好以下几个方面的预防措施。

（1）实训课的指导教师必须按时到岗，负责组织学生实施实训活动，不得在工作期间擅离岗位。

（2）在进入实训室之前，学生必须认真学习实训指导书，以明确实训的目的、原理和步骤。

（3）在进行实训之前，指导教师应向学生讲清楚实训设备的安全操作规程和注意事项，根据实训情况为学生提供必要的安全保护用具，并要求学生爱护公物、注意安全。

（4）进入实训室之后，学生必须自觉地服从管理、听从指挥，严格遵守药品、仪器设备的操作规范。对故意违规和严重违纪的学生，指导老师应立即命令其停止实训活动。

（5）在实训过程中，学生若发现仪器设备有损坏、出现故障等异常情况，则应立即切断电源、保护现场，并报告指导老师处理。

（6）实训结束后，学生必须按原样整理好仪器设备及配件，并将个人物品和废纸杂物等带离实训室。

【典型案例】2019年7月,广东某高职学校学生张某在一工具车间实习时,使用对焊机焊接刀具。张某在往电极夹钳上装卡焊件、找正位置时,口头指挥另一名实习生李某支垫工件尾部。当气动的夹钳上臂压下时,李某尚未抽出的右手食指被挤于工件尾部和垫铁之间,造成食指末端破裂及开放性骨折。

【案例简析】学生在实习期间,由于对所实习工作并不非常熟悉,出现事故的可能性大大增加,这就需要严格按照操作程序操作,避免因麻痹大意造成不可挽回的损失。

(二)实训安全事故的应对

实训课上常发生的安全事故主要有火灾、油气等危险品失控、触电、机器设备造成伤害、化学品灼伤或中毒等。一旦发生了实训课安全问题,相关人员和部门应沉着、及时地采取相应措施予以应对。

若实训室发生火灾或者油气等危险品失控的事故,相关人员和部门应采取以下应对措施:

(1)现场人员应立即拨打119、120,并向学校保卫处和教务处报告。

(2)学校保卫处和教务处接到报告后,应立即组织有关人员到达现场开展救护工作,并向学校领导报告。同时,应立即通知其他相关部门派人员到现场做好配合工作,如转移物品和人员、打开消防通道、疏散人员、控制危险品的扩散等。

(3)学校保卫处和其他相关部门应配合消防部门做好抢险灭火工作。

若实训过程中发生人员触电、化学品中毒、机器设备造成伤害等事故,相关人员和部门应采取以下应对措施:

(1)指导教师、实训室管理员等现场人员应立即联系医务室或拨打120急救电话,并保护好现场。同时,应立即报告教务处、学生处等主管部门,并逐级上报主管领导、学校重大突发事件应急处理领导小组。

(2)医务室工作人员接到报告后,必须立即赶往现场开展急救或进行临时处理。

(3)主管部门的相关人员接到报告后,也应立即赶到现场配合医务人员开展急救工作。若事故情况严重或受伤学生急需转院治疗的,则应通知其家长。

(4)重大突发事件应急处理领导小组接到报告后,应及时将情况报告校长,联系当地公安、医疗卫生部门,并配合公安机关、医疗机构开展调查、取证、分析等工作。

二、实验安全

（一）实验前安全准备工作

在进入实验室前，需要在指导教师的指导下，根据实验项目要求掌握本实验需要注意的各类事项，了解实验章程、流程步骤、安全操作要求等。实验前必须注意指导教师在上课时告知的注意事项。

（1）按预约时间进入实验室，了解实验室布局、实验的类型、仪器和药品的信息。

（2）检查安全防护设备，做到有备无患。

（3）了解实验方案，预测在实验工作中可能出现的突发状况及危险，并做好相应的预案。

（4）熟悉实验的内容与实验原理。

（5）熟悉操作流程，了解操作细节。

（6）明确实验目的、要求、方法、步骤及注意事项。

（7）熟悉可能接触和使用的设备，需领用工具及耗材、物料、药品等。

（8）了解实验设备的性能、配置及正确的操作方法，零件及附件严禁私自拆卸和调整，并注意插座电压的类别，切勿触摸电极或电泳槽内溶液，湿手切莫开启电源。

（9）了解安全设备所在位置，如电源总开关、紧急逃生的铁锤工具、急救箱、逃生路线、灭火器材、紧急洗眼装置、紧急冲淋器、溅出化学品处理设备等位置，有利于在突发事件发生后第一时间做出有效处理。

（10）化学品实验入室应穿实验大褂，同时注意局部防护，必要时佩戴安全防护眼镜、防护手套、防护面罩、防毒面具、呼吸器等个人防护用具，穿不露脚趾的满口鞋，长发必须束起。

（二）实验过程要规范操作

实验室安全的关键就是要严格执行操作规范。

（1）严格遵守操作规程，在指导教师指导下进行实验操作。

（2）某些危险实验室内应有两人以上方可实验。

（3）特殊实验要佩戴安全防护准备。

（4）浓酸、浓碱制剂具有强腐蚀性，应避免溅落在皮肤、衣物、书本上，更应该防止溅入眼睛。

（5）高压容器实验要防止气体或液体泄漏，严禁随意充装其他气体，并要有明显的识别标志。

（6）加热试管时，不要把试管口对着自己或别人，也不要俯视正在加热的液体。

（7）进行爆炸实验，必须在经过特殊设计的防爆炸的地方进行，并注意避免发生爆炸物飞出伤人或飞到有危险的地方。使用爆炸性物品要避免撞击、强烈振荡和摩擦。

（8）金工实验时如有较大噪声，应佩戴耳塞、耳罩、耳棉等；严禁在进行弹、喷、射击等实验时对着人；用钻孔器、锥子、针等切割和穿透物品时，不应以另一只手给物体做垫层；不能把手插进螺孔或管子。

（9）辐射实验中接触放射性物质时应将放射性物品存放在防辐射箱中，使用后必须及时入库保管。

（10）实验过程中碰到任何情况或疑问都要及时请教老师，切勿私自变更实验程序盲目操作。

（三）实验结束后安全事项

实验结束后，不要急于离开实验室，要做好善后工作。

（1）对实验室进行全面清理，如关闭电源、水源、气源，处理好残存的化学物品，清扫易燃的纸屑等杂物，消灭火灾隐患。

（2）打扫室内卫生，关闭好门窗、水电。

（3）及时将仪器整理还原，座椅放置于工作台下。

（4）返还工具，核实领用的实验物料用量，检查使用仪器设备是否还原，确认无误后方可离开实验室。

小知识

江苏师范大学学生实验守则

（1）学生必须按时到指定实验室做实验，不得迟到。

（2）进入实验室必须保持安静，不准高声谈笑，不做与实验无关的事，不动与实验无关的设备，不进入与实验无关的场所。注意环境卫生，不吸烟，不随地吐痰，不乱抛纸屑杂物。

（3）实验前学生应认真预习实验指导书规定的有关内容，明确实验目的和基本要求，掌握原理和方法。独立完成实验准备工作实验时，经指导教师检查认可后，才能开始做实验。

（4）实验时应严肃认真、正确操作、仔细观察，要准确、真实地记录各种实验数据，严格遵守有关操作规程。

（5）仪器设备发生不正常现象时，应及时报告指导教师。发生人身安全事故时，立即切断相应的电源气源等，迅速停止实验，设法防止事态扩大，并立即向指导教师报告，听从指导教师的指导，要沉着冷静，不要惊慌失措。

（6）使用大型精密仪器设备，应先了解性能和操作方法，未经教师同意，不得任意操作，违者按有关规定处理。

（7）实验中如发现仪器设备损坏，应及时报告并查明原因。凡属违反操作规程导致设备损坏的，或丢失仪器、配件、工具的，均应及时查清原因并上报院系负责人。根据情节轻重，追究责任，按章赔偿。凡隐瞒事故不报者，从重处理。

（8）实验完毕，在指导教师检查清点所用仪器、工具后，做好清洁卫生，切断电源、气源，关好水龙头，实验数据请指导教师审阅、签字后方可离开实验室。

（9）实验后要认真写好实验报告（包括认真分析实验结果，精确处理数据、图表）。

（10）学生进入开放实验室做综合性、设计性的实验时，应按学校相关规定事先与有关实验室老师联系，报告自己的实验目的、设计方案、所需实验仪器和材料等，经同意后方可在实验室安排的时间内进行。

（11）本守则由指导教师和参加实验的人员共同监督，严格执行。违者令其停止实验，责任自负。

（四）实验室安全事故的处理

实验室各种意外伤害可参考以下应急预案进行处理。

河南某高校实验室安全事故应急预案（节选）

第八条　实验室发生病原微生物、危险化学品事故的一般处置办法

（一）病原微生物

1. 若病原微生物泼溅在皮肤上，立即用75%酒精或0.5%碘伏进行消毒，然后用清水冲洗；

2. 若病原微生物泼溅在眼内，立即用生理盐水或洗眼液冲洗，然后用清水冲洗至少15分钟，立即就医。

3. 若病原微生物泼溅在衣物、鞋帽上或实验室桌面、地面，立即选用75%酒精、0.5%碘伏、0.2%~0.5%过氧乙酸、500~1 000 mg/L有效氯消毒液等进行消毒。

（二）危险化学品

1. 若有毒、腐蚀性化学品泼溅在皮肤或衣物上，应迅速解脱衣物，立即用大量自来水冲洗，再根据毒物的性质采取相应的有效处理措施。

2. 若有毒、有害物质泼溅或泄漏在工作台面或地面，应立即穿好专用防护服、戴上隔绝式空气面具等进行必要防护。泄漏量小时，在确保人身安全的条件下可用沙子、吸附材料、中和材料等进行处理，将收集的泄漏物运至废弃物处理场所处置，残余物用大量清水冲洗稀释。

3. 若发生易燃、易爆化学品泄漏，则泄漏区域附近应严禁火种，切断电源。事故严重时，应立即设置隔离线，并通知附近人员撤离，同时报告有关部门。

（三）其他

若操作过程中被污染的注射器针刺伤、金属锐器损伤，解剖感染动物时操作不慎被锐器损伤或被动物咬伤或被昆虫叮咬等，应用肥皂和清水冲洗伤口，然后挤出伤口的血液，再用消毒液（如75%酒精、2 000 mg/L次氯酸钠、0.2%~0.5%过氧乙酸、0.5%碘伏）浸泡或涂抹消毒，并包扎伤口（厌氧微生物感染不包扎伤口）。

第九条　实验室发生化学灼伤事故的一般处置办法

（一）强酸、强碱及其他一些化学物质，具有强烈的刺激性和腐蚀作用，发生这些化学灼伤时，应用大量流动清水冲洗，再分别用低浓度的（2%~5%）弱碱（强酸引起的）、弱酸（强碱引起的）进行中和。处理后，再依据情况而定，做下一步处理。

（二）溅入眼内时，在现场立即就近用大量清水或生理盐水彻底冲洗。冲洗时，眼睛置于水龙头上方，水向上冲洗眼睛，冲洗时间应不少于15分钟，切不可因疼痛而紧闭眼睛。处理后，再送眼科医院治疗。

第十条　实验室发生中毒事故的一般处置办法

（一）吸入中毒。若发生有毒气体泄漏，应立即启动排气装置将有毒气体排出，同时打开门窗使新鲜空气进入实验室。若吸入毒气造成中毒，应立即抢救，将中毒者移至空气良好处使之能呼吸新鲜空气，同时送入医院就医。

（二）经口中毒。要立即刺激催吐（可视情况采用0.02%~0.05%高锰酸钾溶液或5%活性炭溶液等催吐），反复漱口，立即送入医院就医。

（三）经皮肤中毒。将患者立即从中毒场所转移，脱去污染衣物，迅速用大量清水洗净皮肤（黏稠毒物用大量肥皂水冲洗）后，及时送入医院就医。

第十一条　实验室发生爆炸事故的一般处置办法

（一）实验室发生爆炸时，必须在确保实验室人员安全的情况下及时切断电源和管道阀门。

（二）所有人员应听从现场指挥，有秩序地通过安全出口或用其他方法迅速撤离爆炸现场。

（三）实验室安全事故应急处理领导小组负责安排抢救工作和人员安置。

第十二条　实验室发生火灾事故的一般处置办法

（一）若发生局部火情，立即使用灭火器、灭火毯、沙箱等灭火。

（二）若发生大面积火灾，实验人员已无法控制，应立即报警，通知所有人员沿消防通道紧急疏散，同时立即向消防部门报警，向学院领导报告；有人员受伤时，立即向医疗部门报告，请求支援。

（三）人员撤离到预定地点后，应立即组织清点人数，对未到人员尽快确认所在的位置。

第十三条　实验室发生触电事故的一般处置办法

（一）应先切断电源或拔下电源插头，若来不及切断电源，可用绝缘物挑开电线。在切断电源之前，切不可用手去拉触电者，也不可用金属或潮湿的东西挑电线。

（二）触电者脱离电源后，应就地仰面躺平，禁止摇动伤员头部。

（三）检查触电者的呼吸和心跳情况，呼吸停止或心脏停搏时应立即施行人工呼吸或心脏按摩，并尽快联系医疗部门救治。

第十四条　实验室发生仪器设备故障事故的一般处置办法

（一）若仪器使用中发生设备电路事故，须立即停止实验，切断电源，并向仪器管理人员和实验室管理人员汇报。如发生失火，应选用二氧化碳灭火器扑灭，不得用水扑灭。如火势蔓延，应立即向学校保卫处报警。

（二）仪器使用中的容器破碎及污染物质溢出，立刻戴上防护手套，按照仪器的标准作业程序关机，清理污染物及破碎玻璃，再对仪器进行消毒清洗，同时告知其他人员注意。

三、军训安全

军训是大学生接受国防教育的基本形式，是全民国防教育的一个重要组成部分。军训的目的是通过严格的军事训练激发大学生的爱国热情，培养学生艰苦奋斗、刻苦耐劳的坚强毅力和集体主义精神等。军训固然很重要，但也要注意安全问题。

（一）卫生安全

（1）对参加军训的学生身体状况进行普查，并建立普查登记表。

（2）凡有不适宜军训的特异体质或者特定疾病的学生，如心脏病、肺病等，不宜参加军训活动，应按照相关规定办理手续。

（3）学生或者监护人知道有人是不适宜参加军训的特异体质，或者患有特殊疾病，必须告知学校。

（二）训练安全

（1）军训工作中，要强调科学施训，做到合理安排、劳逸结合。

（2）炎热天气，采取必要的防暑降温措施，避免中暑。

（3）大学生参训期间应补充水分，以运动饮料、茶水、淡盐水为最佳，不要大量饮用白开水和矿泉水。

（4）军训期间体力消耗大应及时补充营养，多吃一些肉类、蛋类，最好多喝一些汤菜类，以补充各种维生素。

（5）军训期间，大汗淋漓后不要急于喝水，应休息片刻后饮水，也不应立即洗凉水澡。

（6）军训休息时，不要追逐、跑跳，以防止产生过多热量或对身体造成意外伤害。

（7）感觉身体不适，要及时与教官沟通，申请休息。

（8）严格执行各项条令、条例和规章制度，加强组织纪律性，一切行动听指挥，做到令行禁止。

四、体育教学安全

学生在上体育课或课外进行体育活动时，一定要注意安全，避免运动损伤（运动损伤相关内容在第二章中有详细介绍。）

保障体育教学安全，应注意以下九个方面：

（1）上体育课和进行体育活动时，一定要按老师的要求穿运动鞋和运动服，衣服兜里不要装硬物；做好充分的准备活动，活动全身关节骨骼，防止因没有活动开肢体僵硬，导致拉伤或器械碰伤、撞伤。

（2）在体育课和体育活动过程中，要遵守纪律，听从体育老师指挥，在老师指导下使用体育器材，规范动作要领。

（3）体育活动时要尽量选择平整的场地；如果在不平整场地活动，要始终保持脚具有一定的紧张度，防止踩在不平地方，造成扭伤。

（4）参加投掷项目活动时，一定要按规定的方向投掷，要注意观察器械下落地区有无人员通过，在确认安全后再将器械投出；一些通过旋转技术投掷的器械，一定要在有护笼的场地进行投掷。

（5）使用单双杠、杠铃等器械进行活动时，要先检查器械的螺钉、卡扣等是否牢固，避免发生意外。

（6）进行球类运动时，不要强迫自己做没有练习过的动作；要防止头顶足球时砸在鼻子或眼睛上，使鼻子出血、眼睛撞伤；防止打篮球抢篮板时手指挫伤，打排球传球时手指扭伤等。

（7）参加跑步类运动时要选择比较松软的衣服、运动鞋，防止在跑步中磨破皮肤或脚趾。

（8）参加滑冰或滑雪运动时，要注意在失去平衡时顺势倒地、团身，保护自己，不要用硬力对抗，防止由于冰刀、雪杖的碰撞、击打而意外受伤。

（9）要学会自我保护：练习危险动作要有教练或有经验的保护者进行保护；在单项有身体接触的比赛中，不与各方面条件有极大悬殊的对手进行对抗；对自身易伤和较弱的部位要格外小心，加强保护；不使用已损坏的器械进行锻炼；不在场地条件太差的地方活动。

> **小知识**
>
> ### 游泳要注意的事项
>
> （1）要了解游泳场所的情况，确认是否安全；
>
> （2）要结伴而行，最好有懂水性的人一同前往游泳场所；
>
> （3）入水前做好准备活动，如徒手操、慢跑和模仿游泳动作等练习活动身体，适应水温，然后下水游泳。
>
> （4）学习游泳时一定要由浅入深，循序渐进，逐步完成各个环节，从熟悉水性、漂浮、换气、划水，到学会一种泳姿后，再学习其他泳姿。
>
> （5）游泳过程中严禁在水中打闹、嬉戏，防止呛水；若出现身体不适，应立即离开泳池，上岸缓解或接受救护。
>
> （6）一般不要到江河、湖泊、水库、池塘等自然水域里游泳，更不要到禁止游泳的水域游泳，避免发生意外。
>
> （7）游泳时间不宜过长；游泳之后要注意清洁卫生，如有淋浴设备，应将身体冲洗一遍。

拓展阅读

> ### 体育伤害事故及其产生的原因
>
> 学校体育伤害事故是指学生在学校体育教学或课外体育活动、运动训练、学校组织的竞赛中发生的人身伤亡事故。教育主管部门将其定义为"在学校实施的体育教学活动或者学校组织的校外体育活动中，以及在学校负有管理责任的体育教学设施或其他设施内发生的，造成在校学生人身损害后果的事故"。
>
> 常见的体育运动伤害有擦伤、挫伤、扭伤、拉伤、骨折、重力休克等，严重的

还有运动性猝死。

学校体育伤害事故产生的原因主要有以下几种：

（1）师生对安全问题的认识不够，安全意识淡薄；

（2）教师的课堂常规要求不够严格；

（3）教师备课不够细致，课前准备不够充分，场地或课程内容安排不合理等；

（4）学生的课堂自律性差，不按要求进行体育活动；

（5）学生的技术动作不够熟练；

（6）教师对一些技术动作的讲解不细致、示范不到位或提供的保护和帮助方法不正确；

（7）在对抗性比赛或者游戏中，教师没有提出自我保护的要求或者学生的自我保护能力较差等。

第二章

大学生人身财产安全

学习目标

1. 了解体育活动安全的常备知识
2. 了解外出旅行安全的注意事项
3. 掌握应对校园滋扰的方式方法
4. 掌握防性骚扰的技巧
5. 了解防范盗窃的常识
6. 掌握防范盗窃的措施
7. 了解电信诈骗的常见手段
8. 掌握防范电信诈骗的技巧

第二章 大学生人身财产安全

知识导图

大学生人身财产安全

大学生人身安全

- **运动安全**：运动损伤产生的原因、运动前须知、运动注意事项、常见运动损伤的处理、运动损伤的急救措施
- **外出旅行安全**：外出旅游相关事项、旅行居住安全、旅行途中的易发疾病及简易预防治疗的方法
- **应对校园滋扰**：预防校园暴力、预防外部滋扰
- **防范性侵害与性骚扰**：性侵害的主要形式、性侵害和性骚扰的防卫

大学生财产安全

- **防范盗窃**：高校盗窃案的特点、校园盗窃案的主要表现形式、预防盗窃的措施、盗窃案件发生后的处理
- **防范抢劫**：抢劫概述、针对大学生的抢劫作案的特点、预防和应对抢劫的措施

防范电信诈骗

- **电信诈骗概述**：常见电信诈骗手法、其他电信诈骗手法
- **电信诈骗手法**
- **防范电信诈骗的措施**：不轻信陌生人、不透露任何个人信息、不向陌生人转账
- **谨防"校园贷"陷阱**："校园贷"的特征、"校园贷"常见陷阱、"校园贷"的危害、防范"校园贷"
- **防范帮信罪**：帮信罪常见情形、防范帮信罪

新编大学生安全教育

第一节 大学生人身安全

情景引入

> 2021年9月18日20点，某高校学生与同学相约去教学楼门口空地玩滑板。由于同学们还没到齐，张同学与其他两名同学在学校某栋宿舍楼门口等待约好的同学。等待期间，张同学边玩手机边玩滑板，由于太过专注于手机内容而忽视了滑板，导致身体重心瞬间失衡。在摔倒的一瞬间张同学有意识地保护了手机，而未用手撑地，以致后脑勺先着地。摔倒后，该学生立刻蜷缩身体，不停抽搐，同时口吐白沫。身边同学见状早已六神无主，不知道该做些什么。在宿管阿姨的帮助下，大家赶紧掐张同学的人中，并立即拨打急救电话120，并通知了辅导员。辅导员接到电话后第一时间赶到现场，将相关情况向学院领导汇报。到达医院后，医生马上进行了急救。CT显示，该生头部没有颅内出血的情况，如果事态再严重一点，导致颅内出血，那后果将不堪设想。经过两个星期的住院治疗，该生才返校正常上课。
>
> 生命只有一次，愿同学们都能安全、健康地成长。

近年来，发生在大学校园中的学生人身伤害、财产损失案件屡见不鲜。究其原因主要是大学生缺乏安全意识和自我保护、防范能力。了解人身安全和财产安全相关知识，对大学生尤为重要。人生没有彩排，生命只有一次，人身安全是最重要的，也是我们的安全底线，失去了生命也就失去了一切。因此，我们要珍爱生命、呵护生命，正确认识生命的意义和价值。

一、运动安全

经常参加运动可使肺活量得到改善，从而使血液的含氧量增加；适当运动后所产生的轻度疲劳感，可解除神经紧张和心理焦虑，有利于人的睡眠；运动能改善肌肉和关节的血液循环，强壮骨骼，发达肌肉，使人体健美，动作灵活轻巧。但是，我们在追求健康运动的同时，也不能放松对危险的防范。同学们在运动前一定要了解相关注意事项，知晓各项运动的准备要领，掌握各项运动中的安全注意事项及事故防范方法。

【典型案例】2019年10月11日下午，湖北某高校召开秋季运动会，一名19岁的男生参加了2 000 m长跑。他在比赛过程中突然跌倒在跑道上。经校医紧急处理，送往医院急诊科，最后经抢救身体康复。据急诊科医生介绍，该学生是因运动过量出现运动性昏厥。

【案例简析】运动要适量，要根据自己的身体状况量力而行。如果该学生了解一定的运动安全常识，这种情况是完全可以避免的。

（一）运动损伤产生的原因

造成运动损伤的原因有多方面，既与锻炼者的防范意识、运动基础、体质水平有关，也与运动技术难度及运动环境等因素有关。其主要原因有以下几个方面。

（1）麻痹大意是导致运动损伤的主要因素。其中包括运动前没有检查器材、不采取预防措施等。

（2）准备活动不充分，特别是缺乏针对性准备活动，运动器官、内脏器官机能没有达到运动状态，容易造成损伤。

（3）学生身体处于疲劳状态，运动情绪低下，或在畏难、恐惧、犹豫及过分紧张时易发生伤害事故。有时也会因缺乏运动经验、缺乏自我保护能力致伤。运动出于好胜好奇心理，也常会在盲目和冒失行为中受伤。

（4）体育锻炼内容组合不科学，练习方法不当，纪律松散及技术上的错误等都可造成损伤。

（5）运动场地狭窄，地面不平坦，易导致运动受伤。

（6）空气污浊、噪声干扰、光线暗淡、气温过高或过低及运动服装不符合要求等，都可能直接或间接造成运动损伤。

（二）运动前须知

（1）注意饮食：避免太饱或空腹时做运动。特别注意要吃早餐，以免体力不支。

（2）游泳前不要喝过多饮料，以免因呕吐而哽噎。

（3）注意装备：穿着舒适和厚薄适中的运动衣服和鞋袜。选择尺码适合、鞋面柔软、鞋底可防滑和减轻震动的运动鞋。

（4）准备足够的饮品以做补充。

（5）注意天气的转变，以免着凉或中暑。

（6）热身及伸展运动：运动前做 5~10 分钟的热身及伸展运动，可降低受伤的概率。

（7）运动后的伸展运动：运动后应做缓和的静止前运动及重复伸展运动，使身体逐渐恢复静止的状态。

（8）注意场地设备的牢固、安全状况，发现运动设施松动或生锈、场地不平整等现象要及时回避，并严格按操作常规使用各种设备。

小知识

大学生患有以下疾病不宜参加运动或参加剧烈的运动

（1）患有各种疾病处于急性期的大学生，应当遵照医嘱服药和休息，停止参加体育活动。

（2）患有心脏病的大学生，不能上体育课和参加体育竞赛，也不要参加运动量较大的体育活动。

（3）患有肝炎、肾炎、肺结核等刚病愈的大学生，不能参加剧烈体育活动。

（4）感冒和有发烧症状的大学生不宜参加体育锻炼。

（5）患有高血压、中耳炎、皮肤病、严重沙眼以及各种传染病的大学生不宜游泳。

（三）运动注意事项

（1）了解自己的体质，选择合适的运动，量力而为，不要勉强做过分剧烈的运动。

（2）患有急性病症，例如发烧或剧痛，不要勉强做运动。

（3）慢性病患者，如高血压、糖尿病、心脏病、关节炎等，请先咨询医护人员。

（4）运动时，如有头晕、气喘、心悸、作呕、胸闷或痛楚增加等情况，应立即停

止，必要时应及早就诊。

（5）从事较长时间的运动，如远足，要不时补充水分，不要等到口渴才喝水。保持自然呼吸，并要有适当的休息，不要累到气喘吁吁。

（6）与朋友一起运动，结伴同行，既增加乐趣，又可互相鼓励和照顾。

（四）常见运动损伤的处理

1. 开放性软组织损伤

在体育运动中常见的开放性软组织损伤有擦伤、撕裂伤、刺伤。这些损伤的共同点是有伤口和出血。擦伤是身体表面与粗糙物相互摩擦造成皮肤组织的损伤；撕裂伤是由钝物打击所引起的皮肤和软组织裂开的损伤；刺伤则是由锐利器物刺入体内所致。

处理轻度擦伤时应进行表面消毒，注意伤口卫生。处理严重的擦伤、撕裂伤、刺伤时，则需要清洗伤口，并用抗菌药物治疗；伤口大者还需及时进行缝合、包扎；对有可能受污染的伤口，应注射破伤风抗毒素。

2. 闭合性软组织损伤

常见的闭合性软组织损伤有挫伤、拉伤和扭伤。损伤部位包括肌肉、肌腱、筋膜、韧带和关节囊等。

挫伤是由于打击、挤压、碰撞、摔跌等钝力直接作用于人体，使局部软组织受损而造成的；拉伤是突然而不协调的动作使肌肉、肌腱和筋膜或韧带受到过度牵拉所致；扭伤是因动作不慎，如蹩扭、拧转、挤压等使关节发生超长范围的活动，使韧带和关节囊受到损伤。

处理方法有以下四个：

（1）减少或停止受伤肢体的局部活动或做局部固定，使受伤肢体得到休息。

（2）止血、防血肿。闭合性软组织损伤后，均有内出血发生。所以，应尽快止血，防止血肿的形成。其止血方法一般采用冷敷、抬高伤肢、加压包扎等。

（3）活血祛瘀，消肿止痛。闭合性组织损伤经24~48小时后，一般出血停止，这时进行轻度推拿按摩和热敷、理疗，达到活血祛瘀、消肿止痛的目的。

（4）加强功能锻炼。防止受伤肢体的粘连与萎缩，促进损伤组织的愈合，促进活动能力的恢复。

小知识

教育部《学校体育运动风险防控暂行办法》（节选）

第十一条 教师在体育课教学、体育活动及体育训练前，应当认真检查体育器材设施及场地；体育课教学、体育活动及体育训练中，应当强化安全防范措施，对技术难度较大的动作应当按教学要求，详细分解、充分热身，并采取正确的保护与帮助。

第十二条 教育行政部门或学校组织开展大型体育活动或体育比赛，应当成立安全管理机构；制订安全应急预案；检查体育器材设施及场地，设置相应安全设施及标识；设置现场急救点，安排医务人员现场值守；对学生进行安全教育。组织学生参加跨地区体育活动和体育比赛，应当根据活动或比赛要求向学生及家长提供安全告知书，获得家长书面反馈意见。大型体育活动或体育比赛需要第三方提供交通、食品、饮水、医疗等服务的，应当选择有合格资质的服务机构，依法签订规范的服务合同。

第十三条 学校应当根据体育器材设施及场地的安全风险进行分类管理。具有安全风险的体育器材设施应当设立明显警示标志和安全提示。需要在教师指导和保护下才可使用的器材，使用结束后应当屏蔽保存或专门保管，不得处于学生可自由使用的状态；不便于屏蔽保存的，应当有安全提示。教师自制的体育器材，应当组织第三方专业机构或人员进行安全风险评估，评估合格后方能使用。

第十四条 学校应当对体育器材设施及场地的使用安全情况进行巡查，定期进行维护，根据安全需要或相关规定及时更新和报废相应的体育器材设施，及时消除安全隐患。

第十五条 学校应当利用开学教育、校园网络、家长会等进行体育安全宣传教育，普及体育安全知识，宣讲体育运动风险防控要求和措施，引导学生和家长重视与理解体育运动风险防范。

3. 骨折

由于外力作用，骨的完整性和连接性受到破坏称为骨折。骨折分为闭合性骨折和开放性骨折。

骨折发生后，肢体形态发生改变，患部疼痛剧烈，有明显肿胀。骨折后，由于失去杠杆的支持作用，局部会出现异常的假关节活动和骨擦声，导致功能障碍或丧失活动能力；严重骨折因疼痛、出血可能发生休克，甚至危及生命。

处理步骤如下：

（1）止痛抗休克。骨折发生后，如有休克症状者，应先抗休克，取头低脚高平卧位，保暖；保持呼吸道畅通，给予止痛药。如受伤者昏迷不醒，可指掐人中穴、合谷穴使其苏醒。若发生开放性骨折大出血时，应迅速用止血带止血。

（2）伤口处理。开放性骨折的伤口要用消毒敷料覆盖包扎，但不能使骨折肢体发生移位。

（3）固定制动。用长短合适的夹板或代用品（木板、木棍、树枝）固定伤肢，或把伤肢与伤员的躯干固定在一起。固定时绷带包扎松紧要适度，以夹板固定不活动为宜。切不可随意复位，以免加重损伤。

（4）安全护送到医院。

4. 关节脱位

在外力作用下，关节面彼此失去正常的联系关系，称为关节脱位，又叫脱臼。关节脱位一般都会引起关节囊撕裂和关节周围的韧带肌腱及其附着组织的损伤。受伤后脱位关节会疼痛、肿胀，出现畸形，活动功能丧失。严重者有时可能使血管、神经受损或伴有骨折。

关节脱位后，首先应进行止痛抗休克，然后固定脱位关节，不得使之移动，更不得随意使用整复手法。做简易处理后，护送到医院进行整复、治疗。

5. 脑震荡

脑震荡是指头部受到外力打击或碰撞后，脑功能发生暂时性障碍。在运动损伤中，脑震荡较多发生在足球、拳击、体操等运动中。脑震荡发生时，受伤者会立即出现神志不清、意识丧失等症状，一般在数分钟到半小时后方才清醒，脉搏、呼吸微弱，并有不同程度的头昏、头疼、恶心、呕吐等症状。

脑震荡发生后，应立即让受伤者平卧，保持绝对安静。严禁摇动、牵拉，不要随意移动位置。头部两侧用衣物填塞，以免左右摇晃，同时浸湿毛巾冷敷头部，身体衣着要保暖。对神志不清者可用手指掐人中、合谷等穴，使其苏醒。病情严重者应立即送医院抢救。

（五）运动损伤的急救措施

运动损伤的急救，是对突然发生的运动损伤做初步临时性的紧急处理。其目的在于保护受伤者的生命安全，防止伤情加重、减轻疼痛、预防并发症，为进一步治疗创造条件。

（1）止血。

（2）包扎。

（3）搬运。经急救处理后，应迅速、安全地将受伤者送到医院治疗。若搬运方法不当，会使伤情加剧或造成不良后果。搬运方法有徒手搬运和担架搬运两种。可根据伤情、现场条件和设备选用。如对脊柱骨折者，应在担架上放置木板，置伤者于木板上再搬运。

二、外出旅行安全

随着我国经济社会的不断发展，旅游已经成为大学生的主要消费活动之一。经历了三年疫情，大学生旅游的意愿更加迫切。大学生在旅行中可增长见识、锻炼意志，但如何在旅行中避免危险，安全出行，也是大学生需要学习和掌握的知识和技能。

> 【典型案例】云南某高校机电系学生卢某等11人相约租借自行车环滇池旅行。一行人行驶到老高海路2 700 m处，突遇前方驶来一辆大货车。由于租借的自行车制动不好，卢某在紧急刹车无效的情况下，因避让不及被迎面驶来的货车挂倒，并被货车后车轮碾压致死。
>
> 【案例简析】大学生利用假日外出旅游，乘坐或使用交通工具时由于猝不及防的交通事故，造成了对自己或他人的伤害。引发事故的重要原因是缺乏必备的交通安全意识和应对知识。交通规则是安全之本，遵守交通规则对保证道路交通安全、畅通和人身安全有重要意义。

（一）外出旅游相关事项

1. 外出旅游做好准备

（1）外出旅行要有计划性，出发前要对目的地的情况有所了解。最简单的方法是上网查询和开口询问。不要到未开发的景区和疫区、震区、洪区等地方旅行；要明确旅行的目的和行动计划，以及每日行程的目的地、到达之后的行动，以保证旅行安全、顺利地进行。

（2）出发前要了解清楚旅行地的天气等状况，根据旅行地的季节、气候携带好更换的衣物、鞋袜及洗漱用具；除了本身正在服用的药品外，还要携带治疗肠胃疾病、感冒的药品和治疗外伤的药，做好疾病的预防工作，避免染病。

（3）参加团队旅行要戴好团徽、旅游帽，以便行路、集合时大家彼此辨认；自行旅行时还要带上指南针，以便辨别方向。

（4）要了解旅游地风土人情，尊重少数民族习俗。

（5）要熟记导游或同行朋友的手机号码，也可以将自己的手机号码留给导游，以便在走丢或紧急情况下联系。

（6）外出旅游最好到旅行社指定的餐馆就餐，不要随便食用当地小吃，可请导游带领到卫生条件较好的餐馆就餐。旅游过程中不要单独行动。

小知识

城市交通安全注意事项

（1）乘公交车。市内人多拥挤，车辆往来频繁，时停时开，且速度变换快，乘坐时通常要注意如下几点：不要扒车或拥挤上车，防止发生纠纷；轻装简行，不要带大量钱物，谨防小偷；随身携带钱物，要注意防护；无座时要抓紧扶手站好，防止被车碰伤；女生乘车，在人多时要注意保护自己，防止被骚扰。

（2）步行。横过马路时，要走有斑马线的人行横道、地道桥、高架桥；要养成勤观察的习惯；有交警或有信号灯的地段，要等待交警或交通指示灯指令放行才可行走，不要闯红灯；不要贸然横冲抢道；在人多拥挤的地方，不宜久留，也不要抢先通过；不要围观突发的争吵或事故现场，以防被窃遭抢或引发事端；注意文明礼貌，避免互不谦让发生争执；"行其所当行，止其所当止"，熟悉交通符号标志，对"禁止通行"和"危险"地域，不要逞强通过；不要翻越隔离栏等。

（3）骑自行车。自行车（电动车）是人们常用的交通工具，使用中要注意做到：仔细检查车辆状况是否正常，重点看刹车装置是否有效；遵守交通规则，不逆行，不抢行；载人搭物不要超宽、超高、超重；停车存放地点要安全可靠，停车落锁；在交叉路口要严格遵守交警或信号灯指挥；切勿骑"英雄车"或大撒把；在多人同行时，要顺行不要并行等。

（4）驾驶机动车。驾驶机动车的各类手续要齐全；自觉遵守《中华人民共和国道路交通安全法》和对机动车驾驶员的有关规定；驾驶的车辆车况要正常；注意交通标识和道路行驶提示；注意把握行驶速度，确保行人和自身安全。

资料来源：泉州师范学院保卫部（处）．大学生安全知识二［EB/OL］．（2009–07–07）［2023–06–25］．https://www.qztc.edu.cn/bwc/2009/0707/c949a32302/page.psp．

2. 外出旅游的注意事项

（1）旅行不必游遍所有景点。出门旅游，首先要对自己旅游的景区有了解，从中筛选出这个景区最具特色的地方，以及必须去的地方。

（2）景区商品要慎重购买。在旅游中尽量少买东西，旅游区一般物价较高，而且买了东西还不便旅行。

（3）巧打时间差。绝大多数景点都有淡季和旺季之分，淡季旅游时，不仅车好坐，而且由于游人少，即使是五星级宾馆都能有惊人的优惠。

（4）乘坐公交车。随着我国公共交通的发展，而今很多名胜风景区都有了观光公交，既方便又实惠。

（5）结伴出游。这是外出旅行最经济、安全的方式，找到几个志同道合的人，彼此有共同的自助旅行目标，以火车、巴士等大众交通工具为主要交通工具，一日三餐自行解决，结伴而行。

（6）旅游有四法。一"看"，在游览前要千方百计地找到有关景点介绍或导游材料，对准备去的景点、古迹文物及路线等尽可能多了解一些。二"听"，不管在哪个景点，都要注意聆听导游的讲解。因为你看到的毕竟是表面的东西，而典故或有关传说会使景点变得更加趣味无穷。三"记"，把所见所闻和游览感受记在随身携带的笔记本上。长期积累下来，将是一笔财富，日后翻阅，还会记忆犹新。四"拍"，用相机或录像机把值得纪念的地方拍下来，过后看看录像或相片，颇有旧地重游之感。

 **小知识**

大学生登山注意事项

登山时，必须具备体力、装备、知识三大要素，同时要有组织、有准备地进行。大学生登山应注意以下几点。

（1）出行前规划好登山线路，要充分了解交通情况，进入山区要注意塌方落石与路基塌陷。

（2）要了解自己的身体状况，随身携带药物；若有高山反应或身体不适者，勿勉强登山。

（3）要选择合适的登山服装，尽量轻装上山，减轻负荷；要穿旅游鞋或布鞋，勿穿高跟鞋。

（4）进入山区后要注意天气变化，遇雨时不要用雨伞，最好用雨披，避免雷击并防止山上风大连人带伞给吹跑。

（5）要做到观景不走路，走路不观景；照相时要选择能保障安全的地点和角度，尤其要注意岩石有无风化。

（6）登山队伍要保持前后呼应；迷路时应返回原路，或寻找避难处救援。

（7）上山后注意林区防火，沿途不要吸烟；要爱护自然环境，不破坏景观资源，不随意丢弃垃圾。

3. 景区旅游遭遇危机后的应对

（1）当乘坐的过山车、海盗船等娱乐设施发生机械故障时，不要试图解开安全带自行爬出，以防娱乐设施突然启动甩出或踩空滑落发生伤亡，应保持镇定，等待工作人员处理事故和营救。当准备乘坐时，即使身上的物品掉落也不要急忙捡回，以防设备启动撞伤。如果乘坐时出现身体不适，如眩晕、心慌、呕吐等症状时，要及时示意工作人员停机，寻求救助。

（2）攀岩踩落石块或攀断树枝时，要高声大叫，提醒别人，以防发生伤亡；抛绳前，应左右环顾，并观察下面是否有人，即使无人也要小心；攀岩时若发现绳索磨损严重或锁扣脱落，不要强行攀爬或匆忙下降，要待在原地，抓稳、抓牢绳索，向保护者和身边的攀岩者呼救，听从保护者的意见，配合营救人员以便自己迅速脱离险情。

（3）在漂流途中掉入水中时，不要试图立即抓住漂流筏，以防激流中撞上岩石或导致漂流筏倾覆，使更多的人发生危险；应保持镇静，避开水中的岩石和激流、漩涡，往岸边或水流缓慢的地方游，在水流缓慢的地方抓住树枝或岩石爬出，等待救援。

（4）在野外迷失方向时，如带有手机，应及时拨打电话求救。如果是集体行动，当发现与队伍走散时，如果判断其他人没有走得太远，高声呼救即可以引起同伴的注意；如走得太远，无法联系，电话也无信号时，可选择较开阔的地方生火，发出求救信号，但应注意不要引起山林火灾。同时还可以采用以下方法辨别方向：①找到一棵树桩观察，年轮宽面指向的是南方；②找棵树，其南侧的枝叶茂盛而北侧稀疏；③观察蚂蚁的洞穴，洞口大多是朝南的；④在岩石众多的地方，找一块醒目的岩石来观察，岩石上布满青苔的一面是北侧，干燥光秃的一面是南侧；⑤利用手表来辨识方向，将当前的时间除以 2，再把所得的商数对准太阳，表盘 12 所指的方向就是北方。

（5）在野外如被毒蛇咬伤，患者会出现出血、局部红肿和疼痛等症状，严重时几小时内就会死亡。这时要迅速用布条、手帕、领带等将伤口上部扎紧，以防止蛇毒扩散，然后用消过毒的刀在伤口处划开一个长 1 cm、深 0.5 cm 左右的刀口，用嘴将毒液吸出。如口腔黏膜没有损伤，其消化液可以起到中和蛇毒的作用，所以不必担心中毒。

（6）在野外被蚊虫叮咬时，不要抓痒，应该用肥皂将被叮咬处清洗干净后再擦点清凉油或风油精等，或用冰、凉水冷敷后在伤口处涂抹氨水。如在水中被蚂蟥叮咬，不要用手去拉，以防吸盘留在伤口内感染，可采取拍打的方式使其掉落，然后用盐水清洗伤口或用酒精消毒。如果被蜜蜂蜇了，可用镊子等将刺拔出后再涂抹点牛奶。在山中惊扰胡蜂、大胡蜂后不能猛跑或拍打，以免遭到蜂群攻击发生危险。应立即蹲下或就地滚开，以衣服保护头部，不要使周围树叶发生振动。

（7）旅行时发生骨折或脱臼时，要用夹板固定后再用冰冷敷。有人从大树或岩石上摔下来伤到脊椎时，要首先将其放在平坦而坚固的担架上固定，不要让身子晃动，然后送往医院。野外备餐时如被刀等利器割伤，可用干净水冲洗，然后用毛巾等包住。轻微出血可采用压迫止血法，1 小时过后每隔 10 分钟左右要松开一下，以保障血液循环。

（8）旅行时若吃了腐败变质的食物，除了会腹痛、腹泻外，还会伴有发烧和衰弱等症状，此时，应多喝些饮料或淡盐水，也可采取催吐的方法将食物吐出来。

【典型案例】 一个周末,某校7名大学生,相约前往江西武功山进行毕业旅行。临行前他们只做了简单的准备,也没有向学院老师报告。他们到达武功山后并没有选择从景区大门进山,而是选择了一条很多"驴友"喜欢走、但尚未开发的一条小路。

当晚6点多,他们到达了第一站——九龙风景区,一位客栈老板告诉他们,再过两个小时就可到达铁蹄峰。他们继续前行,两个多小时过去了,铁蹄峰却一直没有出现,他们开始意识到可能走错路了。于是他们一边就地安营扎寨,一边试图寻找下山的道路,可是直到半夜还没找到。深夜,山上突然下起了大雨,而他们没有带够御寒衣物和干粮,于是想起求救。此时,他们身处海拔1 000多米的山上,信号时好时坏,无法进行定位。他们向之前的客栈老板求助,老板在电话中指指点点,他们听得一头雾水。无奈之下,他们只好拨打了110报警电话,同时也向在校的同学求助。同学立即向学院汇报,学校紧急行动起来,向武功山风景区管理局和当地蓝天救援队联系求助。

因为武功山后山尚未开发,寻找难度较大,蓝天救援队兵分两路,分别从入口和客栈处入手,并携带20挂鞭炮,边走边放鞭炮,以此辨别方向。经过一天的紧急搜救,终于在傍晚的时候找到同学们,此时他们已有两天没有进食,身体十分虚弱。

下山后,当地蓝天救援队队长的一句话,让在场师生至今心惊不已:"这是我们第一次从山上带活人下山。"

【案例简析】 这次学生遇险事件,是学生安全意识不强,自救能力较差造成的,所幸未造成重大人身伤亡事故,否则后果不堪设想。

(二)旅行居住安全

(1)外出旅行前,要带好身份证、学生证等证件。在相关网站上可以了解到各地的宾馆、饭店的分布情况和价格,也可以查到一些宾馆、饭店、招待所的电话,通过电话了解其价格和房间情况并预订。

旅游住宿注意事项

(2)保管好自己的财物。钱、票证及其他贵重物品要随身保管,一般行李可交旅店寄存处寄存起来。

（3）睡觉时要关好房门，外出时要锁好门。

（4）如果与不相识的人同住一间房，既要注意文明礼貌，热情大方，又要提高警惕，不要轻信人言。

 小知识

旅游途中常见的十大骗术与破解方法[①]

第一：最常见的大概要算是专业小偷团伙，严格来说也不算是骗，应该说是手法高明、快速的"偷"：妇女抱着孩子或几个孩子一组，绕着"待宰肥羊"团团转几圈，或是拿着报纸靠近你，几秒钟就能顺利得手了！

破解术：少用外露的霹雳包，改用内藏式贴身腰包，证件及金钱都放在贴身腰包里，口袋只放当天要用的少量现金，最重要的是不要让陌生人有靠近自己的机会。

第二：在人群中故意散落满地铜板，当有人被吸引，甚至好心蹲下去帮忙捡拾时，旁边虎视眈眈的"第三只手"就会乘虚而入了！

破解术：遇事不要太好奇，也不要因身边发生的事而疏忽应有的警觉性。就算有心想帮助别人，也要先看管好自己的行李。

第三：公园里，慈祥的老先生发现你背后衣服脏了，好心告诉你还帮忙清理。等到闲话家常拉完，衣服也清理干净后，口袋里的钱和皮包也不翼而飞了！

破解术：友善的当地居民确实让人觉得温暖，但是防人之心不可无，有些事最好还是自己来吧！谢谢"好心人"然后迅速离开现场，最好马上到人多的地方，以防小偷偷窃不成硬抢。

第四：快餐店的邻桌客人故意丢了人民币在地上，然后告诉你："是你的钱掉了吗？"等你低头捡起来时，邻桌客人已经和你桌上（或椅上）的背包一起消失了！

破解术：在餐厅或快餐店，同桌伙伴去洗手间、只剩自己一人看管行李时，不要理会邻桌客人的动作和谈话，所有行李都不可离开视线。

[①] 宋志伟，陈建军.大学生安全教育［M］.北京：清华大学出版社，2020：154-155.

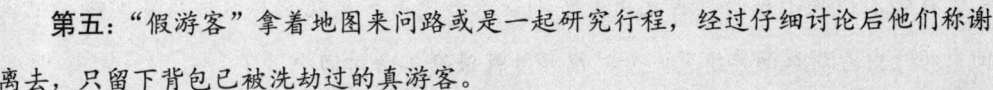

第五："假游客"拿着地图来问路或是一起研究行程，经过仔细讨论后他们称谢离去，只留下背包已被洗劫过的真游客。

破解术：旅行途中自己也是个需要看地图的游客，被人问路当然不寻常。最好直接说自己也不清楚，马上离开现场，不要让自己被包围在中间，增加坏人下手的机会。

第六：歹徒假扮警察在路上检查游客的证件，还要求检查携带的外币是否为假钞。被带回假警局（或带进暗巷）的无辜游客，不是真钞被调包，就是所有的钱全被当成"假美元"没收了。

破解术：一般在没有犯罪或意外情况发生时，不会有警察来"临检"游客；如果不能当场判断警察的真伪，最好说护照和钱都在旅馆保险柜中，或是佯装听不懂请当地路人及店家帮忙翻译，无论如何都不要掏出重要证件和金钱。

第七：遇到愿意充当导游的热心人，介绍许多景点、交通、食宿资料取得游客信任后，再介绍令人心动的黑市汇率，换完钱就会发现换来的钱少了许多或者全部是假钞！

破解术：任何国家的黑市兑换都是不合法的，如果在黑市换钱而发生问题时，不但没有申诉机会可能还要吃官司，最保险的方法是在银行换钱，虽然要付些手续费但安全得多。

第八：在"兑换处"换钱也不见得百分之百安全，有时遇上牌告汇率和实际兑换时不同，换完询问才知道牌告汇率是一次兑换500美元以上的优惠，这时想不换也来不及了！

破解术：每家银行或兑换处的汇率、手续费计算都不尽相同，换钱之前一定要先问清楚。例如，可问换100美元（现金或旅行支票）可拿到多少外币？这样很快就可以算出实际的汇率，再决定要不要换。换好钱后，别忘了将护照和钱收藏妥当再离开银行，以防歹徒早等在外面下手。

第九：在币值比较小的国家旅行，面额很大的钞票（动辄上万元甚至百万元一张）常让人算不清楚，尤其拿大面额钞票买便宜小东西时，一不小心，本来该找回99万元却只拿到9.9万元！

> **破解术**：买小东西时避免用大钞，若正好没有零钱就先算好该找多少钱，把找回来的钱当着商家面算清楚，一旦离开可就没有机会讨回公道了。
>
> **第十**：无论是真艳遇或是假艳遇，在旅途中都同样是高风险的事。提防骗子摇身一变为浪漫的异国情人，一夜风流或俪影成双几天之后人财两失！
>
> **破解术**：出国旅行时，就像脱离平常的现实生活走进另一个时空，很容易让人失去应有的理智与判断力。所以别对旅途中的异国恋情有过多的期待和幻想，就算有缘认识新朋友也不要急于发展，好好保护自己才是最重要的。

（三）旅行途中的易发疾病及简易预防治疗的方法

人在日常生活中难免生病，在旅途中也是如此，或是初染新疾，或是旧病复发，或是意外伤害。旅途中易发的疾病有晕动病、急性胃炎、感冒、中暑等。

1. 晕动病

晕动病也叫"晕车病"，即有的人在乘车、船、飞机时会发生头晕、恶心、呕吐等现象，其中少数人可能发展到面色苍白、大量出冷汗甚至虚脱，不省人事。这种情况以积极预防为好，在乘车、船、飞机前20～30分钟可口服防治药物；也可以临时口含一片生姜或一颗话梅，或在前额、太阳穴处涂些清凉油（风油精）；也可以自己用手指按压腕侧内关穴或第二骨掌侧的胃穴。

2. 急性胃炎

急性胃炎是指各种病因引起的胃黏膜急性炎症。引起急性胃炎的原因较多，如吃了被细菌或其他毒素污染了的食物，饮食过量和酗酒，使用对胃有刺激性的药物等。因此，旅途中要注意饮食卫生，少吃油腻、生冷和不易消化的食物，不要吃得过饱，多喝开水或茶水，同时要休息好，保证睡眠充足。一旦发病，要及时吃药治疗。

3. 感冒

感冒是常见呼吸道传染病，四季均有发生，但以冬、春季多见。气候骤变，受凉、过劳、空气污浊等情况下，感冒更易发生。其主要表现为鼻塞、打喷嚏、流鼻涕、咽部发痒，有时伴有畏冷、发热、食欲不振、头痛、咳嗽、胸闷及全身酸痛等症状。对感冒的预防，主要是要随气温变化及时增减衣服，防止受凉，经常吃些生姜、大蒜、食醋等。治疗中要注意休息好，多饮开水或茶水，忌冷饮、冷食。

4. 中暑

遇上闷热潮湿的气候，人体散热困难，若活动量增大，体内热量增加，容易使体内热量贮积过多，当超过人体耐受限度时便会发生中暑。其表现为头痛、头昏、恶心、呕吐、耳鸣、眼花、心慌、气短、持续高热不退、无汗，严重者伴有昏迷、抽风等症状。如有头昏、恶心等中暑征兆者应立即到通风阴凉处休息，可用清凉油、风油精涂抹太阳穴，一般能很快好转；较重者应平卧，用湿冷毛巾盖在头部，用冷开水或白酒擦身，同时用扇子扇风，促进皮肤降温，或者给病人喝些凉白开、清凉饮料等，必要时送医院治疗。

小知识

不法旅行企业的消费陷阱

1. 诱人广告低价揽客

面对竞争激烈的旅游市场，有些旅行社为拉拢客源，打起了价格战，推出了充满诱惑力的旅游宣传广告。让利于消费者本无可厚非，价格降低了，但运作成本是固定的，随之而来的自然是旅游服务质量的缩水及增加其他项目的开支和广告之外的"自费"项目价格，譬如一些导游临时变更路线，增加自费项目迫使游客消费，同时压缩旅游景点游览时间，以增加购物次数、延长购物时间等。

2. 食宿标准降低，诱惑游客购物

就餐时，一般都是标准餐，旅行社往往会在这方面动脑筋，千方百计地降低标准，减少实际开支，至于是否达到标准，只有旅行社和饭店清楚；住宿也是如此，以准星级或相当于某星级来欺骗游客。在旅游购物时，不要被少数导游的虚情假意迷惑，他们往往以能找到货真价实的购物点为由，诱导消费者前去购物。消费者在享受"物有所值"的同时，导游也从购物点拿到了丰厚的"回扣"。

3. 虚假宣传误导，私自转团卖团

有些旅行社在广告宣传页、行程单上罗列出许多景点，甚至还打出了"免费赠送景点"的招牌，消费者看似得到了一份丰盛的旅游大餐，殊不知这些景点其实大多是免费的。有些旅行社报名游客人数较少，难以成团，考虑到经营成本，他们在未征得消费者同意，甚至在消费者根本不知情的情况下，私自将旅游者转并给其他团，侵害了消费者的知情权。

三、应对校园滋扰

大学校园是知识的殿堂、文明的殿堂,可是暴力事件和校园滋扰时有发生。大学生学会如何应对滋扰、避免暴力侵害尤为重要。

(一)预防校园暴力

1. 校园暴力的基本概念

校园暴力主要指发生在校园内或者校园外,由同学或校外人员针对学生身体和精神所实施的造成某种伤害的侵害行为。

认识校园暴力

2. 校园暴力的危害

(1)对学生心理的伤害

一是校园暴力事件会使受害学生产生恐惧心理,产生比较强烈的厌学情绪;二是受害学生由于自尊心受到极大伤害,往往变得内向、孤僻;三是受害学生受到过度自尊心的驱使,容易产生报复心理。

(2)对学生价值观的伤害

遭遇校园暴力以后,部分受害者会错误地认为这个世界是恐怖的,他们会对社会产生极度恐惧心理而自我封闭、逃避融入社会,导致对社会适应能力降低,从而对社会变得冷漠无情,最终因对社会憎恨而走上极端的道路。

以暴制暴的观念,在不少受过校园暴力伤害的学生中都不同程度地存在着,尤其是那些长期忍受校园暴力的学生,这种观念更加明显。部分受暴力伤害的学生,面对暴力,不报告老师、父母和警察,而是想方设法寻求报复的机会实施暴力行动,从受害者成为加害者,从受暴者成为施暴者。

(3)走上犯罪道路

少数施暴者在施暴时,手段残忍,不计后果,性质恶劣,常常给受害者造成极大的生理和心理伤害,严重的甚至触犯刑法而成为罪犯,改变了别人的人生道路,也毁掉了自己的人生。少数学生尚未走出校门就走入牢门,成为社会的不安定因素。

3. 打架斗殴的预防与处置

大学生来自全国各地,理应相互尊重、团结友爱。打架斗殴只会伤害感情,破坏团结,使自己孤立于集体之外;少数学生参与打架斗殴,严重破坏学校的良好氛围和校园

风气,尤其是群体性的打架斗殴,容易产生轰动效应,被少数人挑拨利用,形成不安定因素,危及学校乃至社会的稳定。良好的学习和生活环境是求知的前提条件,打架斗殴恰恰使这一环境遭到破坏,给学生心灵带来伤害。打架斗殴常因小事而起,但其一旦酿成刑事、治安案件,轻则受到退学、开除的处理,重则触犯法律法规,受到法律的严厉制裁,葬送自己的美好前程。

(1)学生之间打架斗殴的主要原因

①利益与经济。目前,大学生的竞争意识日渐增强,激烈的竞争常导致大学生对利益极为关注,如在评优、评奖学金时,同学们看法不尽一致或妒忌成仇。有时也会因为争水冲凉、争自习室座位等生活琐事而引发争端。经济也是诱发打架斗殴的一个因素,如相互之间的借、还等经济往来引发纠纷。

②恋爱与交友。在校大学生因恋爱问题打架也占有相当的比例。有些同学没有树立正确的恋爱观,视恋爱为儿戏,甚至脚踏几只船,引发几个恋人之间争风吃醋,继而结伙斗殴。有的因一厢情愿、恋爱不成而心理失衡,甚至发展到心理扭曲,继而引发报复斗殴等恶性案件。

③猜疑与嫉妒。有些同学因猜忌多疑,总觉得别人针对自己;有的说者无心,听者有意,将别人的话胡乱联系,无端嫉恨他人;有的因自己财物失窃而对同学妄加猜疑,甚至对所谓嫌疑人采取违法的方法进行处理,引发斗殴事件。

④性格与个性。大学生来自全国各地,每个人的成长环境和条件各不相同,性格差异较大。性格的差异在同学关系处理过程中,容易引起矛盾,互相嫌弃,形成对抗心理,导致打架斗殴事件发生。

⑤酗酒。大学生由于酗酒而引起的违法违纪特别是打架斗殴现象时有发生。一些大学生在饮酒前并没有明确的违法动机和准备,但当饮酒过量后,因平时琐事或饮酒过程中的几句话等引起情绪冲动,失去理智,殴斗厮打。

(2)打架斗殴的预防

①防突发性斗殴。突发性斗殴往往是不能冷静对待突发矛盾引起的。避免这种斗殴事件的发生,最好的方法是认真讲清道理,指出可能的严重后果,使冲动的头脑冷静下来。

【典型案例】大学生小张去学校游泳池游泳，跳水时不慎撞到了大学生小李。小张钻出水面后连连道歉，然而小李不予谅解，怒气冲冲爬到岸上，冲着小张大喝道："有种的话，你上来！"小张同学十分冷静，很客气地说："我不会上去，但是我要向你说明，撞到你我不是故意的，再次给你道歉，我也不是不敢打架，我怕周围同学笑话我们没有大学生的素质，更何况打完架咱俩都得接受学校处分。"小李听完以后考虑了一下，觉得小张说得很对，加上身边不少同学也过来劝解，一场可能的打架斗殴事件消之于无形。

【案例简析】小张同学的处理非常理性，做到了有礼有节，而且指出了如果打架斗殴可能都会面临严重的后果，引起了对方的感情共鸣，避免了矛盾升级。

②防报复性斗殴。在生活中，人们的思想动机必然会从语言、行为等方面显露出来，所以我们要注意关心同学的思想变化，发现问题及时而有针对性地进行规劝。大学生自尊心都很强，所以规劝应注意方式方法，应委婉相劝。可以用类似的人或者事，善意地提醒对方。

③防群体性斗殴。大学生能够从纷繁复杂的生活现象中分辨是非，但有时为了同学、朋友而进行群体性斗殴的现象时有发生。教育学家认为，一句话能改变别人的行动。有一个相声段子，讲的是在公共汽车上，一名教师不慎踩了别人的脚，对方很生气："看你那德性！"这名教师幽默地说："惯性。"众人皆笑，一场争吵避免了。生活中幽默会避免很多矛盾升级。

（3）打架斗殴的应对

①同学之间发生纠纷后，首先要克制情绪，避免矛盾升级；其次要相信组织，就近寻求支援；再次要及时向学校保卫处或公安部门报案；最后应及时向院系说明情况，由院系出面协调解决。

②发现异常情况，及时采取措施。打架斗殴事件发生前往往有一定先兆。作案人在打架斗殴前，其精神上、行为上常会出现一些反常，大家发现后要及时向辅导员、学校领导或保卫部门报告，及时采取预防措施，尽量避免事件发生。

③及时制止恶性事件苗头的发展。有些凶杀事件是由普通的打架斗殴事件发展演变而成的，对同学之间因矛盾和纠纷发生的打架斗殴，应及时劝阻和制止，并及时向辅导员、学校领导或保卫部门报告，尽量避免恶性事件发展。

④面对打架斗殴，我们首先需要考虑的是化解、避险，其次才考虑还击、防卫等。一是尽力化解矛盾，避免激化矛盾；二是当危机已不可避免时，力争避险脱险；三是在确有能力制服对方时考虑防卫反击；四是寻求来自教师、同学及相关部门的帮助；五是尽力保留相关证据，寻求公安机关帮助。

⑤如果遇上其他同学打架斗殴，请别火上浇油，防止扩大事态，并做到：一是不围观、不起哄、不介入；二是如果条件允许（比如与冲突一方或者双方都认识），尽量劝解，若劝解无效，应迅速向学校有关领导或保卫部门报告，以防事态扩大；三是当学校有关部门调查打架真相时，现场目击人要勇于向有关部门提供线索和证据，以保护受害人的合法权益。

小知识

人人可行的防卫实用招式

根据我国刑法的规定，实施正当防卫必须同时符合以下四个条件：只有在国家公共利益、本人或他人的合法权利受到不法侵害时；必须是在不法侵害正在进行的时候；必须是对不法侵害者本人实施防卫，而不能对无关的第三者实施；正当防卫不能超过必要的限度造成不应有的损害。当你准备进行防卫时，如果符合上述四个条件，那么你就不必担心自己是否会负刑事责任了，而应积极勇敢地进行防卫。这里介绍一些简单的、人人可行的防卫实用招式，以供大家参考借鉴。

（1）击腹法。遇到脖子被歹徒勒住，速用拳头或肘猛击歹徒的腹部，可使其松手。

（2）蹬跺法。用鞋跟部猛蹬歹徒的胫骨前部或用力跺歹徒的脚部。

（3）扭指法。遇到歹徒将自己勒住或抱住时，速将其小指捏住，用力向外侧扳，使之剧痛或折断其手指。

（4）戳喉法。五指合拢并伸直，以指关或掌侧猛戳歹徒的喉头。

（5）击膝法。靠近歹徒时，提膝向其胯下或裆部、小腹部猛撞。

（6）戳眼法。用两指叉开成V形，使劲插戳歹徒的眼睛。

（7）口咬法。尤其是女性被歹徒抓住后，在不得已时，可用口咬歹徒的舌头、鼻子、口唇、耳朵或手指等。

（二）预防外部滋扰

校园滋扰主要是指对校园秩序的破坏扰乱，对大学生无端挑衅、侵犯乃至伤害的行为。校园滋扰是一个涉及学校、家庭、社会等诸多方面的比较复杂的社会问题，大学生必须提高警惕，尽力预防和制止外部滋扰，以保证学习、生活有序地进行。

1. 校园内滋扰事件的特点

（1）作案人员以青少年居多，以结伙作案较为常见。这是由青少年的生理、心理发展特点决定的。

（2）滋扰作案的动因是追求刺激、寻欢作乐，并不一定以损害特定个人为目的，也不以取得某种物质利益为满足。其行为实质是对校园和社会公共秩序的一种藐视。

（3）滋扰事件多发生在人员聚集的公共场所，一般情况均以公开方式实施，反映了滋扰案件的嚣张性。

（4）滋扰事件社会影响较大。在滋扰案件、事件发生后，若不及时举报、查处或查处不力的话，常会造成学校治安形势严峻，使师生员工尤其是学生担惊受怕，没有安全感，破坏了安全和谐的学习、生活环境。

2. 大学生受外部滋扰的常见形式

（1）校内外的不法青少年通过多种途径与少数大学生进行交往，若发生矛盾或纠葛，便有目的地入校寻衅滋事、伺机报复等。

（2）有的社会不法青年，在游泳馆、商场、电影院等场合，与大学生发生矛盾，进而酿成冲突。

（3）有的不法青年，专门尾随女同学或有目的地到学生宿舍、教室等处骚扰、调戏女生，甚至对女同学动手动脚，致使女大学生受到伤害。

（4）一些游手好闲的青少年，把学校当作玩乐场所，在校园内游逛，或故意怪叫谩骂、吵吵嚷嚷，或有意扰乱秩序，以搅得鸡犬不宁为乐，显得旁若无人，不可一世。大学生作为学校的主人，与这类人员发生正面冲突的可能性很大。

（5）青少年犯罪团伙邀约到校园内斗殴滋事，从而使围观或路过的同学无端遭殃。滋事者大多是一些有劣迹的青少年。这些人的目光比较短浅，做事不顾及后果，容易受偶然的动机和本能支配。有些则结成团伙，蛮横无理。

3. 大学生如何应对外部滋扰

寻衅滋事是典型的违法活动。在校园内强要强夺、强买强卖、打砸公共设施、骚扰女学生或女教师等违法行为，不仅直接危害师生员工的人身和财产安全，而且还会破坏整个校园的正常秩序。遇到违法滋事者，只要有人挺身而出，发动周围的师生共同制止，就会使违法分子有所收敛。

（1）冷静处置，不因小事而招惹是非。大学生是校园的主人，为了维护自身利益，维护校园正常秩序，积极慎重地同外部滋扰这一丑恶现象作斗争是其义不容辞的责任。

（2）敢于出面制止或将滋事者扭送公安、保卫部门，或及时向学校保卫部门报案，或拨打"110"电话报警。

（3）加强自身修养，严格要求自己，绝不能知法犯法而使自己站到滋事者的行列中去。

四、防范性侵害与性骚扰

一般认为，只要是一方通过言语的或形体的有关性内容的侵犯或暗示，从而给另一方造成心理上的反感、压抑或恐慌的，都可构成性骚扰。性侵害，主要是指在性方面造成的对受害人的伤害。性骚扰和性侵害是危害大学生身心健康的主要问题。相对而言，性骚扰和性侵害的对象常以女大学生为主。因此，女大学生了解一些性骚扰和性侵害的基本情况，掌握一些基本应对方法，是很有必要的。

（一）性侵害的主要形式

1. 暴力型性侵害

暴力型性侵害是指犯罪人员使用暴力和野蛮的手段，如携带凶器威胁劫持女学生或以暴力威胁加之言语恐吓，对女学生进行调戏、猥亵或强制发生性关系的暴力型性侵害。其特点如下：

（1）手段残暴

当施暴者进行性侵害时，必然遭到被害者的本能反抗，所以很多施暴人员往往采用野蛮和凶残的手段，致使受害者不敢反抗，以此来达到犯罪目的。

（2）行为无耻

为了达到侵害女大学生的目的，施暴者往往会厚颜无耻地不择手段，摧残、凌辱受害者。

(3) 群体性

犯罪人员常采用群体性纠缠方式对女学生进行性侵害。这是因为人多势众，容易阻止被害者的反抗而达到目的，还会使原来单个人不敢作案的罪犯变得胆大妄为，这种团伙犯罪危害极大。

(4) 容易诱发其他犯罪

性犯罪的同时常会诱发其他犯罪，如抢劫、斗殴、杀人等恶性事件。

2. 胁迫型性侵害

胁迫型性侵害，是指利用自己的权势、地位、职务之便等，对有求于自己的受害人加以利诱和威胁，从而强迫受害人与其发生非暴力型的性行为。其特点如下：

(1) 利用职务之便或乘人之危而迫使受害人就范。

(2) 设置圈套引诱受害人。

(3) 利用受害人过错或隐私要挟受害人。

3. 社交型性侵害

社交型性侵害，是指在自己的生活圈子里发生的性侵害，与受害人约会的大多是熟人、同学、同乡，甚至是男朋友。受害人身心受到伤害以后，往往因为有各种顾虑而不愿加以揭发。

【典型案例】某大学外语系二年级的一位女生，在联谊会上与本校中文系四年级一男生相识。经过交谈，双方感到情投意合，遂约好周六晚与其他同学一起到外面去跳舞。后来，他们如期赴约，一起跳舞、喝酒，一直闹到深夜，喝得酩酊大醉。男生心怀鬼胎主动送女生回校，女生则迷迷糊糊跟着他走，一直跟到一家宾馆的客房。这时她才意识到不安全，要离开时才发现为时已晚……

【案例简析】女大学生与异性交往时一定要保持适度理性，避免与异性单独深夜游玩或夜不归宿，要善于保护自己。

4. 诱惑型性侵害

诱惑型性侵害，是指利用受害人追求享乐、贪图钱财的心理，诱惑受害人而使其受到的性侵害。

5. 滋扰型性侵害

滋扰型性侵害的主要形式如下：一是利用靠近女性的机会，有意识地接触女性的胸部，摸捏其躯体和大腿处，在公共场所有意识地挤碰女性等；二是暴露生殖器官等变态性滋扰；三是向女性寻衅滋事，无理纠缠，用污言秽语进行调戏、侮辱等。

女生夜间行路如何注意安全

（1）保持警惕。如果在校园内行走，要走灯光明亮、往来行人较多的大道。对于路边黑暗处要有戒备，最好结伴而行，不要单独行走。如果走校外陌生道路，要选择有路灯和行人较多的路线。

（2）陌生男人问路，一般不要带路；向陌生男人问路，一般不要让他带路。

（3）不要穿过分暴露的衣衫和裙子，防止产生性诱惑；不要穿行动不便的高跟鞋。

（4）不要搭乘陌生人的机动车、人力车或自行车，防止落入坏人圈套。

（5）遇有不怀好意的男人挑逗，要严厉斥责，表现出应有的勇敢与刚强。若碰上坏人，首先要高声呼救；若四周无人，切莫慌张，要保持冷静，利用随身携带的物品，或就地取材进行自卫反抗；还可采取周旋、拖延时间的办法等待救援。

（6）一旦不幸遭受侵害，不要丧失信心，要振作精神，鼓起勇气同犯罪分子作斗争。要尽量记住犯罪分子的体貌特征，如面貌、体形、语言、服饰以及特殊标记等。要及时向公安、保卫部门报案，并提供证据和线索，协助公安、保卫部门侦查破案。

资料来源：成都理工大学工程技术学院工程训练中心.校园治安防范基本知识［EB/OL］.（2022-03-29）［2023-07-05］.https://etc.cdutetc.cn/c/828dad42-47b1-4d02-947b-4561bb5a0d0e.html.

6. 容易遭受性骚扰、性侵害的时间和场所

（1）夏天

夏天是女大学生最容易遭受性侵害的季节。由于天气炎热，夜生活时间延长，外出机会增多，同时受害概率增大；夏季校园内绿树成荫，罪犯作案后容易藏身或逃脱；同时，由于夏季气温比较高，女生衣着单薄，裸露部分较多，因而对异性的刺激增多。

(2) 夜晚

夜晚是女大学生最容易遭受性侵害的时间，因为夜间光线暗，犯罪人员作案时不容易被发现。所以，在夜间女大学生应尽量减少外出。

(3) 公共场所和僻静处所

公共场所和僻静处所是女大学生容易遭受性侵害的地方，这是因为，当在如教室、礼堂、舞池、溜冰场、游泳池、车站等人多拥挤的公共场所时，不法人员常趁机袭扰女性。僻静之处如公园假山、树林深处、夹道小巷、楼顶晒台、没有路灯的街道楼边等，如果女大学生单独逗留，很容易遭到性骚扰，所以女大学生最好不要单独在上述这些地方行走或逗留。

(二) 性侵害和性骚扰的防卫

1. 性侵害的防卫

(1) 性侵害发生前的预防

①树立防范意识。大学生在参加校内、校外的各种活动时，要注意遭受性侵害的可能性，提高自我保护的警觉性。大学生只有树立防范意识，才能根据一些预警性的性侵害信息及时采取防卫措施，有效地保护自己。如大学生在社会交往中要对那些肮脏下流的笑话、淫秽暧昧的语言、挑逗暗示的动作，旗帜鲜明地表明态度，强烈排斥，这样才能及时打消犯罪分子的性侵害念头，从而防止遭受性侵害。

遇到性侵害该如何防身

②注意仪表言行。大学生在校期间的穿着打扮要符合自己的角色，大方得体。

③关注所处的环境。大学生对自己的生活、居住环境要倍加关注，晚上尽量不要外出，有事外出也要尽早回来。夜晚外出或在校内行走最好结伴而行，要选择行人较多、路灯较亮的道路行走，经过树林、建筑工地、废旧房屋时要特别小心。大学生在学校公寓或校外租房处就寝时，要避免独处，特别是节假日期间。

④谨慎结交新友。大学生在与同学及朋友（网友）的交往过程中要注意对方交往的目的，留意对方的人品、道德修养，如发现对方言行不轨时，要及时果断地终止来往。大学生在与新朋友交往中要注意：不要轻信好话，不要单独跟新朋友去陌生的地方；不要在交往中表现轻浮；不要一起去偏僻人少的地方；不要过量饮酒；不接受超过一般关系的馈赠等。

(2) 性侵害发生过程中的自卫

①沉着冷静，控制情绪。只有设法使自己沉着、冷静，才能弄清楚犯罪分子的意图，从而找出摆脱困境的方法。处于危险情境时惊慌失措、大喊大叫，进行本能的反抗或逃避，可能会助长犯罪分子的攻击性，导致性侵害行为的发生。

②明确意愿，态度坚决。在遇到他人要对自己进行性侵害时，应恰当而且坚定地表明自己的态度，阻止性侵害行为的发生。受害人明确表明自己的态度，能够有效防止熟人之间的性侵害行为发生，也能够使一些陌生的犯罪分子丧失信心，放弃性侵害的企图。

③沉着应对，理性处置。在遭到性侵害时，要注意了解犯罪分子的弱点和周围环境，以及一切可以利用的积极因素，并尽可能地结合自己平时生活中积累的经验和知识，予以防范。如受害人可以尽量用赞扬的话语唤起犯罪分子人性中善良的一面，使其行为向好的方面转化，避免性侵害行为的发生。

④依法维护，正当防卫。在遭受性侵害时，可采取正当防卫措施，特别是对犯罪分子身体薄弱部位进行有效的攻击，使犯罪分子的身体产生伤痛，从而使其终止性侵害行为，同时为自己的逃脱或获救创造机会。

⑤看准时机，迅速脱身。犯罪心理学表明，性犯罪的主体在实施犯罪过程中，心理变化有一个从冲动到后悔再到恐惧的过程。时刻注意犯罪分子的状态，找准时机，迅速脱身。

2. 性骚扰的防卫

（1）掌握一定的性知识。世界卫生组织认为，恰当的性教育，并不会导致青少年较早地发生性行为，相反，可帮助青年人采取负责任的性行为，使青年人正确地理解性骚扰的概念，避免青年人将他人积极健康的言行误解为性骚扰信息。如果大学生缺乏对性科学知识的了解，就不能正确识别正常性行为和异常性行为（如性骚扰），进而给自己带来烦恼。

（2）增强自我防范意识。大学生要牢记，尽量夜晚不独自在外行走；不穿过于暴露的衣服；不搭乘陌生人的车辆；不在公交车上睡觉；网聊时不使用暧昧的语言等。

（3）积极应对性骚扰。大学生在心理上要克服羞涩感、恐惧感及疑惑感，面对性骚扰行为不要忍让与宽容，不能保持沉默与退缩。在公共场所，大学生面对陌生人的性骚扰，应正颜厉色，怒目相视，通过视觉传递出非常厌恶的心情，继而以语言表达自己明确的反感情绪，使对方淡化性冲动；面对同学、同事等熟人的性骚扰，也要态度坚决。

（4）尽早脱离险境。大学生若遇到性骚扰孤立无援时，不宜急于反抗，激怒对方，要沉着机智，寻找机会摆脱性骚扰。

女生集体宿舍如何注意安全

（1）经常进行安全检查。发现门窗损坏，要及时报告学校公寓管理部门或学校后勤部门修理。

（2）就寝前，要关好门窗，在天热时也不能例外，防止犯罪分子趁自己熟睡之机作案。

（3）夜间上厕所，要格外小心。若厕所照明设备损坏，应带上手电筒，仔细查看。

（4）夜间如有人敲门问询，要问清是谁再开门。如发现有人想撬门砸窗闯进来，全室同学要一起呼救，并准备可供搏斗的东西，做好齐心协力反抗的准备。

（5）周末或节假日，其他同学回家，最好不要独自一人住宿。回宿舍就寝时，要留心门窗是否敞开，防止有犯罪分子潜伏伺机作案。如遇异常情况，可请一两个同学同时进去，以确保安全。

（6）无论一人或多人在宿舍，当犯罪分子侵害时，都要保持冷静，做到临危不惧，遇事不乱。一方面呼救、报警，一方面与犯罪分子作坚决斗争。

资料来源：成都理工大学工程技术学院工程训练中心.校园治安防范基本知识［EB/OL］.（2022-03-29）［2023-07-05］. https://etc.cdutetc.cn/c/828dad42-47b1-4d02-947b-4561bb5a0d0e.html.

大学生一旦遭遇性侵害要打消顾虑及时向学校和公安机关报案，并配合公安机关调查。不能因为担心名誉受损而选择沉默，否则只能助长性侵者的气焰，让更多的同学受害。

拓展阅读

正当防卫的构成要件[①]

正当防卫是指为使公共利益、本人或他人的人身和其他权利免遭正在进行的不

---

① 宋志伟，陈建军.大学生安全教育［M］.北京：清华大学出版社，2020：127.

法侵害而进行反击，致使侵害人受到某种损害的行为。正当防卫的构成需要具备两方面的要件，即侵害方面的要件和防卫方面的要件。

1. 侵害方面的要件

（1）必须存在不法侵害的行为。

（2）侵害行为必须是正在进行的。对于预备的或想象的侵害行为，不能借口正当防卫，先发制人，而只能采取预防措施；对于已经实施的侵害行为，如果没有实施到底而中止或者已经实施完了，也不能适用正当防卫的规定。侵害行为虽已完成，仍不能排除其危害的情况下，则应认为侵害行为仍在继续中。

2. 防卫方面的要件

（1）防卫必须针对侵害人本人，而不能针对第三人。如果实施了损害第三人利益的方法，不能适用正当防卫的规定。

（2）防卫不能过当。即正当防卫不能超过必要的限度，造成不应有的损害。必要限度不是指防卫者和侵害者的损害是否基本均衡，而是指是否超过了有效地制止不法侵害的限度。如果防卫行为不是当时制止不法侵害行为所必需，对侵害人造成不应有的损害，就是防卫过当。我国刑法规定，正当防卫行为不负刑事责任。

对正在进行杀人、抢劫、强奸、绑架以及其他严重危及人身安全的暴力犯罪采取防卫行为，造成不法侵害人伤亡的，不属于防卫过当，不负刑事责任。

第二节

大学生财产安全

大学生财产安全教育

情景引入

9月开学初，某高校学生李某到学校报到。刚到校门口一名男生和一名女生就迎了上来，他们自称是大二的学长学姐，在此做迎接新生的志愿服务，可以帮助李某在登记报到时提行李。毫无防备的李某心里很开心，随即与"学长学姐"交流起校园生活。可当他办完入学手续，再回过神找寻代管行李的"学长学姐"时，人和行李已经不见踪影。

仍处在校园中的大学生，思想单纯，很容易相信搭讪的陌生人。大学生缺少社会安全意识和自我保护能力，面临着各种危险。培养个人财产的保护意识，掌握保护财产安全的方法，对大学生至关重要。

一、防范盗窃

盗窃，是指以非法占有为目的，秘密窃取国家、集体或他人财物的行为。它是一种最常见的并为人们所深恶痛绝的违法犯罪行为。盗窃案是高校发生最多的案件，大学生被盗窃的物品主要有手机、笔记本电脑、数码相机等贵重物品和衣物等生活用品。

（一）高校盗窃案的特点

1. 时间上的选择性

（1）上课时间

学生以学习为主，每天都有紧凑的课程安排，没有上课的学生大部分也去图书馆学习或进行其他课余活动。因此在上课期间，特别是上午第一、二节课，学生宿舍内一般无人。盗窃分子一般都了解这一情况，并抓紧在这一段时间作案，因此上课时间是盗窃作案的高峰期。

（2）课间时间

课间休息时间较短，学生在下课后一般都会走出教室放松，而很少有同学回宿舍。作案分子特别是内盗作案人员会利用该时机，待盗窃得手后继续回教室上课，给人造成没有作案时间的假象。

（3）夜间熟睡后

经过一天的学习、活动，大家都比较疲惫，所以上床后很快入睡。盗窃分子趁夜深人静、室内人员熟睡之际行窃。特别是有的学生睡觉时不关寝室门窗，这给小偷创造了作案的有利条件。

（4）新生入校时

新生刚刚入校时，由于彼此之间还不太熟悉，加之防范意识较差，偶尔有陌生人到宿舍来也会以为是某同学的老乡或熟人，从而不加盘问，这就给作案分子以可乘之机。

另外，军训、学校举办大型活动期间，学生宿舍活动的人员少，易被盗窃。

 小知识

小偷讲述高校里的"漏洞"

据统计，北京市海淀区 28 所高校一年就发生失窃案件 808 起，大学似乎就是一个对小偷不设防的"黄金岛"。高校里究竟有哪些防范"漏洞"以至于被小偷屡屡光顾呢？记者在海淀区看守所采访了主办高校失窃案件的预审员，并听这里的小偷讲述了高校里的"漏洞"。

1. 高校失窃案集中在 5 个场所

民警介绍，高校失窃案中有一个特点就是专门在高校作案的团伙都有固定的"地盘"，而且多是重复作案的惯犯。很多专偷高校的小偷都是从"顺手机"逐渐发展到进入宿舍盗窃大宗财物的。高校失窃的地点也集中在 5 个场所：食堂、宿舍、教室、图书馆、运动场。每个场所容易被盗窃的东西都不尽相同，教室和运动场最容易丢的是手机，而到了宿舍，被小偷"顺"走的多是更加值钱的大件，比如笔记本电脑等。

2. "高校飞贼"平均年龄 20 出头

据了解，这些专门到高校偷东西的嫌疑人有一个显著的共同特征就是都是 20 出头的年轻人。以徐某为头目的五人团伙中，最大的徐某也不过 23 岁，代某和王某都是刚满 19 岁，本身就与大学生年龄非常接近。根据海淀区警方的统计数字，每年抓获的数十名专偷高校的嫌疑人平均年龄不超过 25 岁，其中男性占了九成以上。为了掩人耳目，嫌疑人一般都会在穿着上有意向大学生靠拢。代某说："我们第一次到大学里去偷东西前，徐哥专门嘱咐我要穿比较休闲的衣服，要打扮得像大学生。这样一方面不会引起楼管的注意；另一方面万一作案时碰上哪个学生醒了，也可以谎称走错房间了。"

3. 宿舍：笔记本电脑失窃高发地

徐某等五人最常光顾的场所就是高校的男生宿舍，选择时间都在清晨 6~8 时。"很多男生用笔记本电脑上网或者打游戏，一直会熬到深夜或者凌晨，这个时间正是他们补觉的时候，一般睡得比较死。而且，他们一般都是累极了才睡，很可能没锁宿舍门，也没把笔记本电脑收好锁进柜子里。"据徐某等人回忆，他们在作案的一个多月时间里，没有一个学生会醒过来发现他们。

4. 图书馆、食堂：书包失窃高发地

像徐某等人主"吃"宿舍，而有些团伙主要盯住图书馆和食堂，这两个地方是学生书包丢失最多的场所。"很多学生下课后直接去食堂，然后把书包往座位上一丢，自己到窗口买饭。这个时候小偷们就挨着桌子收包。我原来接过的一个案子中，其中一名嫌疑人就感慨比在地上捡钱还容易。预审员说起经手的案例时，对小偷的嚣张异常气愤。而到图书馆里看书或上自习的大学生一旦进入专心致志的状态，就放松了对自己书包的控制。还有很多同学在图书馆存包处已满的情况下，就直接把包搁在存包的柜子上。

2. 目标上的准确性

高校中的盗窃案件尤其是内部盗窃案件，作案人的盗窃目标常常会很准确。大家每天都生活、学习在同一个空间，加上同学间互不存在戒备心理，东西随便放置，贵重物品放在柜子里也不上锁，这就使得有作案动机的人极容易下手。他们不动手便罢，一旦动手目标十分准确，而且常常能迅速得手。

3. 技术上的智能性

在高校盗窃案件中，作案主体具有特殊性，一般以高学历、高智商的人居多，有的本身就是大学生。他们智力高超，有的甚至利用自己的专业知识和技能，在实施盗窃的过程中自制作案工具，效果独特先进，其盗窃技能明显高于一般的盗窃作案人员。

4. 作案上的连续性

正由于上述作案技术上的智能性，作案分子比较"聪明"，其第一次作案很容易得手。在"首战告捷"以后，往往会产生侥幸心理，加之报案的滞后和破案的延迟，作案分子极易屡屡作案而造成一定的连续性破坏。

5. 手段上的多样性

盗窃分子往往针对不同的环境和地点，选择对自己较为有利的作案手段，以获得更大的利益。

（1）顺手牵羊。是指作案人员趁人不备将放在桌椅、床铺等处的钱物信手拈来据为己有。一般是内盗比例大，熟人作案的情况较多。

（2）乘虚而入。是指作案人员趁主人不在、房门抽屉未锁之际行窃，较之"顺手牵羊"，其手段更为毒辣，行窃胃口更大，往往造成的损失更惨重。

（3）窗外钓鱼。是指作案人员用竹竿、铁丝等工具，在窗外或阳台处将室内衣物、皮包钩出，有的甚至钩到钥匙，开门入室进行盗窃。

（4）翻窗入室。是指作案人员利用房屋水管等设施翻越窗户入室行窃。作案人窃得钱物后往往是堂而皇之地从大门离去。

（5）撬门扭锁。是指作案人员利用专用工具将门上的锁具撬开或强行扭开入室行窃，入室后作案人又用同样的方法撬开抽屉、箱柜等。这是外盗人员惯用的伎俩。他们的手段毒辣，毫不留情，只要是值钱的东西都不放过。

（6）盗窃密码。是指窃贼有意获取他人存折、信用卡、微信、支付宝密码并伺机盗取现金。这类手法常见于内盗案件，并且以关系较好的室友或"朋友"作案较多。

【典型案例】2021年，某高校学生小杨报案称他在农业银行的存款4 900元被人分四次盗取了4 800元，经过调查认定作案嫌疑人为同学小李。小杨与小李住在同一宿舍，平时关系不错。在一次结伴到银行取钱的过程中，小杨输入自己的密码时没有回避小李，有心的小李记住了小杨的银行卡密码，于是伺机作案并频频得手。

【案例简析】同学们在宿舍内是不设防的，证、卡等贵重物品随手乱放，有些同学自认为有密码，并不妥善保管。此案例提示我们要提高保密意识，不要用自己的生日、手机或家庭电话号码、学号作为自己的密码，这是一个常识。绝对不要谈及自己的密码，以免被别有用心的人利用。

（二）校园盗窃案的主要表现形式

1. 内盗

内盗指盗窃作案分子为学生及学校内部管理服务人员。根据有关资料，在高校发生的盗窃案件中，内盗案件占比较高。作案分子往往利用自己熟悉盗窃目标的有关情况，寻找作案最佳时机，因而易于得手。这类案件具有隐蔽性和伪装性。

【典型案例】某高校学生宿舍楼配有两名保安，负责学生上课期间楼宇内的治安巡逻。一名保安在巡逻宿舍楼的时候发现有宿舍忘记锁门，见财起意，便盗走同学们桌子上的数码相机、笔记本电脑等。这引起公安部门注意，后来在该保安的老家将全部赃物缴获。

【案例简析】从以上内盗案例不难看出内盗的显著特点：一般没有撬门扭锁，室内翻动不大，盗窃目标明确，盗窃时间也很有规律性。这些都是内盗的显著特征。同学们一定要妥善保管好自己的物品，尽量将现金存放在卡里并严格保守密码。一般情况下不要将现金示人，尽量避免引起他人见财起意。如果宿舍被盗，应该及时和辅导员或者学校保卫部门联系。

2. 外盗

外盗是相对于内盗而言的，是指盗窃作案分子为校外社会人员。他们利用学校管理上的漏洞，冒充学校人员或以找人为名进入校园，盗取学校资产或师生财物。这类人员作案时往往携带作案工具，如螺钉旋具、钳子、塑料插片等。

【典型案例】2020年7月，某大学毕业季，学生宿舍屡屡发生盗窃案件。盗贼在夜间潜入学校，乘学生们熟睡之际，用竹竿"钓鱼"的方式，将学生放在桌上、床边的物品盗走，甚至一夜之间有6间宿舍被盗，失窃的物品包括4部手机、2台笔记本电脑、6 000余元人民币以及其他学习和生活用品。经过一番侦查，犯罪嫌疑人很快落网。

【案例简析】校外作案人员一般胆子比较大，作案工具齐全，作案熟练程度高，往往一两分钟就能完成盗窃全过程，因此大学生晚上入睡前一定要关好门窗，贵重物品不要放在明显的地方。

3. 内外勾结盗窃

内外勾结盗窃是指学校内部人员与校外社会人员相互勾结，在学校内实施的盗窃行为。这类案件的内部主体社会交往关系比较复杂，与外部人员都有一定的利害关系，往往结成团伙，形成盗、运、销一条龙。

【典型案例】某高校学生王某在学校附近的网吧上网时结识了无业青年耿某，并很快成了好朋友。一天耿某问王某有没有什么能搞到钱的方法，王某说自己学校的自行车好搞，于是二人很快达成一致：将共同盗窃的自行车再由王某低价销售给同学。几天的时间里，二人盗窃多辆自行车，使校园内人心惶惶，造成了被害同学生活上的不便和财产的损失。

【案例简析】 上述案例属于内外勾结盗窃作案的典型，由于利益驱使，这类案件在高校校园发生的比例较高。各大高校一定要防微杜渐，从思想上加强对大学生的道德教育，加强校园治安管理。

（三）预防盗窃的措施

大学生一定要实施好预防盗窃的有效措施，以避免财物损失。

1. 牢固树立防盗意识，克服麻痹思想

千万不要以为大学校园是绝对安全的，盗窃分子的眼光时时盯着大学校园，特别是盯着缺乏经验和防范意识的大学生。大学校园里时常有盗窃分子出入，身边的大学生中极个别人也有盗窃行为。因此，在防范盗窃时，既要防外贼，也要防内贼。

2. 妥善保管好现金、银行卡等物品

现金最好的保管方法是存入银行。数额较大的现金一定要及时存入，千万不可怕麻烦或者拖延。存钱时要注意设置较为复杂的取款密码，这样一来即使存折或银行卡丢失或被盗，也不用担心现金被人冒领。

3. 保管好自己的贵重物品

贵重物品不用时不要随便放在桌子上、床上，防止作案者以顺手牵羊、溜门盗走或窗外钓鱼的手段盗走。寒暑假离校时应将贵重物品带走，或托给可靠的人保管，不要放在宿舍里，防止作案者撬锁盗窃。贵重物品和衣物上最好做一些特殊标记，一旦被盗，报案时好说明其特点，认领时也有依据，找回来的可能性也大一些。

【典型案例】 2021年8月，盗窃犯李某窜至山东多所大学的食堂和体育场，趁同学们排队买饭、观看比赛之机，将他们放在座位、餐桌上的背包窃走。共窃得笔记本电脑、手机、数码相机等总计价值3万余元物品。

【案例简析】 这类案件发生的主要原因是学生安全防范意识不强，随手将贵重物品放在没有防盗措施的餐桌、看台座位等地方，客观上吸引了不法分子作案。贵重物品一定要看管好。

4. 养成随手关窗锁门的好习惯

上课、参加集体活动、出操、锻炼身体等外出离开宿舍时，一定要关好窗、锁好

门。一个人在宿舍时，即便是上厕所、上水房洗衣服、去邻近宿舍串门，几分钟、十几分钟的时间即回来，也要锁好门，防止犯罪分子趁机溜门盗窃。

5. 在学校人多的地方注意防盗

在教室、图书馆看书或在食堂吃饭时，不要用书包占座，尤其注意不要在书包里放现金、贵重物品和钥匙等重要物件，防止书包被盗或书包内的现金、贵重物品、钥匙被盗。

 小知识

宿舍安全小常识

（1）最后离开宿舍的同学一定要锁门。

（2）不留宿外来人员。

（3）对形迹可疑的陌生人应提高警惕。

（4）做到换人换锁，并且不要将钥匙随便借给他人。

（5）保管好贵重物品。

（6）尽量将钱存到银行，寝室里少放或不放现金。注意不要泄露银行卡密码，不要将银行卡交给他人代为取款。

（四）盗窃案件发生后的处理

一旦发生盗窃案件，一定要冷静应对，注意做好以下几个方面的工作。

1. 立即报告，保护现场

发现被盗，应立即报告辅导员、院（系）有关领导、学校保卫部门或当地派出所，并保护现场。安排人专门负责，不准任何人进入犯罪现场，不要翻动现场的物品，不要急急忙忙地去查看自己的物品是否丢失。封锁和保护现场有利于发现犯罪分子进行犯罪活动的线索。

 小知识

盗窃作案人逃身术[①]

盗窃分子一旦被发现以后，其主要的脱身伎俩有以下五招。

一是骗。推说是找人，如同学信以为真，不认真盘问，就会被其蒙混过关。这

---

① 宋志伟，陈建军. 大学生安全教育［M］. 北京：清华大学出版社，2020：115.

类情况多发生在新生报到、学生开学或放假期间。

二是逃。趁只有一两个人发现，还未对其形成合围之势，立即逃之夭夭。这类情况多发生在学校举办大型活动或上课期间。

三是混。有些作案分子因深入宿舍偷盗，一时逃不出来，往往是先逃出发现者的视线，躲藏在厕所、阳台、楼梯拐角等处，然后从容离去。这类情况多发生在学生下课或大量学生返回期间。

四是求。装出一副可怜模样，哀求私了放过他（她）。

五是凶。铤而走险，掏出凶器相威胁。这类情况虽不经常发生，但在捉拿盗贼时，同学们对这一招应有必要的思想准备，防止发生意外。

2. 发现窃贼，防其逃跑

发现嫌疑人后应立即组织学生进行堵截，进行堵截时须注意以下几个方面。

（1）随机应变，注意安全

即使明知其是窃贼，也可以故作轻松，故意误认为他是其他同学的亲友，和他随便交谈以拖延时间，等待其他同学的到来。在援助人员到来之前，要和盗贼保持一定距离，谨防其行凶伤人。万一窃贼逃窜，应大声呼叫，以引起校园师生注意并协助抓获。

（2）保持冷静，不可慌乱

面对窃贼逃跑，同学们应紧紧跟上，并利用熟悉的地形，分头守住楼梯口或大门出口，同时报告宿舍管理部门和学校保卫部门处理。窃贼在逃跑的过程中，往往都会在厕所、阳台、水房等处躲藏，这时要守住出口，有组织地认真盘查。

（3）人多力量大

如果发现宿舍有正在行窃的窃贼，可以大声招呼住在周围的同学和宿舍管理人员，一起来控制窃贼，防止其逃跑。

（4）协助调查，如实回答

公安部门和保卫人员来调查问题时应该据实回答。一要实事求是地回答公安部门和保卫人员提出的问题，积极主动地提供线索，不凭想象推测，不隐瞒情况。二要认真回忆，力求全面准确，对事不对人。三要发现线索，积极主动地向学校保卫部门或院系组织汇报。必要时，可以请求有关部门予以保密，公安机关和保卫部门都有义务和责任为提供情况的同学保密。

二、防范抢劫

（一）抢劫概述

抢劫是指以非法占有为目的，以暴力、胁迫或者其他方法施行的将公私财物据为己有的一种犯罪行为。

抢劫容易转化为凶杀、伤害、强奸等恶性案件，严重侵犯大学生的财产及人身权利、威胁大学生生命安全，造成大学生生命、健康及精神上的损害，比盗窃犯罪具有更大的危害性。

（二）针对大学生的抢劫作案的特点

（1）案发时间多为晚上，特别是校园内夜深人静时。

（2）案发地点多为校内偏僻场所。

（3）抢劫对象多为携带贵重物品的人。

（4）犯罪分子的目的是抢夺现金、贵重物品。

（5）犯罪分子较凶残，多数携带凶器，极具侵害性。

（6）作案人一般为校园附近游手好闲、不务正业、有劣迹的人。

> 【典型案例】某高校的一对恋人，吃完晚饭后在学校的林荫小道漫步。不知不觉天色已晚，两人又在远离人群的路边坐下聊天。这时突然窜出三个歹徒，强行将两人的书包、现金、手机等财物抢走。
>
> 【案例简析】这对恋人没有防范意识，以为校内就是安全的地方。远离人群给了歹徒作案的机会。

（三）预防和应对抢劫的措施

1. 预防抢劫的方法

根据大学校园中抢劫的特点，为避免成为抢劫的目标，要注意做到以下几点。

（1）单独外出时不要携带过多的现金和贵重物品。

（2）如果因特殊需要必须携带大量现金或较多的贵重物品，应结伴而行。

（3）如外出时必须带现金或贵重物品，最好贴身携带，不要置于手提包或挎包内。

（4）不外露或向人炫耀随身携带的贵重物品，应将现金、贵重物品藏于隐蔽处。

（5）不要独自在偏远、阴暗的林间小道、山路上行走，不去行人稀少、阴暗偏僻的地方。

（6）尽量避免深夜滞留在外不归或晚归。

（7）尽量不要在夜深人静时单独外出。

（8）发现有人尾随或窥视，不要紧张，不要露出胆怯、害怕的神态，可以大胆回头多盯对方几眼，或哼首歌曲，或大叫同学、老师的名字，并改变原定路线，立即向有人、有灯光的地方走去。

2. 遭遇抢劫时的应对方法

万一遭遇抢劫，应当保持镇静，根据所处的环境，对比双方的力量，针对不同的情况采取不同的对策。

（1）案发时要在保证自身安全的情况下先分析犯罪分子和自己的力量对比，只要具备反抗的能力或时机有利，就应尽力反抗。如可利用有利地形或身边的砖头、木棒等足以自卫的武器与作案人形成僵持局面，使作案人短时间内无法近身，以便引来援助者或使作案人丧失继续作案的信心。

（2）实在无法与作案人抗衡时，可以看准时机向有人、有灯光的地方或宿舍区奔跑。

（3）巧妙麻痹作案人。当已处于作案人的控制之下而无法反抗时，可按作案人的需求交出部分财物，并采用语言反抗法，理直气壮地对作案人进行说服教育，晓之以利害，从而造成作案人心理上的恐慌。切不可一味地求饶，应当尽力保持沉着镇定，与作案人说笑周旋，采取幽默方式表明自己已交出全部财物并无反抗的意图，使作案人放松警惕，以便看准时机进行反抗或逃脱其控制。

（4）如果敌强我弱，要采取灵活做法与之周旋，镇静地观察作案人，尽量准确记下其特征，如身高、年龄、体态、发型、衣着、胡须、语言、行为等。

（5）无论在什么情况下，遇到抢劫时只要有可能就要高声呼救，或故意高声与作案人说话。犯罪分子逃跑时，应大声呼叫周围的群众堵截追捕，迫使犯罪分子放弃所抢物品。

（6）遇到持有凶器或成群的犯罪分子时，不要硬拼，要放弃财物，保全生命。

（7）及时报案。要在最短时间内向公安机关、学校保卫部门报案，说明案发的时间、地点，犯罪分子特征，自己财物损失情况等。作案人得逞以后，很有可能继续寻找下一个抢劫目标甚至在作案现场附近的商店和餐厅挥霍。高校一般都有较为严密的防范措施，若受害者能及时报案并准确描述作案人特征，有利于有关部门及时组织力量布控、抓获作案人。

【典型案例】 大学生陈某在回寝室的路上突然被一迎面过来的民工打扮的男子拦住，让其将钱拿出来。陈某意识到遇到抢劫，立即将书包给了该男子，同时记下了该男子的体貌特征。之后陈某大声呼喊救命。该男子见已得手，便慌忙逃跑。陈某立即拿出手机报警，并观察作案人逃跑的方向。结果实施抢劫的犯罪嫌疑人张某在逃跑的途中被迅速赶来的保卫人员在案发现场附近抓获。

【案例简析】 陈某被抢的现场是一僻静的地方，他本应该和其他同学结伴而行。但他的处置方法是恰当的：马上将书包交出，避免人身受到伤害，及时报警并提供线索，也使保卫人员能够快速抓获犯罪嫌疑人并破案。最后他只是受了一点惊吓，而没有受到任何损失和伤害。

拓展阅读

女性独自出游注意事项①

现代女性独自旅行时要多考虑安全问题，因为稍有疏忽就可能会在旅游时遇骗遭劫，轻者伤财，重者影响人身安全。

1. 出行前充分了解当地情况，并将出行计划告诉家人或朋友

出行前收集资料，多了解一些要去的地方的安全性，以及当地人惯用什么招数骗取观光客，知己知彼，可以减少意外的发生。为了对家人负责，也为了保护自己，远游之前最好把已经决定的行程告诉家人或朋友。其中要包括最可能联络到你的地方，即使你完全不订旅馆，是背包流浪，也应该选择几个必定会经过的场所，以方便亲友联系。

如果是出境游，还可以把个人资料和行程报给政府的外事部门，也就是让国家的外交部知道你将去哪些地方。他们有责任维护你的安全，并在必要时给你提供协助。所以，最好随身备有各地领事馆的信息，也把这些资料留给你的家人。

2. 穿着简单自然，忌携带贵重物品

尽量依当地人的习惯穿着，出外旅游可不是选美，切忌打扮得花枝招展或钱财

---

① 宋志伟，陈建军.大学生安全教育.[M].北京：清华大学出版社，2020：150-152.

外露，引起歹徒注意。照相机每拍完一个景点后，马上收入随身行李。搭乘交通工具时，将背包反背。出门旅行忌携带贵重物品：一是容易遗失；二是容易被歹徒盯上。重要的东西，最好留在房间的保险箱里。

3. 选安全住宿，忌不设防、不知逃生门

选安全住宿，勿贪小便宜，租住陌生民宅或低矮楼层。入住时忌不设防。许多旅馆的房门虽然有弹压的设备，但弹力不足，门虽然关上了，却不能关紧，如果出门时不再拉一把，是无法锁好的。

如果你早知道房门不保险，可以先上网买旅行用的安全锁，也可以把杯子或瓶子放在门把手上，只要有人转动门把手，杯瓶就会落地，把贼吓跑。也可以在离开房间时留一盏灯，并且打开电视，装作房内有人的样子。碰上插卡取电的装置，可以用纸卡代替，这样不致因为抽走房卡而断电。

此外，进入旅馆房间的第一件事，应该是查看门后面贴的房间地图，看清楚防火梯的位置。绝大多数的旅馆应该都有这样的设置。如果你住的是小客栈，没有图，则要查看房间，如果发生特殊状况，方便逃生。

4. 保持低声交谈，不暴露自己的个人信息

旅途中，尽量避免在旅馆大厅喊别人的名字，再问他住几号房间。这也是旅行团到达旅馆，往往要求团员留在车上，由导游去拿钥匙，再回车上发送的主要原因。

出门旅游不要轻易暴露自己的个人信息。不要把自己的名字、地址和电话，用很大的字写在行李上。

5. 慎选友人，危急时应呼救

在外面遇见陌生人，就算谈得很投机，就算把自己住的旅馆告诉他，也不能说是哪个房间。此外，切勿饮用陌生人的饮料，或觉得对方很和善，便轻易答应邀约，即使对方都是女孩。

6. 忌街头看地图，易招劫匪

如果你到陌生的地方旅行，一定要准备好详细的地图，而且出门之前先把打算走的每条路都弄清楚。因为站在街头东张西望，再掏出地图查看街道名称的动作，等于明明白白地告诉歹徒，你是下手的好对象。因此，应该在旅馆、隐秘场所或安稳地坐在地铁座位上，将地理位置看好再行动。

7. 切忌进入暗巷，人身安全或有危险

旅行中，如果不小心走入暗巷要立即出来，就算被抢了，也别追进黑街、黑巷。进入暗巷将会增加自身的危险。

8. 忌"露白"，钱财要藏好

要避免一切变成目标的可能。譬如穿着耀眼，脖子上挂着几台摄影机，手里拿着地图。又譬如你专去名牌店，提着好几个名店的手提袋。最好身上少带钱，甚至根本不带钱包，而且把中等和小额的钞票分别放在不同的口袋中。如果到治安非常差的地方，你还可以藏一点钱在袜子里，以防被抢之后没有路费回家。

9. 遇抢劫切忌争强好胜

要记住"好汉不吃眼前亏"的道理。留得青山在，不怕没柴烧，除非四周的环境对你有利，否则宁可破财，甚至受辱，也要保住自己的性命。

10. 保持警觉，忌无谓的游荡

在外游玩时，切忌毫无目的、无谓的游荡，要随时保持机灵的警觉心。快速行走是避免成为目标的好方法，因为那能显示你知道路，像当地人，又显示你活力旺盛，比较会反抗。夜里在僻静的街上行走，避免紧靠着街边的建筑物，以免被人一把拉进去。

第三节 防范电信诈骗

 情景引入

2022年3月22日，某学院大一学生通过网络寻求兼职。加陌生人QQ好友后，对方让其在淘宝上帮助下单苹果手机，并称有人代付。陌生人指导该生下载云闪付绑定银行卡后，让其用支付宝扫描商家发来的支付二维码。该生扫码后自动支付1284元。"客服"称系统出现错误，让该生加商家QQ账号协商退款，商家称资金被冻结，需向账户中转入5000元保证金才能进行退款。该生向商家提供账户转账5000元，询问对方是否可以退钱，商家说审核超时需要继续转钱。该生发现被骗，损失6284元。

一、电信诈骗概述

电信诈骗是指通过电话、网络和短信方式，编造虚假信息，设置骗局，对受害人实施远程、非接触式诈骗，诱使受害人打款或转账的犯罪行为。通常以冒充他人或伪造各种合法外衣和形式的方式达到欺骗的目的，如冒充公检法、商家公司厂家、国家机关工作人员、银行工作人员等各类机构和工作人员，以招聘、刷单、贷款、手机定位和招嫖等形式进行诈骗。随着科技的发展，一系列技术工具的开发和使用，许多不法分子借助手机、固定电话等通信工具和现代技术等实施的非接触式诈骗迅速地发展蔓延，给人民群众造成了很大的损失。

为了有力打击治理电信诈骗，2016年12月，最高人民法院、最高人民检察院、公安部联合发布了《关于办理电信网络诈骗等刑事案件适用法律若干问题的意见》。《意见》规定，利用电信网络技术手段实施诈骗，诈骗公私财物价值3 000元以上、3万元以上、50万元以上的，应当分别认定为刑法第二百六十六条规定的"数额较大""数额巨大""数额特别巨大"。两年内多次实施电信诈骗未经处理，诈骗数额累计计算构成犯罪的，应当依法定罪处罚。实施电信诈骗犯罪，达到相应数额标准，具有下列情形之一的，酌情从重处罚：

（1）造成被害人或其近亲属自杀、死亡或精神失常等严重后果的；

（2）冒充司法机关等国家机关工作人员实施诈骗的；

（3）组织、指挥电信诈骗犯罪团伙的；

（4）在境外实施电信诈骗的；

（5）曾因电信诈骗犯罪受过刑事处罚或者两年内曾因电信诈骗受过行政处罚的；

（6）诈骗残疾人、老年人、未成年人、在校学生、丧失劳动能力人的财物，或者诈骗重病患者及其亲属财物的；

（7）诈骗救灾、抢险、防汛、优抚、扶贫、移民、救济、医疗等款物的；

（8）以赈灾、募捐等社会公益、慈善名义实施诈骗的；

（9）利用电话追呼系统等技术手段严重干扰公安机关等部门工作的；

（10）利用"钓鱼网站"链接、"木马"程序链接、网络渗透等隐蔽技术手段实施诈骗的。

2022年9月2日，第十三届全国人民代表大会常务委员会第三十六次会议通过《中华人民共和国反电信网络诈骗法》。

国家反诈中心 App

电信诈骗的花样层出不穷，犯罪分子实施电信诈骗犯罪活动时，都会经过手机终端。2021年，为维护人民群众财产安全，国家反诈中心和国家互联网应急中心联合开发了国家反诈中心App，以国家权威推动反诈工作，确保个人信息绝对安全。该App具备四大核心功能：一是"诈骗预警"功能，对诈骗来电、短信、App进行无感阻断；二是"我要举报"功能，受害人遇见疑似诈骗可以快速举报；三是"身份验证"功能，对聊天对象身份进行辅助验证；四是"报案助手"功能，受害人被骗后第一时间在App内报案。

请大学生从自身做起，发动家人及亲朋好友下载安装国家反诈中心App，准确填写信息，启动"诈骗预警"功能，共同携手接种"反诈疫苗"，增强自身反诈免疫力，抵御电信诈骗犯罪侵害，不给犯罪分子可乘之机。

二、电信诈骗手法

2022年5月11日，公安部公布五类高发电信网络诈骗案件占比近80%，分别是刷单返利、虚假投资理财、虚假网络贷款、冒充客服、冒充公检法。

（一）常见电信诈骗手法

1. 刷单返利类诈骗

刷单返利类诈骗，是一种电信网络诈骗。刷单返利类诈骗由于返利周期短、引流成功率高，已逐步演变为当前变种最多、变化最快的诈骗类型，并与其他电信网络诈骗手法相互"融合"，成为电信网络诈骗主要引流方式。

（1）前期引流。诈骗分子首先通过网页、短信、社交软件、短视频平台等渠道发布兼职广告，打着"足不出户、高额佣金"的旗号，或以色情内容和免费礼物为诱饵，招募"刷单客""点赞员""推广员"，一旦有受害人"上钩"，即将其拉入"做任务"的聊天群。

（2）小额返利。加入聊天群后，诈骗分子会让受害人在群内领取"新手任务"，

"任务"主要是提高平台商家、网店的交易量、信誉度,关注相关公众号、账号,为短视频点赞、评论、刷粉丝等。受害人完成"新手任务"后,诈骗分子会快速返还小额佣金,用以骗取受害人信任。

(3)诱导下载刷单App。在受害人完成前期任务并获利基础上,诈骗分子通常会安排专人在微信群中散布其获得高额佣金的截图,引诱被害人下载虚假刷单App做"进阶任务"。随后,诈骗分子以"充值越多,抢单越多、返利越多"为诱饵,骗受害人在刷单App中垫资充值,实际是将受害人资金转入其提供的银行账户,而受害人的App账户中显示的金额仅仅是虚拟数字。

(4)完成诈骗。当受害人完成任务想要提现时,诈骗分子将设置重重障碍,以"任务未完成""卡单""操作异常账户被冻结"等各种借口,拒不支付本金和佣金,甚至诱骗受害人加大投入,进而骗取更多资金。一旦受害人识破骗局,诈骗分子将切断一切联系。

【典型案例】2022年5月,湖北咸宁郜某某在微信群内看到"固定底薪、点赞评论返佣金"的信息及二维码。郜某某通过扫码添加客服为好友,在客服诱导下下载某刷单App。安装App后,郜某某在App内联系上"接待员",由其指导做刷单任务。最初,"接待员"在郜某某完成评论任务后返了20元佣金到其支付宝账号。郜某某见佣金确实到账了,便根据对方的提示进入App内任务大厅认购任务单。认购任务单须交纳相应的本金,交纳金额越高,返还佣金越高。郜某某先后完成了5单任务,认购本金100元至1 000元不等,每次的佣金都返还至其App账户,后由郜某某提现到自己的银行卡中,到账速度很快。其进一步放松了警惕。随后,为了获得更多佣金,郜某某开始认购金额更大的复合任务单。此类任务须连续完成多单且中途不能退出,郜某某先后投入总本金达11万元。但当郜某某按要求完成任务后发现无法提现,便赶紧联系"接待员",对方告知其操作有误造成"卡单",需要再做一次复合任务才能提现。郜某某此时已觉察被骗,向对方索要本金时发现对方已删除联系方式,且App已无法登录。

【案例简析】郜某某被骗是典型的刷单返利诈骗类型。看到刷单返利等信息,一定要警惕,置之不理,不要贪图小便宜。

2. 虚假投资理财类诈骗

虚假投资理财类诈骗，是一种电信网络诈骗，诈骗分子打着高回报的幌子诈骗受害人钱财。

（1）骗取信任。诈骗分子通过多种渠道锁定受害人并骗取其信任。锁定受害人的方式包括通过社交软件寻找受害人并建立联系、发布股票外汇等投资理财信息网罗目标人群、通过婚恋交友平台确定婚恋关系骗取信任等。

（2）利益诱惑。在获得受害人信任后，诈骗分子采用冒充投资导师、金融理财顾问，或谎称有特殊资源可获得高额理财回报等方式，引诱受害人加入"投资"群聊、听取"投资专家"直播课、接受"股票大神"投资指导。

（3）实施诈骗。诈骗分子先诱导受害人在其提供的虚假网站或App上投资，前期小额投资试水可获得返利，一旦受害人加大资金投入后，就会发现无法提现或全部亏损，并被诈骗分子拉黑，且虚假网站、App无法登录。

【典型案例】2022年4月，北京于某在某直播平台上观看炒股知识直播时，与一个自称该平台主播的账号私聊后添加为微信好友。对方自称"甄军"，在微信上让于某扫码进入炒股交流群。随后，该群管理员向于某发送App安装包，让其下载安装并注册账号。一周时间里，于某按照"甄军"和该群管理员要求，先后向对方账户分十笔转账347万元，并按照对方的"投资指导"，在App内进行买入、卖出股票操作，成功提现37.3万元。于某感觉这样炒股获利丰厚，便继续在App内加大资金投入。直至4月底，于某发现App内307万元余额已无法提现。在其询问下，"甄军"及该群管理员称平台出问题被突击检查，要求于某缴纳120余万元罚款后才能使其账户内余额提现。于某不愿交纳罚款，继续向对方索要投资本金后被对方拉黑，同时发现App无法登录，从而发现被骗。

【案例简析】大学生的主要任务是学习文化知识，投资理财陷阱很多，不要轻易触碰。

3. 虚假网络贷款类诈骗

诈骗分子通过网络媒体、电话、短信、社交软件等发布办理贷款、信用卡、提额套现等广告信息，打着"无抵押""免征信""无息低息""快速放款""免费提额套现"等幌子，以事先收取手续费、保证金、验资、交税等为由，或以检验还贷能力、调整利率、降息、提高征信等为借口，诱骗具有贷款需求或曾办理贷款业务的受害人转账汇款，甚至骗取受害人银行账户和密码等信息直接转账、消费，从而实施诈骗。

【典型案例】2022年5月，广东东莞樊某接到陌生来电，对方自称某平台客服，询问樊某是否有贷款需求。樊某因近期生意不景气，需要资金周转，便称想要贷款。在添加对方企业微信账号后，樊某按照对方要求下载了某贷款App，并按照提示在App上申请贷款。随后，对方以交会员费、解冻金，证明还款能力等为由要求转账，樊某通过手机银行进行了四笔转账共13.7万元，但对方仍称贷款条件不满足不能放贷。樊某此时已萌生放弃贷款的想法，向对方索要之前转的资金。对方告知其须等贷款审核通过才能返还资金，随后便失去联系，App无法登录。

【案例简析】樊某因经营不善迫切需要资金，诈骗分子恰恰利用这一点进行诈骗。对于网络贷款，大学生一定要慎重，如果确实有资金需要（比如助学贷款）可向学校老师咨询，选择正规的渠道。

4. 冒充客服类诈骗

冒充客服类诈骗的受害人群通常为网购用户，诈骗分子事先大肆非法窃取、收购买家网购信息及快递面单信息，以退款、理赔等为由对买家或平台商家实施精准诈骗。冒充客服类诈骗常见的骗术有三种。

（1）冒充电商平台或者物流快递企业客服，谎称受害人网购商品出现问题，以退款、理赔、退税等为由，诱导受害人提供银行卡和手机验证码等信息，对受害人实施诈骗。

（2）声称误将受害人升级为VIP会员、授权为代理、办理商品分期业务等，以不取消上述业务将产生额外扣费为由，诱导受害人支付手续费，从而实施诈骗。

（3）以受害人电商平台会员积分、支付宝芝麻信用积分不足为由，让受害人申请贷款从而提高会员积分，并诱骗受害人将贷款汇入其指定账户，从而实施诈骗。

【典型案例】2022年4月，福建泉州张某接到电话，对方自称是某购物平台客服。对方告知张某购买的商品快递包裹丢失，现在可以进行理赔，并说出具体订单编号、订单时间及商品物流单号。张某信以为真，添加对方为好友，并在其指导下下载某云会议App进行语音联系。张某按对方提示操作，在自己支付宝内透支了备用金所有额度，后将透支的钱款转入对方提供的银行账户。对方承诺后期会将备用金和理赔金一起返还，并让张某继续下载网贷App透支额度转账。张某不愿配合，随后发现对方已无法联系，从而发现被骗，共损失金额2.5万元。

【案例简析】网购诈骗近年来逐渐增多，大学生网购应选择正规的平台，避免个人信息泄露。凡有人联系所谓平台理赔的，一定要谨慎对待；凡涉及需要向对方转账的一定是诈骗。

5. 冒充公检法类诈骗

冒充公检法类诈骗紧跟社会热点、不断迭代升级，造成的损失往往较大，广大群众深恶痛绝。此类诈骗让受害人深信不疑的重要原因之一，就是诈骗分子通过非法获取的公民个人信息，从而在诈骗过程中准确说出受害人姓名、工作单位、住址、身份证号等，具有极强的迷惑性。

冒充公检法等机关工作人员，谎称受害人名下银行账户、电话卡、社保卡、医保卡等被冒用，或者身份信息被泄露，或者涉嫌洗钱、非法出入境、快递包裹藏毒等违法犯罪，以此要求受害人将资金转入"安全账户"配合调查或接受监管，进而实施诈骗。为增加可信度，一些诈骗分子会向受害人展示虚假公检法网站上发布的假通缉令等法律文书。为远程获取受害人手机上的个人信息，诈骗分子常常要求受害人下载具有屏幕共享功能的App。为使受害人处于完全被操控状态，诈骗分子还会诱骗受害人到酒店等封闭空间，阻断所有短信、来电等外界联系。

一些诈骗分子还会冒充不同部门的政府机关工作人员，以领取补助补贴、奖学金，医保卡、证券、金融账户被冻结，出入境证件异常、失效等为由实施诈骗。

【典型案例】2022年4月，广东深圳刘某某接到自称是深圳市防疫中心的陌生电话，对方称要带其去强制隔离，因刘某某一个电话号码曾在3月16日扫描了长沙市某医院的行程码。刘某某表示自己没有去过长沙，对方又称其身份信息可能被盗用，将帮其将电话转接到"长沙市公安局"。接通"长沙市公安局"电话后，一名自称"陈警官"的男子对刘某某进行询问，并告知刘某某账户涉嫌洗黑钱，让刘某某添加其QQ号码。随后，"陈警官"发给刘某某一个账号，让其登录后提交了银行卡号、密码等相关信息，并录制了人脸操作视频。在"陈警官"引导下，刘某某银行账户被分四次转走6万余元。发现银行账户资金被转走后，刘某某意识到自己被骗。

【案例简析】凡是自称公职人员打电话的，一定要先核实对方身份（比如打报警电话110确认）。另外，凡是电话索取个人信息的，一定不能告知，迅速挂断电话。

（二）其他电信诈骗手法

1. 中奖诈骗

预先印刷虚假中奖"刮刮卡"，通过信件邮寄、电话、手机短信、互联网发送虚假中奖信息，或者犯罪分子假冒某知名企业、电视台向受害人通知"中奖"消息。受害人一旦与犯罪分子联系兑奖，对方即以先汇"个人所得税""公证费""转账手续费"等理由要求受害人汇款，达到诈骗目的。

2. "优惠"诈骗

犯罪分子通过网络发布体验券、打折会员卡、充值优惠卡等信息，诱导受害人与其联系后，以"便宜""豪华""欲购从速"等噱头要求受害人转账付款，向受害人提供不能使用的会员卡、优惠券，实施诈骗。

3. 虚假购物诈骗

犯罪分子通过网站、社交软件、电商平台发布虚假低价购物信息，诱导受害人与其联系，编造"收取运费""货物被扣要交罚款""收取定金优先发货"等理由，一步步诱骗受害人转账汇款，吸引受害人上钩完成付款。

4. "高薪"招聘诈骗

犯罪分子通过群发信息，以"高薪"招聘某类专业人士为由，要求受害人到指定地点面试，随后以缴纳"培训费""服装费""保证金"等名义实施诈骗。

【典型案例】2022年12月22日广西河池市巴马瑶族自治县警方披露，该县公安局全力贯彻落实岁末年初打击突出犯罪攻坚战精神要求，历经多日侦查，日前成功破获5起偷越国（边）境案件，抓获犯罪嫌疑人5人。

警方披露，近日，巴马县公安局在对辖区各类非法出入境人员信息进行复盘核查时发现，巴马镇黄某、黄某全、黄某龙、任某、赵某等人曾经非法偷渡出境，且在境外曾经从事电信网络诈骗。

民警立即传唤上述五人到公安机关接收讯问。经过讯问，这五人对偷渡出入国（边）境的犯罪事实供认不讳。

上述五人供述，他们在广东打工期间，因个人工作能力和喜好享乐的原因，经常入不敷出，为此，几人便萌生出国谋求高薪的想法。

一日，一则高薪招聘工作人员到某国务工的信息引起了五人的注意，于是他们便通过聊天软件联系上对方。对方表示，如果有意向外出，可以全包外出的路费，待入职后再偿还，在那边每个月的工资最低1.2万元。

听完对方的介绍后，五人心动了，马上按照对方的指示前往云南某地集合，然后在组织者的组织下偷渡出境。

偷渡路上，几人首先被没收了通信工具和身份证，然后被安排到一家公司参加电信网络诈骗的培训。在参训过程中，公司人员稍有不满，轻则对参训人员拳打脚踢，重则器械相加。

感觉被骗的几人马上提出辞职，但公司内的人员表示每人交5万元费用才能辞职。于是黄某、任某、赵某三人立即跟家人联系，家人东拼西凑缴纳了5万元钱才恢复了他们的人身自由，随后三人被遣送回国。而家里没钱的黄某全、黄某龙二人，则趁看守不严密的时候，偷跑出来，然后用身上所有的钱贿赂当地群众用摩托车送到边境处，冒着严寒游泳偷渡入境。

几人回到国内后，相互报平安，并发誓再也不相信网上的高薪招聘广告。

【案例简析】天上掉馅饼，一定有陷阱。大学生将来面临着求职找工作，一定要警惕高薪陷阱，求职应选择正规的择业渠道。

5. 冒充熟人进行诈骗

嫌疑人冒充受害人的熟人，在电话中诱导受害人猜猜他是谁，当受害人报出一熟人姓名后嫌疑人立即承认，谎称将来看望受害人。隔日，再打电话以出车祸、生病等急需用钱为由，向受害人借钱并告知汇款账户，达到诈骗目的。

三、防范电信诈骗的措施

诈骗手法千变万化，防范电信诈骗的措施主要有以下三点。

（一）不轻信陌生人

大学生不要轻信陌生的电话和手机短信，不管是利益诱惑还是威胁恐吓都不要轻易相信，要及时挂掉电话，不回复短信，不加微信或者QQ，不给对方进一步布设圈套的机会。

（二）不透露任何个人信息

大学生要守住自己的心理防线，不要因贪小便宜而受陌生人的诱导，决不向对方透露自己及家人的身份、存款、银行卡等信息。如有疑问，可拨打110求助咨询，或向家人、同学或朋友核实。

（三）不向陌生人转账

坚决做到，无论在任何情况下，都不向陌生人转账汇款，以保证自己的财产安全。

电信诈骗具有极强的隐蔽性，在日常生活中，大学生要多了解电信诈骗的各种新手段，提高对电信诈骗的防范意识。万一上当受骗，应直接拨打110报案，或通过国家反诈中心App报案，并提供犯罪分子的账号和联系电话等详细情况，帮助公安机关侦查破案。

 小知识

网络诈骗手法揭秘

手法一：发送电子邮件，以虚假信息引诱用户中圈套。不法分子大量发送欺诈性电子邮件，邮件多以中奖、对账等内容引诱用户在邮件中填入金融账号和密码，或是以各种紧迫的理由要求收件人登录某网页提交用户名、密码、身份证号、信用卡号等信息，继而盗窃用户资金。

手法二：建立假冒网站骗取用户账号、密码实施盗窃。不法分子建立起域名和网页内容都与真正的网上银行系统、网上证券交易平台极为相似的网站，引诱受骗者输入账号、密码等信息，进而窃取用户资金。

手法三：利用虚假的电子商务网站进行诈骗。不法分子在知名电子商务网站发布虚假信息，以"超低价""免税""走私货""慈善义卖"等名义出售商品，要求受骗者先行支付货款达到诈骗目的。

手法四：利用"木马"和"黑客"技术窃取用户信息。不法分子在发送的电子邮件中或在网站中隐藏"木马"程序，在感染"木马"计算机上进行网上交易时，"木马"程序即以键盘记录方式获取用户账号和密码。

手法五：网址诈骗。不法分子设计的诈骗网站网址与正规网站网址极其相似，往往只有一个字母的差异，不仔细辨别很难发现。当用户登录虚拟网站进行资金操作时，其信息将泄露。

手法六：破解用户"弱口令"窃取资金。不法分子利用部分用户贪图方便、在网上银行设置"弱口令"的漏洞，从网上搜寻到其银行储蓄卡卡号，进而登录网上银行网站，破解"弱口令"。

手法七：手机短信诈骗。由储存手机号码的计算机控制的手机短信"群发器"大量发出虚假信息，以"中奖""退税""投资咨询"等名义诱骗受害者实施汇款、转账等操作。

手法八：低价诱惑。网络交易骗子的商品售价，往往比市场价格低一半还多，并以"海关罚没走私、朋友赠送"等为理由骗取购买人的信任。

手法九：奖品诱惑。有些不法网站利用巨额奖金或奖品诱惑消费者浏览网页，并购买出售的商品。还有的利用赠品或者积分换取奖品来吸引消费者；攒积分的方法有注册网站、浏览网站、发展其他买家等几种，无论何种方式，奖品都是需要花钱购买的。

手法十：虚假广告。有些网站提供的产品说明有夸大其词甚至虚假宣传之嫌，单击进入后，购买到的实物与网上看到的图片不一致；更有一些网上商店把钱骗到手后就关闭网站，然后开一个新的网上商店故技重演；格式化合同，买货容易退货难。一些网站的购买合同采取格式化条款，对出售的商品不承担"三包"责任，没有退货、换货说明等。消费者购买的产品出现质量问题无法得到相应的质保，想换货或者维修时为时已晚。

手法十一：线下交易法。为逃避网站的监控，在买家拍下物品后，卖家以更低价格为诱饵，让买家进行线下直接交易。买家在更低价格的诱惑下一般都会接受。

手法十二：拒绝安全支付法。以种种理由拒绝使用网站提供的第三方安全支付工具，比如谎称"账户最近出故障，不能用安全支付收款"或"不使用支付宝，可以再给你算便宜一些"等。

手法十三：收取订金骗钱法。卖家要求先付一定数额的订金或保证金然后才发货，接着以种种看似合理的理由，诱使买家追加订金。

手法十四：买家也骗商家。买家骗子首先和商家联系购物，取得信任，随后说没有注册支付宝，要卖家直接提供银行开户名和账号，同时要求先付50%的货款，货到后再付余下的50%。等卖家将货发出后，骗子就会消失得无影无踪，从而骗得50%的货款。或者买家骗子先用支付宝付款，然后提出和卖家见面交易。当卖家在同城交易，将货交给他后，买家立刻申请退款，理由是"没有收到货"，这时候卖家没法向淘宝网提供发货凭证，这样买家骗子得以行骗成功。还有买家骗子先和卖家套近乎，东拉西扯了解卖家情况，然后试着破解卖家的"阿里旺旺"密码。等卖家下线后进入卖家的小铺，更改卖家的商品售价等信息，然后狂买一把，让卖家损失惨重。

手法十五："狼披羊皮"投机取巧，提升搜索排位。一些假冒网站冒充正规电子商务网站通过一些搜索引擎的"竞价排名"业务，把自己排在搜索引擎的显著位置，坐等用户上钩。

手法十六：偷梁换柱暗度陈仓，假借网站交易。一些假冒交易网站的域名和正式的网站差别很小，可能仅仅是一个字母的差别。此类假网站利用系统漏洞，在用户单击后先从后台下载一些恶意代码，然后迅速跳转到真网站页面。在用户访问该网站时，再迅速跳转到预先设计好的恶意交易网站上。没有仔细看地址栏的人根本察觉不到网址发生了变化，从而导致密码被窃、资金丢失等。

四、谨防"校园贷"陷阱

随着互联网金融的快速发展，许多公司开始开展网络贷款业务并不断向高校拓展业务，越来越多的大学生开始使用网络贷款。校园贷款的不规范发展也引发了一系列问题，如诱导大学生过度消费，有的学生甚至陷入高利贷陷阱，给自己及家庭带来了沉重的负担，给校园安全和社会安定也埋下了隐患。

防范"校园贷"陷阱

（一）"校园贷"的特征

1. 借贷门槛低

借款人一般只需要提供个人的身份证、学生证、金融账号、联系电话等信息，就可以申请贷款，不需要房子、车子等任何抵押物品。但同时，贷款公司会要求借款人提供就读学校信息、暂住地址、家庭地址、亲属个人信息、老师同学个人信息等，方便其后期催还款。

2. 制造民间借贷假象

贷款公司以"小额贷款公司"名义对外宣传，与借款人签订借款合同，制造民间借贷假象，并以"违约金""保证金"等各种名目骗取被害人签订"虚高借款合同""阴阳合同"等明显不利于被害人的合同。

3. 制造银行流水痕迹

贷款公司在与借款人签订完借款合同后，会按照合同上的借款金额全额转款至借款人的金融账户，形成借款流水清单，随后通过转借的方式要求借款人向第三方支付"服务费""担保费"等费用，刻意制造出借款人已经取得合同所借全部款项的假象。

4. 恶意垒高借款金额

在借款人无力偿还的情况下，放款方会主动介绍其他假冒的"小额贷款公司"或个人，或者扮演其他公司与借款人签订新的虚高借款合同，以拆东墙补西墙的方式"缓解"借款人眼前的债务危机，进一步垒高借款金额。

5. 催收方式花样多

利用借贷过程中收集到的借款人个人信息资料及其亲朋好友个人资料，放款方会采取软硬兼施的策略不停"索债"。轻则发送逾期短信，拨打电话催款，联系贷款者家人、老师、同学，张贴大字报等，重则语言恐吓、强制带离、非法拘禁、殴打等，或者提起虚假诉讼，最终以达到侵占被害人或其亲属财产的目的。

（二）"校园贷"常见陷阱

1. 巧立名目收取高额手续费

贷款公司常常鼓吹贷款利率低，但实际上在借贷过程中常常设置"中介费""服务费""手续费"等其他名目收取高额费用，常常导致应偿还本金远高于实际获得贷款额。

以小张贷款 10 000 元为例，扣除"中介费""服务费""手续费"后，可能只剩下 9 000 元，再扣除所谓的"担保费"后，实际到手的可能只有 8 000 元。

2. 利用分期还款掩盖高利率真相

采用分期付款的方式，表面上看似减轻了个人的还款压力，但实际上掩盖了高利率的真相。同样以上述小张的案例为例。贷款 10 000 元，实际到手 8 000 元，分 12 个月还清，每月偿还 917 元，感觉还款额小、较划算，但实际偿还 11 000 多元。按照实际到手的费用是 8 000 元来计算，折合年利率已高达 37.5%。

3. 逾期还款后果非常严重

网贷公司只要在合同或电子授权上取得借款人的个人授权，一旦出现逾期还款，后果非常严重。一方面是扣除所谓的"保证金"；另一方面往往还会按天计算利息，并且实行复利计息或利滚利。本息连还严重超出还款人承受能力，导致债务偿还恶性循环，最终陷入"连环贷"的圈套。

（三）"校园贷"的危害

1. 背负沉重的经济负担

大学生的资金来源主要是家庭给予的生活费，还款能力有限，一旦因为借贷进入"拆东墙补西墙"的恶性循环中，将会面对高额本息还款压力。贷款公司会采取电话催还、上门催收等各种方式催款，使得欠款学生面临巨大的心理压力，根本无法安心学习和生活，甚至会引发极端事件。

2. 泄露个人信息

大学生在申请网络贷款的过程中，要向网络借贷平台提供自己的姓名、身份证号码、联系电话、银行卡账号、本人照片等个人信息，甚至还包括就读学校班级信息、辅导员信息、亲属的信息等。非正规网络借贷平台往往会滥用这些信息，甚至将个人信息作为商品进行贩卖，以致上述人员会经常接收到一些垃圾信息或者骚扰电话。如果此类信息被泄露给不法分子，还有可能会遭遇网络诈骗等不法侵害。

3. 滋生不良消费习惯

"校园贷"通常采用招收校园代理的方式实施推广，大力鼓吹超前消费。"校园贷"程序简单，贷款门槛也比较低，因此自制力较差的大学生很容易经不住诱惑，产生冲动消费，助长相互攀比的不良风气，逐渐养成无节制消费的习惯。

（四）防范"校园贷"

1. 树立正确的消费观，积极倡导理性消费

大学生应坚持树立正确的消费观念，自觉摒弃攀比心理，坚决抵制严重超出个人偿还能力的超前消费、过度消费等错误消费观念，努力养成艰苦朴素、勤俭节约的良好作风。积极倡导理性消费，克服虚荣心理，根据自身能力合理规划支出。

2. 坚决抵制非法网贷，遇到问题寻求帮助

不要轻易听信校园贷的各种推广宣传，不要怀揣侥幸心理，不充当非法网贷平台的宣传员，坚决抵制各类非法网贷行为。确因生活困难、学业、创业需要申请贷款的，应主动向家长或学校反映情况，征求父母、家人的意见，在家长或学校的帮助下通过正规渠道办理助学贷款等业务。

3. 一旦陷入非法校园贷，第一时间报警求助

如若不慎陷入"培训贷""回租贷""美容贷"等校园贷陷阱或遭遇其他民间借贷纠纷，保持冷静并积极面对。第一时间向学校、家长报告情况，拨打110向当地公安机关报案，寻求合法途径解决问题，维护自身合法权益。

五、防范帮信罪

帮信罪是指自然人或者单位明知他人利用信息网络实施犯罪，还为其提供互联网接入、服务器托管、网络存储、通信传输等技术支持，或者提供广告推广、支付结算等帮助，且情节严重的行为。

（一）帮信罪常见情形

（1）明知他人违法进行赌博游戏，仍为其提供玩家充值通道和支付结算业务，并按比例收取手续费的行为。

（2）行为人明知他人开办银行卡可能用于实施电信网络诈骗等犯罪行为，仍帮助其开办银行卡。这些行为比较常见，往往是违法犯罪分子要求行为人用自己身份证办理几张银行卡，并承诺办一张银行卡支付行为人多少费用。

（3）行为人明知他人利用信息网络实施犯罪，仍为其提供支付结算的帮助。这里常见的是行为人的上线实施违法犯罪行为，而行为人仍然为其提供支付结算业务。

（4）明知他人利用信息网络实施犯罪，仍为其提供互联网接入服务器托管、网络存储、通信传输等技术支持，比如常见的帮助微信解封行为。

（5）行为人通过租用服务器，安装偷盗软件在特定的计算机上，从而将其伪造成网吧的计算机，获取网络游戏中的特权服务。其行为违反国家规定，对计算机信息系统实施非法控制，情节严重者，构成非法控制计算机信息系统罪。另一行为人明知他人利用信息网络实施犯罪，仍为其提供技术支持，情节严重者，构成帮助信息网络犯罪活动罪。这种行为在近几年比较常见，因此而受骗的被害人也数不胜数。

 小知识

《中华人民共和国刑法》的相关规定

第二百八十七条之一规定，利用信息网络实施下列行为之一，情节严重的，处三年以下有期徒刑或者拘役，并处或者单处罚金：

（一）设立用于实施诈骗、传授犯罪方法、制作或者销售违禁物品、管制物品等违法犯罪活动的网站、通信群组的；

（二）发布有关制作或者销售毒品、枪支、淫秽物品等违禁物品、管制物品或者其他违法犯罪信息的；

（三）为实施诈骗等违法犯罪活动发布信息的。

单位犯前款罪的，对单位判处罚金，并对其直接负责的主管人员和其他直接责任人员，依照第一款的规定处罚。

有前两款行为，同时构成其他犯罪的，依照处罚较重的规定定罪处罚。

第二百八十七条之二规定，明知他人利用信息网络实施犯罪，为其犯罪提供互联网接入、服务器托管、网络存储、通信传输等技术支持，或者提供广告推广、支付结算等帮助，情节严重的，处三年以下有期徒刑或者拘役，并处或者单处罚金。

单位犯前款罪的，对单位判处罚金，并对其直接负责的主管人员和其他直接责任人员，依照第一款的规定处罚。

有前两款行为，同时构成其他犯罪的，依照处罚较重的规定定罪处罚。

相关司法解释

《最高人民法院 最高人民检察院 关于办理非法利用信息网络、帮助信息网络犯罪活动等刑事案件适用法律若干问题的解释》(法释〔2019〕15号)规定：

第十一条 为他人实施犯罪提供技术支持或者帮助，具有下列情形之一的，可以认定行为人明知他人利用信息网络实施犯罪，但是有相反证据的除外：

（一）经监管部门告知后仍然实施有关行为的；

（二）接到举报后不履行法定管理职责的；

（三）交易价格或者方式明显异常的；

（四）提供专门用于违法犯罪的程序、工具或者其他技术支持、帮助的；

（五）频繁采用隐蔽上网、加密通信、销毁数据等措施或者使用虚假身份，逃避监管或者规避调查的；

（六）为他人逃避监管或者规避调查提供技术支持、帮助的；

（七）其他足以认定行为人明知的情形。

第十二条 明知他人利用信息网络实施犯罪，为其犯罪提供帮助，具有下列情形之一的，应当认定为刑法第二百八十七条之二第一款规定的"情节严重"：

（一）为3个以上对象提供帮助的；

（二）支付结算金额20万元以上的；

（三）以投放广告等方式提供资金5万元以上的；

（四）违法所得1万元以上的；

（五）2年内曾因非法利用信息网络、帮助信息网络犯罪活动、危害计算机信息系统安全受过行政处罚，又帮助信息网络犯罪活动的；

（六）被帮助对象实施的犯罪造成严重后果的；

（七）其他情节严重的情形。

实施前款规定的行为，确因客观条件限制无法查证被帮助对象是否达到犯罪的程度，但相关数额总计达到前款第二项至第四项规定标准5倍以上，或者造成特别严重后果的，应当以帮助信息网络犯罪活动罪追究行为人的刑事责任。

第十三条 被帮助对象实施的犯罪行为可以确认，但尚未到案、尚未依法裁判或者因未达到刑事责任年龄等原因依法未予追究刑事责任的，不影响帮助信息网络犯罪活动罪的认定。

第十四条 单位实施本解释规定的犯罪的，依照本解释规定的相应自然人犯罪的定罪量刑标准，对直接负责的主管人员和其他直接责任人员定罪处罚，并对单位判处罚金。

（二）防范帮信罪

（1）加强大学生法治教育，针对"帮信罪"等大学生易从事的犯罪活动定期安排法治课，让大学生了解"帮信罪"的法律条款、犯罪要件、表现形式、特征和法律后果，在心中筑牢防线；发现大学生有借卡、卖卡等不良行为或倾向时，早介入、早干预、早矫正。

（2）金融机构、电信运营商也应在法治框架下，强化对银行卡、手机卡两卡开卡行为的审核，既维护申办者的合法权益，又切断非法开办两卡的通道，最大限度地压缩相关不法行为的空间。相关部门还应进一步完善征信机制，将借卡、卖卡等违法违规信息记录到个人征信系统，对有诚信污点行为人的两卡开办、银行卡转账、网络账户交易等进行严格监管。

（3）大学生要擦亮眼睛，树立法治思维，在心中绷紧遵规守法的弦，不为蝇头小利所惑，不被犯罪话术欺骗误导，不被电信网络犯罪分子利用。

拓展阅读

典型诈骗案例汇总

骗术1 冒充公检法人员诈骗

【诈骗手法】 犯罪分子大多冒充公安、检察院、法院等部门工作人员，打电话给受害人，声称受害人的身份被冒用或者涉嫌经济犯罪，要求配合司法机关工作，诱骗对方将钱财转到犯罪分子提供的所谓"安全账户"。

【警方提醒】 接到疑似冒充司法机关工作人员的诈骗电话或短信时，要注意核实对方身份，不要随意透露自己的身份信息、银行账号及密码。尤其是对方要求向指定账户转账时，应第一时间告知家属商量解决或咨询公安机关。司法机关不可能提供"安全账户"，更不会指导转账、设密码。

骗术2 冒充110电话诈骗

【诈骗手法】 犯罪分子通过非法渠道收集到市民群众的个人资料，利用"改号软件"等将来电显示号码修改成"区号+110"或者公安机关的其他办公电话，冒充公安机关工作人员，打电话给受害人，谎称其在某地有案底或涉案等，要求受害人协助调查，伺机套取受害人个人信息进而骗取钱财。

【警方提醒】 公安机关绝不会通过110拨打群众电话办案，不会通过电话或短信的形式要求转账。接到类似电话，千万不能随意向陌生人透露个人信息包括银行账号，更不可轻易往对方账户内转账汇款。遇到可疑情况，可及时拨打110向公安机关咨询、报案。

骗术3 "办理高额信用卡"诈骗

【诈骗手法】 犯罪分子通过手机短信、电子邮件等发布可办理高额信用卡的广告，一旦事主与其联系，犯罪分子便以办卡须交"手续费""中介费""保证金"等形式要求事主连续转账实施诈骗。

【警方提醒】 信用卡的申请和使用关系到个人切身利益，如有需要一定要到正规的银行办理，切莫贪图便利或轻易相信他人而泄露个人信息。且办理信用卡时留下的联系号码务必是自己的手机号码，不能留下他人的电话号码，谨防落入犯罪分子设下的陷阱。

骗术4 "我是你老公女朋友"诈骗

【诈骗手法】 犯罪分子利用一些人的猎奇心理向市民群众发送"我是你老公女朋友，你自己看看你老公在外面都做了些什么事"等类似链接，一旦点击链接，手机上绑定的各种账户和密码就会被盗。

【警方提醒】 收到陌生号码发来的短信，一定不要点开里面的网址链接，也不要安装不安全的软件。一定要保持清醒，通过正确的渠道核实人物信息、事情真伪，避免上当受骗。

骗术5 "10086积分兑换现金"诈骗

【诈骗手法】 犯罪分子利用伪基站向广大群众发送"你的网络密码器失效""10086移动商城兑换现金"等链接，事主一旦点击链接后便在其手机上种植获取银行账号、密码和手机号的"木马"程序，从而进一步实施犯罪。

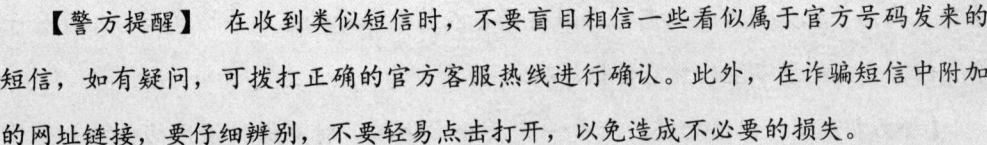

【警方提醒】 在收到类似短信时，不要盲目相信一些看似属于官方号码发来的短信，如有疑问，可拨打正确的官方客服热线进行确认。此外，在诈骗短信中附加的网址链接，要仔细辨别，不要轻易点击打开，以免造成不必要的损失。

骗术6 "购车、房退税"诈骗

【诈骗手法】 犯罪分子冒充税务、财政、车管所工作人员拨打事主电话，称"国家已经下调购房契税""符合新能源汽车补贴"等让事主提供银行卡号并直接通过ATM机转账退还税款。当事主到ATM机时，犯罪分子让事主按照其电话指示操作，乘机划走事主的钱款。

【警方提醒】 税务、财政等部门对消费者进行退税的时候都会通过电视、报纸等权威媒体发布公告，根本不存在电话指示操作退款的情况。对于存在疑问、难辨真伪的信息，市民群众可拨打110求助咨询或到相关部门当面求证，谨防上当。

骗术7 "热门娱乐节目中奖"诈骗

【诈骗手法】 犯罪分子拨打受害人手机或发送短信，以其手机号在某知名公司或娱乐节目摇奖活动中中奖为由，利用受害人的贪利心理，诱骗受害人将所谓"手续费""个人所得税"汇款至其提供的账户。

【警方提醒】 预防中奖诈骗，最重要的是确定是否主动参加过此类活动。一般所谓"随机抽取""先交手续费或保证金再领奖"等多是诈骗。若实在拿不准的，可到活动发起单位当面核实，谨防上当受骗。

骗术8 "法院传票"诈骗

【诈骗手法】 犯罪分子假借法院名义，打电话通知市民群众"出庭应诉"。此类诈骗电话一般打到当事人家中或单位的固定电话，要求接电话的当事人领取诉讼传票。电话内容由一段电话录音播出，并指示当事人按电话键进入下一级内容。进入下一级后，对方先以事主涉案为由进行恐吓，再以提供"公证账号"为由，要求当事人将名下存款转入其提供的诈骗账户。

【警方提醒】 司法机关在执法过程中会当面咨询当事人，并携带相关的法律文书等办理相关手续，绝对不会在电话中向当事人索要银行账号、密码，所以请大家务必提高警惕。

骗术9 网络交友诈骗

【诈骗手法】 犯罪分子通常扮演成有经济实力、事业有成的成功人士，借助婚恋交友网站登记虚假征婚信息，在取得受害人的电话号码等联系方式后，犯罪分子会用甜言蜜语迷惑事主，然后借机诈骗。

【警方提醒】 网络交友、恋爱一定要小心谨慎，时刻保持清醒的头脑和警惕心理，不要轻信陌生人的甜言蜜语；不要随意透露个人、家庭信息及财产收入等情况；不要随便给对方买贵重物品；更不要轻易借钱给对方，以防上当受骗。

骗术 10 盗用 QQ 借款诈骗

【诈骗手法】 犯罪分子通过黑客手段盗用受害人 QQ 后，分别给其 QQ 好友发送借款信息进行诈骗，有的甚至事先和 QQ 使用人进行视频聊天，获取使用人的视频信息，在实施诈骗时播放事先录制的视频，以获取其 QQ 好友的信任。

【警方提醒】 此类诈骗犯罪分子利用亲友间相互信任、警惕性不高的心理诈骗财物，迷惑性较大。凡涉及钱物，一定要先核实对方身份信息。

骗术 11 贷款信息诈骗

【诈骗手法】 犯罪分子群发提供低息甚至无息贷款信息。当事主与其联系时，就会被要求向指定账户汇入"验资款""手续费"，或索要事主银行账户，再层层设套，窃取事主银行账户密码，通过网上银行将存款迅速转走。

【警方提醒】 无担保的贷款业务是不符合常理的，若看到贷款无须担保、抵押等类似广告宣传，千万要提高警惕，以避免造成不必要的钱财损失。若要办理贷款业务请到银行等国家正规金融机构，以免上当受骗。

骗术 12 冒充公司老总诈骗

【诈骗手法】 犯罪分子通过搜索财务人员 QQ 群，以"会计资格考试大纲文件"等诱饵发送木马病毒，盗取财务人员使用的 QQ 号码，并分析研判出财务人员老板的 QQ 号码，再冒充公司老板向财务人员发送转账汇款指令。

【警方提醒】 财务工作人员凡收到要求转账、汇款的信息、电话，一定要提高警惕，核实对方身份后，严格遵循财务规章进行资金操作。且应保护好自己的个人信息，以防各类针对性的诈骗犯罪。

第三章

网络与信息安全

 学习目标

1. 了解影响网络安全的主要因素及网络安全现状
2. 了解网络犯罪的特征以及大学生网络犯罪的主要表现形式
3. 明确沉迷网络游戏的危害
4. 学会健康上网，安全使用网络

知识导图

网络与信息安全
├── 大学生网络安全概述
│   ├── 大学生网络安全存在的问题 —— 网络安全意识淡薄、网络不良信息的负面影响大、网络道德失范
│   ├── 网络违法行为 —— 网络违法行为的特征、大学生网络违法的表现形式、预防网络违法的方法
│   ├── 网络社交安全 —— 垃圾邮件、网络交友
│   ├── 网络购物安全 —— 网络购物陷阱、网络购物陷阱的预防
│   └── 防范沉迷网络 —— 网络综合征、沉迷网络的危害、防范沉迷网络
└── 个人信息安全
    ├── 个人信息安全概述 —— 个人隐私、个人信息安全存在的问题
    └── 保护个人信息安全 —— 个人信息的立法保护、保护个人信息安全的常用技巧

第一节 大学生网络安全概述

2019年12月,小南(化名)发现"翻墙"软件有较大市场需求。为牟取非法利益,他从他人处获得某VPN"翻墙"软件的代理权限。之后,小南利用社交平台推广该VPN"翻墙"软件,开发注册账号售卖给客户,还设置了包年、包季、包月三种套餐,先后吸引了数百人购买。2021年下半年,小南在公安机关一次网络安全专项行动中落网。经查,截至案发,小南共计提供VPN"翻墙"服务297人次,非法获利1.2万余元。钱塘区检察院经审查后以涉嫌提供侵入、非法控制计算机信息系统程序、工具罪对小南依法提起公诉。

2022年2月25日,法院对该案作出判决,采纳了检察机关的全部指控意见,小南被判处有期徒刑三年,缓刑三年六个月,并处罚金1.5万元。"我太缺乏法律意识了,只想着赚钱容易一点,没想到会犯罪……"小南在法庭上流下了悔恨的泪水。

2023年3月,中国互联网络信息中心在京发布第51次《中国互联网络发展状况统计报告》。《报告》显示,截至2022年12月,我国网民规模达10.67亿,较2021年12月增长3 549万,互联网普及率达75.6%。互联网已成为人们日常生活中不可或缺的一部分。互联网为使用者提供了极大的便利,提高了工作效率,深刻地改变了人们的生活方式、工作方式和学习方式,逐渐成为最重要的信息平台、交流工具、消费平台。但网络是一把"双刃剑",它给许多人带来方便的同时,也在危害着相当一部分人,尤其是学生群体。网络具有开放性、隐匿性、虚拟性等特点,这给监管造成了很大的困难,由此产生了一系列的网络安全问题。大学生进入校园,离开父母独立生活,部分大学生由于法律意识淡薄,心理不成熟,自制能力差,在网络世界里迷失了自我,出现不文明、不健康、不道德的网络行为,甚至演变为网络犯罪。因此,加强大学生网络安全教育非常必要。

一、大学生网络安全存在的问题

（一）网络安全意识淡薄

大学生在浏览各类网站，使用社交软件、电商平台等网络工具，或者是网上求职时，随意输入姓名、性别、年龄、电话号码、学校和家庭住址、照片等个人隐私信息，或者银行账号、第三方支付平台账号、重要社交网站账号、邮箱账号、银行卡号和密码等财务账号信息，可能会导致个人信息在网络中传播，从而被人收集利用，成为安全隐患。一些不法商家会利用这些信息，向用户推送大量垃圾信息和广告，而且还有可能为犯罪分子实施诈骗提供便利。另外，一部分大学生还会注册随意下载的 App、连接公共网络（无密码网络）、点开不明来源的支付链接（支付页面）进行网络支付，这些都是网络安全隐患。

（二）网络不良信息的负面影响大

大学生处于"三观"形成的关键阶段，信息辨别能力不强，容易受到网络不良信息的影响。虚假信息、情绪宣泄、极端言论、色情暴力、低俗文化、拜金主义、享乐主义、极端个人主义等网络负面信息，一定程度上遮蔽了事实真相和正面信息，弱化了主流价值观和主流媒体的影响力，污染了积极健康的文化氛围和舆论环境，对大学生价值观造成强烈冲击。

> **小知识**
>
> **网络不良信息的类型**
>
> 互联网信息良莠不齐，那些不良信息，可能会给人和社会带来不可预期的危害。分析网络的不良信息，其类型如下：
>
> 1. 散布政治谣言的不良信息
>
> 一些西方国家的敌对势力和国内外有政治偏见的人通过网络散布的没有事实依据的政治生活方面的信息。
>
> 2. 煽动民族分裂的不良信息
>
> 国内外极端民族主义者和少数民族分裂主义者通过互联网散布的以引起国内民族纠纷、伤害民族感情为目的的信息。

3. 传播邪教思想与封建迷信思想的不良信息

这类信息分为两部分：一部分是非法邪教组织通过互联网上自己的网站传播邪教思想的信息；一部分是一些网站散播的封建迷信思想。

4. 渲染暴力等不良信息

这些信息宣扬暴力，肯定侵犯他人人身自由、尊严、财产等权利的暴力行为，鼓吹"强盗逻辑"。

5. 宣传色情内容的不良信息

由于网络信息传播的便利性、隐蔽性，互联网上充斥着各种各样的"黄色垃圾"。这些色情信息包括三部分：一是以营利为目的的色情传播机构设立的网站通过网络公开发布的各种色情信息，包括文字、图片以及视频；二是一些心理不健康者建立的BBS论坛、聊天室等散布和交流的各种色情信息；三是一些不法分子通过E-mail向他人散布的含有色情内容的信息。

（三）网络道德失范

网络世界是现实世界的延伸，是虚拟世界和现实世界交织的双重空间。网络空间的开放性、隐匿性和虚拟性，使得人在网络中有了比现实世界更大的自由度，弱化了传统道德规范的约束力，导致网络道德失范现象频发，从而影响了正常的网络秩序和舆论环境。网络道德失范主要表现在以下几个方面。

1. 网络用语不文明

网络用语不文明是当前网络道德失范中非常明显的表现。网络的虚拟性使一部分人错误地认为不必对自己在网络上的行为和言论负太多的责任。在网络聊天室、交友网站、论坛、游戏平台、视频平台等各类网络交流平台上，网友之间说话有时候会无所顾忌，时常出现语言暴力、不文明网络用语，放大了网络的负面作用。

2. 网络谣言

网络谣言是指通过网络介质（例如微博、国外网站、网络论坛、社交网站、聊天软件等）传播的没有事实根据的传闻。网络谣言主要涉及突发事件、公共卫生领域、食品药品安全领域、政治人物等。由于网络传播快、范围广，网络谣言的危害也更大。

【典型案例】2023年3月湖南某大学发生了一起性质恶劣的造"黄谣"事件。湖南某大学何某某在一些网络平台散播受害人（两人是初中同学，社交平台好友）头像打码的不雅照片，当他人向何某某索要正脸照时，何某某收取费用，为自己谋私利。相关部门已经做出行政处罚，该大学依校规对何某某给予了开除学籍处分。

【案例简析】网络不是法外之地，网络造谣同样会受到应有的处罚。大学生应合理合法使用网络。

二、网络违法行为

大学生在上网的时候要时刻保持清醒的头脑，警惕各种形式的网络犯罪，不要受一些非法言论的蛊惑；即使在虚拟的空间也要遵守道德规范，文明上网。网络犹如一把"双刃剑"，它的迅速发展，在为人类社会提供现代化高质量生活的同时，也带来了网络违法的问题。

小知识

"熊猫烧香"肆虐网络，"计算机天才"玩火自焚

"熊猫烧香"病毒是继CIH病毒之后危害中国最严重的病毒，国内数家权威病毒监测机构将其列为十大病毒之首。据有关专家介绍，它是一种用Delphi工具编写的蠕虫病毒，用户被感染之后，可执行文件的图标全部被改成一只熊猫手捧三支香的新图标，"熊猫烧香"因此得名。这一病毒能中止大量的反病毒软件和防火墙软件进程，并可以通过网页浏览、局域网共享及U盘等多种途径快速传播，受感染的计算机会出现蓝屏、频繁重启以及系统硬盘中数据文件被破坏乃至被删除等现象。

"熊猫烧香"病毒自2006年12月初开始暴发，到2007年1月中旬，据初步统计，其病毒变种数已有90多个，国内多家门户网站被植入这种病毒，个人用户感染者已高达几百万，引起互联网上一片恐慌。

2007年1月24日，湖北省仙桃市公安局对"熊猫烧香"案正式立案调查。1月31日，公安部抽调精干技术力量指导办案。2月3日，仙桃市警方在武汉市抓获病毒制造者李俊。此后十天内，王磊、张顺、叶培新、王哲、雷磊五名涉嫌贩卖传播病毒的骨干分子被全部缉拿归案。

（一）网络违法行为的特征

网络违法是指利用网络或网络技术进行的各种违法行为。它既包括对网络实施的违法犯罪，如非法入侵和破坏信息网络系统等，也包括利用网络实施的违法行为，如利用网络进行盗窃、诈骗等。网络违法行为有以下特征。

1. 违法主体专业水平较高

网络违法主体专业水平较高是其区别于传统违法的一个最显著特征。网络系统都很注重网络安全问题，为网络提供了严密的安全防范措施，要破解安全系统侵入计算机，必须具有较高的专业水平。因此，实施网络违法行为的人往往智商较高，很多是利用计算机、网络的高手。

【典型案例】大学生闫某出生于四川的一个小山村，父母均为本分的农民。闫某在学习计算机方面很有天分也很努力，他在大一的时候就自学完成了本科阶段的所有计算机课程，并多次获得省里及全国计算机比赛大奖，大三时就已经是高级软件开发工程师。一次偶然的机会，他在对所就读的学校教务管理系统进行扫描时发现该系统存在漏洞。在好奇心的驱动下，闫某通过系统漏洞下载了学校教务管理系统数据库中的数据，并用自制的小工具轻而易举地破译了密码，取得了系统管理员权限。为获取更多的数据样本撰写修复漏洞报告，闫某对十余所高校的教务管理系统进行了同样的操作，并获取了管理员权限。临近毕业时闫某来到某知名软件公司实习。由于生活成本陡然增高，而实习工资少得可怜，在生活的压力下，闫某想到了那个存在漏洞的高校教务管理系统。"有没有挂科的同学需要改成绩？想改成绩的同学私聊。"闫某先后在十余所高校的贴吧、QQ 群里发出改成绩的帖子。很快，一名学生就回应了。最终，闫某以每科 300 元的价格帮该学生把三科不及格的成绩改成了及格。为逃避监管，闫某在网上购买了一个用户名为李某的支付宝账号，让对方把钱打入这个账号后，再把钱转入自己的支付宝账户套现。后来，想修改成绩的人越来越多。在金钱的刺激下，闫某把法律法规抛在脑后，叫价也越来越高。后据警方统计，仅在某职业技术学院，闫某就非法帮助 24 名学生在教务管理系统中修改了成绩。

经过对用户名为李某的支付宝账号进行鉴定，闫某的非法所得数额为 4.8 万余元。最后经检察院提起公诉，闫某因犯破坏计算机信息系统罪被法院判处有期徒刑五年。

【案例解析】 大学生应当增强自己的网络道德意识，通过学习，自觉地树立网络尊重意识、责任意识、自律意识和安全意识，培养自己的健全人格和网络道德，把网络当成学习的工具，而不是获取不良信息的途径和实施违法犯罪行为的对象和工具。同时，大学生应该增强自己的辨别能力，通过学习使自己成熟起来，不被网络的不良信息浸染，自觉抵制诱惑。

2. 违法手段的隐蔽性

网络是个"虚拟世界"，绝大多数上网者是以匿名方式进行网络活动的，这给网络违法提供了极为便利的条件。网络违法不受时间、地点限制，没有特定的现场和客观表现形态，作案时间长则几分钟，短则几秒，具有很强的隐蔽性。

3. 严重的社会危害性

随着计算机技术的不断发展，从国防、电力到银行、通信都已实现数字化、网络化、信息化、无纸化，人们的日常工作、生活对网络的依赖程度越来越高，因此网络违法所造成的后果也越来越严重，对社会的危害性也越来越大。

4. 时空的广域性

网络最突出的特性就是打破了传统的地区、国家的界限，使信息传递范围大为拓宽。也正是这一没有传统地域疆界的"虚拟世界"，为网络违法行为的实施提供了广阔的空间。

（二）大学生网络违法的表现形式

1. 侵犯知识产权

许多大学生存在侵犯知识产权行为。例如未经有关权利人授权，利用网络复制，发布他人原创文章等行为。

2. 损害他人名誉

网络的快捷使得对他人信息资料的收集和利用越来越方便，在网络上发表不实言论，侵犯他人合法权益，损害他人名誉的行为时有发生。

3. 侵害公私财产

网络自身存在的缺陷和漏洞，为网络犯罪提供了可乘之机。有的大学生利用网络窃取他人的信用卡资料、上网账号供自己进行网上购物等个人消费活动；有的大学生利用网络窃取游戏账号、股票资金账号及密码等，对账户上的积分、资金进行消费或转移，对股票低抛高购，无视给他人造成的经济损失。

4. 利用网络散布反动言论，危害国家安全

大学生思想活跃，富有朝气，但尚未树立成熟的世界观、人生观和价值观，对网络信息文化判断能力较弱，易受某些反动政治观点的影响，往往在不经意间成为反动言论的传播者。比如对一些敏感、新奇的话题进行转发、讨论等。有的大学生不能正确看待社会发展中存在的一些矛盾及问题，对社会、学校或他人产生不满情绪，在网上进行反动宣传活动。

（三）预防网络违法的方法

1. 提高审美素质，增强抵御恶丑的能力

大学生应努力提高人文素质修养，正确认识网络文明的内涵，崇尚科学、追求真理，在主观思想上建立起一道防线，以抵制网络上一些虚假、反动、消极的内容对自己精神上的侵蚀。增强网络文明意识，使用文明网络语言，在无限宽广的网络天地里倡导文明新风，营造健康的网络使用环境。

2. 加强网络法制知识学习，增强法制观念

大学生网络犯罪的高发率在很大程度上与自身法律意识淡薄有关，仅仅为了好玩，出于好奇，想尝试或证明自己的水平而无意中实施了网络犯罪行为的大学生大有人在。为此，作为大学生，应加强网络法制知识学习，增强法制观念，明白网络犯罪虽然与普通犯罪有所不同，但其本质都是对公共安全、公众权益的侵害，都是触犯法律的行为，网络的虚拟空间也是受现实法律规范约束的。

3. 加强网络道德自律，增强网络道德意识

在网络世界，应识别和抵制网上的黑色、黄色和灰色信息，主动选择有积极意义的信息，体会网络文明带来的正面效应。作为大学生，应树立正确的价值观、人生观、道德观，自觉遵守《高等学校计算机网络电子公告服务管理规定》，上文明网，文明上网，科学上网，不登录非法网站，不散布、传播谣言。要善于网上学习，不浏览、发布

不良信息；要诚实友好交流，不侮辱、欺诈他人；要尊重他人隐私，不散布虚假言论；要恪守网络道德，不扮演"黑客"角色；要增强自我保护意识，不随意约会网友；要增强辨别能力，不轻信网上流言。

三、网络社交安全

（一）垃圾邮件

1. 垃圾邮件的产生

垃圾邮件可以说是互联网带给人类最具争议性的副产品，它的泛滥已经使整个互联网不堪重负。妖言惑众、骗人钱财、传播色情等内容的垃圾邮件，已经对现实社会造成危害。

2. 垃圾邮件的预防

（1）不要响应不请自来的电子邮件或者垃圾邮件。

（2）不要把邮件地址在网络页面上到处登记。

（3）不要登录并注册垃圾邮件列表中有自己名字的站点。

（4）不要把邮件地址告诉给不熟悉的人。

（5）不要订阅不健康的电子杂志，以防止被垃圾邮件收集者收集。

（6）谨慎使用邮箱的"自动回复"功能。

（7）发现收集或出售电子邮件地址的网站或消息，请告诉相应的主页提供商或主页管理员将你删除，以避免邮件地址被他们利用。

（8）建议用专门的邮箱进行私人通信，而用其他邮箱订阅电子杂志。

（9）不要轻易泄露自己的ISP信箱地址。如果不得不留下邮箱地址以方便其他网友与自己联系，可以采取一些变通的方式。如将 my name@123.com 写成 my name#123.com，这样网友会明白你的意思，而E-mail地址收集软件会将其视为非法地址而放过你。

（10）使用好邮件软件的管理功能。网民们常用的Outlook Express和Foxmail都具有很不错的邮件管理功能，可实现邮件的过滤。

（11）使用专业的垃圾邮件清除软件。

（二）网络交友

1. 网络交友危机

互联网的出现拓展了人们的交往空间，也因此改变了某些人的交友方式。但是，一些人迷恋于在虚无缥缈的网上世界结识自己的"朋友"或"知己"，在未曾谋面、根本不了解对方的情况下便敞开心扉，无所不谈，将自己的隐私、家庭住址、家人情况等毫不隐瞒地告诉网友，甚至邀请其见面或到家做客。在网络的另一端，有时虽连接的是友情，有时却可能连接着危险。因此，网上交友陷要慎之又慎。上网与他人交往时一定要有戒备之心，切莫轻信他人。

2. 网络交友危机预防

（1）不要乱发征友广告。网上的交友网站很多，有些是色情类的，上这些网站交友的人要找的不是朋友而是别有用心，因此请小心选择，不要糊里糊涂就发出一个征友广告。

（2）增强个人隐私信息的自我保护意识。填写注册信息时，除了网站要求公开的基本个人信息外，为了安全，请不要在通信过程中泄露任何真实的隐私信息。需要注意保护的信息有真实姓名、住宅电话、手机号码、办公电话、家庭住址以及任何可能让他人直接找到你的信息。

（3）对试图得到私人信息的人保持警惕。如果有人不停地向你索取私人通信方式，或者主动提供微信，此时一定要保持冷静，慎重对待这种局面，并做出理性选择。

（4）勿和网友发生借贷关系。社会新闻中常常看到被网友骗取财物的事件，切勿和网友产生经济往来。哪怕给比较熟悉的网友借钱，也务必留下凭据，以免发生不愉快的事情。

（5）不要轻易与网友见面。如果一定要见网友，务必注意以下几点：

①大多数的网友被侵害案件，均发生在双方认识三个月以内。也就是说，尽量不要与刚认识不久的网友见面。如果对方真的尊重你，不会没有耐心。

②在确认对方身份之前，一定不要见面。

③不要选择偏僻或人少的地方作为见面地点。

④事先告诉你的好友或家人，你要见的人的名字、电话，还有见面的地点，以及预计回来的时间。

⑤只带零花钱,不要带大量现金及银行卡在身上。

⑥在充分了解对方之前,不要告诉对方你的详细住址。

⑦与网友见面过程中,如果发现不对劲,立即乘车离开或进入人多的地方。

⑧控制首次约会的时间,坚持自己回家。掌握好首次约会的时间是非常明智的,不要忘记早些回家,让家人放心。

四、网络购物安全

(一)网络购物陷阱

随着电子商务在我国的迅速发展,网络消费已经十分普及,但存在的陷阱也比比皆是。

(1)有的购物网站中,东西看着便宜,但买到手时算算总账,加上运费,就不像想象中那么划算了。有些网站的标价动辄5折,甚至3折,其实所标的原价都比实体店的贵;而对大家耳熟能详、对价格比较清楚的产品标很低的价位,会给人造成这个网站非常便宜的假象,这就是网购陷阱。其实多数商品标价并不低,甚至还会超出实体店折后价,总账算下来,消费者购买不划算。

(2)夸大其词、虚假宣传。利用巨额奖金或奖品诱惑消费者浏览其网站,攒积分换取奖品。攒积分的方法有注册网站、浏览网站、介绍下线等,但其奖品最终还需要钱买。

网页上显示购买商品有赠品,但消费者拿到商品时发现赠品缺失或与宣传不符。千万不要被表面现象迷惑。

(3)网购时使用信用卡的比例比较大,容易出现信用卡被盗用、财产损失的问题。

(4)有些网站采取格式化契约条款,给消费者提供的选项只是"同意"和"不同意",至于契约中的详细内容,是否存在不合理条款,消费者并不清楚。这种网购陷阱经常出现在我们面前,一定要仔细阅读条款,以免掉入网购陷阱。

(5)商家对网上售出的商品不承担"三包"责任。这样很容易出现东西损坏、丢失,到时候就得不偿失了。

(6)给卖家汇款后,根本找不到卖主,这样我们的钱就丢了。因此,在买东西前一定要仔细核查卖主的信息,以免掉入这个网购陷阱。

（7）C2C的拍卖网站人气很旺，对于个人卖家，更要多加留心。千万不要被这些小诱惑吸引，否则很容易掉入网购陷阱。

（8）多数网站未给消费者提供足够信息。没有退换货说明、未建立隐私保护对策的网站，最好还是少去。

（9）买到的商品不能让人满意，如网店的图片有时候看起来很漂亮，拿到实物却又不一样，这是因为上传到网上的图片都是经过处理的。这个网购陷阱不是很明显，因此在购买东西时一定要看评价。

（二）网络购物陷阱的预防

1. 预防低价陷阱

"第二件半价""特价"及"最低价"等字眼是最常见的，实际上这恰恰是消费者最容易上当的地方，因此购物前可查看该商品的历史交易价格，防止跌入价格优惠打折陷阱。

2. 预防宣传陷阱

相信不少消费者都有类似的网购经验，寄来的商品和网页展示的美美的图片相差甚远，因此建议向展示实物图的商家购买，或者购物前索取实物图。

3. 预防钓鱼陷阱

"双十一"期间，很多曾经网购的消费者会收到商家发送的促销信息，不少可直接点击网址进入查阅。为避免误入钓鱼网站，应进入网店的官方网站、App查阅信息。

4. 预防定金陷阱

不少商家会以交订金可在"双十一"当天享受低价的方式吸引消费者提前交纳订金，并注明订金不退。在此提醒消费者，交订金前要货比三家，别冲动消费。

5. 预防海外代购陷阱

海外代购存在一定风险。如确需海外网络代购，消费者除选择知名度较高的第三方网络交易平台和可靠的支付方式进行交易外，还可要求代购人提供购物凭证、收银单据、真实联系方式等，并保留邮寄凭证，以备查询。

6. 预防虚假发货陷阱

遇到此类问题消费者应及时咨询了解，临近系统自动确认收货时应要求商家延期确认收货或取消订单，以免钱到卖家手，货却没收到。

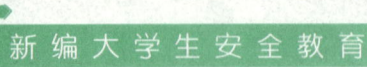

7. 提早做好购物准备

网购前要考虑自己的实际需要,千万不要因为促销低价而购买。收货时当场开箱查验,特别是代收货款的交易,一旦发现问题,应立即联系商家并拒收商品。

五、防范沉迷网络

(一)网络综合征

网络综合征是由沉迷网络而引发的各种生理、心理障碍的总称。其主要表现为无节制地上网、对其他事情提不起兴趣,生物钟紊乱、食欲下降、思维迟钝,不愿意与他人交往等。

网络综合征的判断标准

(1)你是否觉得网络已占据了你的大部分时间?

(2)你是否觉得只有不断增加上网时间才感到满足,从而使得上网时间比预定时间长?

(3)你是否无法控制自己上网的冲动?

(4)当无法上网时,你是否会感到烦躁不安或情绪低落?

(5)你是否将上网作为解脱痛苦的唯一办法?

(6)你是否对家人或亲友隐瞒迷恋互联网的程度?

(7)你是否因为迷恋互联网而面临失学、失业或失去朋友的危险?

(8)你是否在支付高额上网费用时有所后悔,但第二天仍然忍不住要上网?

如果你有四项以上表现,并已持续一年以上,就表明你可能已经患上了"网络综合征"。

(二)沉迷网络的危害

1. 消磨意志,自控力下降

网络的过度使用,使大学生对网络产生了强烈的依赖心理,特别是网络游戏中的冒险刺激、网络交友中的轻松自如、网络不良内容的诱惑，使大学生逐渐对学习和生活失去兴趣，导致学业荒废。

【典型案例】22岁的小尹是某高校计算机专业大四的学生。高中时代的小尹学习勤奋，在当地以前几名的成绩考入大学，在读大一时成绩仍然非常好。可自从大二买了笔记本电脑接触到网络游戏后，他的成绩便一落千丈，几年来有好几门功课不及格，英语四级考了三次还不能通过。在找工作时，因为没有过英语四级，专业成绩差，小尹四处碰壁。

【案例简析】网络只是一种媒介和工具，它对人与社会的作用取决于人们如何使用它。大学生可以用它扩大交往、了解世界，同时也可能被网络游戏或其他不良网络信息吸引，沉迷其中荒废了学业。

2. 身体素质越来越差

对互联网虚拟世界的沉迷，使大学生的生物钟紊乱，作息极其不规律，同时由于长时间久坐在计算机前受辐射的影响，身体健康也受到损害。久而久之，身体素质越来越差，严重的还可能因此患上疾病。

3. 人际交往能力减退

大学生对网络的依赖性越来越强，他们的人际交往能力有可能因上网成瘾而降低，形成不切实际的自我意识，导致严重的社会交流障碍，对亲情和社会冷漠等。

4. 价值观念的模糊和道德观念的淡化

大学生正处于人生观和价值观的形成阶段，好奇心强，自制力弱，极易受到异化思想的冲击。网络既是一个信息的宝库，也是一个信息的垃圾场，各种信息鱼龙混杂，网络上的不良信息极易使大学生的人生观、价值观模糊、扭曲。

如何戒除网瘾

（1）不要把上网作为逃避现实生活问题或者消极情绪的工具。

（2）上网之前先定目标。每次用两分钟时间想一想你上网的目的是什么，把具体要完成的任务列在纸上。不要认为这两分钟是多余的，它可以为你节省的可能不

止60分钟。

（3）上网之前先限定时间。看一看你列在纸上的任务，用一分钟估计一下大概需要多长时间。利用闹钟或提醒软件控制上网时间。

（4）正视沉迷网络的危害。沉迷网络，会使人迷失、自我封闭，与现实世界产生隔阂，严重影响学习，甚至可能中断学业。久而久之，还会影响正常认知、情感和心理定位，导致人格的偏离，甚至发生不可设想的后果。

（5）以新代旧。在戒除某种习惯时，这种习惯仍有很大的诱惑力，这是正常的心理现象。上网成瘾或者正在戒除网瘾者，要注意培养新的爱好和兴趣，要多参加一些自己喜欢的活动，多做一些自己感兴趣的事情，用新的有益身心健康的兴趣代替上网。

（6）科学合理地安排上网时间。每周最多5次，每次上网的时间不超过2小时，且连续上网1小时后应休息15分钟。

（7）寻求别人的支持和帮助戒除网瘾。寻求别人的支持和帮助非常必要，这种支持可来自同学、老师、朋友和家庭。先向他们说明自己的计划，请他们监督；当网瘾出现时，请他们及时提醒，帮助自己克服。

（三）防范沉迷网络

防范沉迷网络应注意以下几个方面：

（1）加大对沉迷网络危害及文明上网益处的宣传；

（2）加大对违法营业性网吧的打击力度；

（3）学校应开展指导大学生文明上网的讲座等活动，加强正确引导；

（4）家庭应进行必要的监督和引导；

（5）大学生要增强自我保护意识，提高自制力。

防止大学生沉迷网络，大学生自身是关键。首先，大学生上网的目的应该是更好地学习科学文化知识，避免形成网络消遣心理。其次，网络是新生的事物，大学生应该在教师的指引下去探索网络知识，不要盲目，以免取其糟粕而去其精华。最后，那些性格内向的大学生应该迎难而上，以积极的心态去克服自卑、敏感等不合群心理，避免采取不当的情绪排解方式，如玩网络游戏。

拓展阅读

有5类孩子最易染上"网络综合征"

1. 学习失败的孩子

由于家长、老师对孩子的期望过于单一,学习成绩好成为孩子成就感的唯一来源,所以一旦学习失败,孩子们就会产生很强的挫败感。但是在网络游戏中,他们很容易体验成功感,因为闯过任何一关都可以得到"回报",这种成就感是他们在现实生活中很难体验到的。

2. 学习成绩特别好的学生

不少本来学习成绩特别好的学生,在升入更好的学校后,无法再保持原有的名次和位置。这时,他们就会对"努力学习"的目的产生怀疑。因为按照老师和父母的逻辑,学习是为了"上大学—找到好工作—挣钱"。当他们失去了"名次""位置"等学习的内在动力后,就无法再认同老师和父母的逻辑了,因为即使不学习也可以从父母那里得到钱。于是,一些人就开始迷恋网络。其实,这些孩子依赖网络的根本原因是其本身没有形成正确的学习观。

3. 人际关系不好的孩子

许多学生虽然成绩不错,但是性格内向、猜忌心强、心眼小,人际交往能力有所缺失。他们在碰到人际关系问题时,常选择沉迷于网络而不是及时解决问题,希望通过上网来逃避现实。为此,他们的学习和生活常受到严重影响。

4. 家庭关系不和谐的孩子

随着离婚率的升高,社会上的"问题家庭"逐渐增多。"问题家庭"中的孩子往往在家里得不到温暖。但是在网络上,他们提出的哪怕是一点儿小小的请求,都可能得到不少人的帮助。这种现实生活与虚拟世界之间的人文关怀的反差,很容易让"问题家庭"的孩子"躲"进网络。

5. 自制力弱的孩子

不少孩子自己也知道上网成瘾不好,也不想继续这样下去,但是他们一接触计算机就会沉溺其中,这就是自我控制力不强的典型表现。他们往往因缺乏足够的自制力而沉溺于网络,难以自拔。

第二节 个人信息安全

情景引入

2016年12月2日，上海市某快递公司到上海市公安局青浦分局某派出所报案称，其工作人员在某QQ群内发现群主发了一份快递公司"43.5 GB数据库泄露情报"的帖子，内容是该快递公司2014年1月1日订单库内的数据，包含姓名、手机号码、联系地址等公民个人信息。警方根据线索于2016年12月24日在深圳市龙岗区某小区抓获嫌疑人李某，并当场查获李某用于存储信息的笔记本电脑一台，内有2 000万条公民个人住宿信息。原来，被告人李某于2016年7月大专毕业后，来到上海市闵行区某技术公司工作，工作内容就是专门收集公民个人信息。李某在百度上输入关键词"社工库"，搜索出来的信息包括个人的QQ号、个人姓名、联系方式、家庭住址、车辆信息等，然后进行"数据清洗"，即分类整理。李某因是计算机专业毕业，比较内行，他还创立了网络论坛吸引黑客，黑客在论坛上公布各种漏洞数据，李某就通过这些信息再收集公民个人信息。在两个月内，他收集到了包括公民个人信息在内的大约100 GB的数据。据李某交代，公司的另一个员工给了他一个机械硬盘，里面有2 000万条某连锁酒店公民的住宿信息。后来公司工资发不出，李某就离职来到深圳。2016年11月，他在网络论坛上发布一个名为"淘宝泄露43 GB数据库"的帖子，点开链接就会出现一个加QQ群的信息。加入这个QQ群后就可以看到李某上传在群共享里的名为"数据库大合集"的多个文件夹。李某后来还给申请加入QQ群设门槛，支付8.8元后才能加入QQ群。截至被民警抓获时，只有3个人付钱加入，李某赢利26.4元钱。被告人李某非法获取某酒店公民住店信息2 000万条，最终，李某被法院判处有期徒刑4年，并处罚金5万元。

一、个人信息安全概述

（一）个人隐私

个人隐私信息从类别上可以分为信息隐私、通信隐私和位置隐私。信息隐私是个人的私有信息隐私，如身份证、银行账号、收入、财产、家庭成员、医疗等信息；通信隐私是个人使用各种通信方式与他人交流的隐私，如社交软件聊天内容、短信内容和通话记录等；位置隐私是个人定位的一些隐私，如个人所处的空间位置和网络地址。

随着 5G 通信、人工智能、物联网等技术的快速发展和普及，公民个人信息安全也面临重大挑战——强制使用人脸识别、App 过度索权、大数据"杀熟"等问题层出不穷。

（二）个人信息安全存在的问题

1. 网络平台用存个人信息常态化

各种类型的网络平台已经将触角伸向社会生活的各个层面和角落。一方面，一些公共机构在信息化建设过程中需要大量的个人信息作为基础数据库支撑，收集了涉及公民个人交通、医疗、住房、教育等的各类信息；另一方面，公民在使用网络平台进行购物、择业、娱乐的过程中，不经意间提供了比较齐全的个人相关信息资料，尤其是同意一些软件、网站制定的服务协议，导致个人信息记录在使用过程中被自动获取。

2. 社会机构保管个人信息粗放化

目前，一些社会机构并不具备公民个人信息数据安全保护资质，没有健全的信息保护制度，信息保护岗位职能分工不明确，信息系统安全等级较低，个人信息极其容易被盗取窃用。一些保险、广告、金融、中介等社会机构内部人员为追求利润最大化，将掌握的海量客户数据库多次出售牟利，还会通过购买或者交换的方式获取更多的公民个人隐私信息。一些网络平台数据库安全等级较低，被黑客攻击后，也会造成大量用户的个人隐私信息泄露。

3. 数据技术挖掘个人信息智能化

大数据之"大"，不仅仅是指信息数据容量的巨大，也指可供人们处理、分析、利用的数据在不断扩大。伴随着数据挖掘开发技术日趋成熟，政府、企业等部门机构可以通过已获悉的用户信息，借助高智能分析技术，提取用户隐藏的信息。

4. 贩卖个人信息已成黑色产业

很多人接到招聘类骚扰电话前都曾在招聘网站上传过简历，这些招聘网站将公民的个人简历信息通过社交软件进行贩卖。目前在社交平台等贩卖集中地可购买到的个人信息主要有物流单据信息、定位信息等几大类，更有甚者各类不同价值的信息还有明确价码。

5. 公众担忧个人信息安全问题

全国人民代表大会常务委员会法制工作委员会经济法室副主任杨合庆指出，在信息化时代，个人信息保护已成为人民群众最关心、最直接、最现实的利益问题。2022年12月12日，《2022年全国网民网络安全感满意度调查统计总报告》正式发布。报告显示2022年网络安全满意度指数为73.399，较2021年同期上升0.047。公众网民对我国网络安全治理总体状况认为是满意。公众网民网络安全感正面评价率（安全+非常安全）为53.4%，较2021年同期降低1.18个百分点，表示网民网络安全感出现波动，网络安全治理面临挑战。

二、保护个人信息安全

（一）个人信息的立法保护

从国际上看，个人信息保护的立法可追溯至德国黑森州1970年制定的资料保护法，此后，瑞士、法国、挪威、芬兰、冰岛、奥地利等国先后颁布相关法规。进入21世纪，在数字化浪潮的推动下，个人信息保护的立法陡然加速。2000年到2010年，共有40个国家颁布了个人信息保护法，是前十年的两倍，而2010年到2019年，又新增了62部个人信息保护法，比以往任何十年都要多。

2021年8月20日国家出台《中华人民共和国个人信息保护法》，外引域外立法智慧，内接本土实务经验，熔"个人信息权益"的私权保护与"个人信息处理"的公法监管于一炉，统合私主体和公权力机关的义务与责任，兼顾个人信息保护与利用，奠定了我国网络社会和数字经济的法律之基。

《中华人民共和国个人信息保护法》要点如下。

1. 明确个人信息定义

个人信息是以电子或者其他方式记录的与已识别或者可识别的自然人有关的各种信

息，不包括匿名化处理后的信息。个人信息的处理包括个人信息的收集、存储、使用、加工、传输、提供、公开、删除等。

2. 约束过度收集个人信息

处理个人信息应当具有明确、合理的目的，并应当与处理目的直接相关，采取对个人权益影响最小的方式。收集个人信息，应当限于实现处理目的的最小范围，不得过度收集个人信息。任何组织、个人不得非法收集、使用、加工、传输他人个人信息，不得非法买卖、提供或公开他人个人信息。

3. 禁止"大数据杀熟"

个人信息处理者利用个人信息进行自动化决策，应当保证决策的透明度和结果公平、公正，不得对个人在交易价格等交易条件上实行不合理的差别待遇。

4. 不得强制推送个性化广告

通过自动化决策方式向个人进行信息推送、商业营销，应当同时提供不针对其个人特征的选项，或者向个人提供便捷的拒绝方式。通过自动化决策方式作出对个人权益有重大影响的决定，个人有权要求个人信息处理者予以说明，并有权拒绝个人信息处理者仅通过自动化决策的方式作出决定。

5. 规范公共场合图像采集

在公共场所安装图像采集、个人身份识别设备，应当为维护公共安全所必需，遵守国家有关规定，并设置显著的提示标识。所收集的个人图像、身份识别信息只能用于维护公共安全的目的，不得用于其他目的；取得个人单独同意的除外。

6. 稳妥处理敏感个人信息

敏感个人信息是一旦泄露或者被非法使用，容易导致自然人的人格尊严受到侵害或人身、财产安全受到危害的个人信息，包括生物识别、宗教信仰、特定身份、医疗健康、金融账户、行踪轨迹等信息，以及不满14周岁未成年人的个人信息。只有在具有特定的目的和充分的必要性，并采取严格保护措施的情形下，个人信息处理者方可处理敏感个人信息。

7. 严格个人信息跨境提供规则

关键信息基础设施运营者和处理个人信息达到国家网信部门规定数量的个人信息处理者，应当将在中华人民共和国境内收集和产生的个人信息存储在境内。确需向境外提供的,应当通过国家网信部门组织的安全评估。

8. 规定个人权利

个人对其个人信息的处理享有知情权、决定权,有权限制或者拒绝他人对其个人信息进行处理;法律、行政法规另有规定的除外。

9. 可依法提起诉讼

《中华人民共和国个人信息保护法》还进一步强化了相关部门的监管职责,从严惩治违法行为。履行个人信息保护职责的部门发现个人信息处理活动存在较大风险或者发生个人信息安全事件的,可以按照规定的权限和程序对该个人信息处理者的法定代表人或者主要负责人进行约谈,或者要求个人信息处理者委托专业机构对其个人信息处理活动进行合规审计。对违法处理个人信息的应用程序,责令暂停或者终止提供服务;拒不改正的,并处 100 万元以下罚款;对直接负责的主管人员和其他直接责任人员处 1 万元以上 10 万元以下罚款。

10. 健全个人信息保护工作机制

个人信息保护涉及的领域广,相关制度措施的落实有赖于完善的监管执法机制。根据个人信息保护工作实际,《中华人民共和国个人信息保护法》明确,国家网信部门和国务院有关部门在各自职责范围内负责个人信息保护和监督管理工作。同时,《中华人民共和国个人信息保护法》对国家网信部门和国务院有关部门的个人信息保护和监管职责作出规定,包括开展个人信息保护宣传教育,指导监督个人信息保护工作,接受处理相关投诉举报,组织对应用程序等进行测评,调查处理违法个人信息处理活动等。

(二)保护个人信息安全的常用技巧

1. 处理好自己快递包装上的个人信息

快递是个人信息泄露的主要源头之一,快递包装上会有自己的姓名、手机号、地址这些个人信息,所以在扔掉包装前一定要把这些信息处理掉。

2. 谨慎使用身份证照片

手机中如果存有自己的身份证照片,一旦手机丢失,很可能被别人改掉网络银行或第三方支付平台的支付密码。另外,大学生在社交平台上也应避免分享个人真实身份信息。

3. 不要点击一些来历不明的链接

经常有这样的新闻：某人收到一条短信，或是电商平台的客服要求退款，或是领取信用卡积分，同时还推送了一条链接，链接要求填写个人信息、网上答题或者下载一个安装包。然而这些链接有可能就携带"木马"病毒，手机一旦中毒，病毒就会窃取用户的个人信息，严重的会导致财产损失。

4. 勿随意填写问卷或者参与扫码活动

在街头、店铺门口等地方，大学生常会遇到有人让帮忙填写调查问卷，或是让扫二维码注册会员以获取礼品，如果照做也有泄露个人信息的风险。

5. 提高手机的安全性

提高手机的安全性对防止信息泄露很重要。在日常使用手机的过程中，用户的社交、购物都通过移动互联网进行，网上的活动都会被记录，产生的数据信息大部分会被收录。所以，大学生要及时清理上网记录，安装手机或计算机防护软件，定期更新补丁。

另外，手机和身份证一起丢失，一定要第一时间挂失 SIM 卡并迅速冻结账户。

拓展阅读

高等学校计算机网络电子公告服务管理规定

第一条 为了加强高等学校计算机网络电子公告服务的管理，规范电子公告信息发布行为，促进高校网络信息服务健康有序发展，根据《互联网信息服务管理办法》《互联网电子公告服务管理规定》等有关行政法规、规章的规定，制定本规定。

第二条 高等学校对在校内计算机网络上开展电子公告服务和利用电子公告发布信息行为的管理，适用本规定。本规定所称电子公告服务，是指在高等学校计算机网络上以BBS及其直接的扩展形式为上网用户提供信息发布条件的行为。

第三条 允许在校内网络上开展电子公告服务的高等学校，应当按照《互联网电子公告服务管理规定》向省、自治区、直辖市电信管理机构或者信息产业部办理专项备案手续。

第四条　开展电子公告服务的高等学校，应当结合思想政治教育进网络工作，建立健全学校网络信息工作领导小组，负责对本校学生或教职工依托学校网络，设立开展电子公告服务的非经营性信息服务站点（以下简称"BBS站"）的活动，及全校的电子公告服务活动进行管理和监督。

学校网络信息工作领导小组由负责宣传思想政治工作的党委领导、主管网络建设工作的校领导和学校宣传思想工作、学生工作、安全保卫工作和网络技术等部门负责人组成。组长由负责宣传思想政治工作的党委领导担任。

第五条　在高等学校计算机网络上开展电子公告服务，应当遵守法律、法规，加强行业自律，接受有关主管部门依法实施的监督检查。

第六条　在高等学校计算机网络上设立BBS站开展电子公告服务，应当具备下列条件：

（一）有健全的管理机构和管理办法；

（二）有确定的电子公告服务类别和栏目；

（三）有完善的电子公告服务规则；

（四）有电子公告服务安全保障措施，包括上网用户登记程序、上网用户信息安全管理制度、技术保障设施；

（五）服务站点的管理人员中有学校网络中心指定的专门人员，在技术上能够对服务站点的电子公告服务实施有效管理。

第七条　在校内计算机网络上设立BBS站应经学校网络信息工作领导小组同意。

BBS站应设立站务管理委员会，负责本站的业务管理。站务管理委员会由站长一人、副站长和站务管理人员若干名组成。站务管理委员会的组成成员按委员会的组织章程选任，并报学校网络信息工作领导小组同意。

第八条　BBS站各版面实行版主负责制。版主申请人必须是BBS站的合法用户，经站务管理委员会研究，由站长任免，报学校网络信息工作领导小组备案。

第九条　BBS站对用户实行账户管理。申请账户须填写注册单，提供真实姓名和班级或工作单位等资料，经一定的核实程序，方能成为BBS站的合法用户。

第十条 BBS站站务管理人员应当对上网用户的个人信息保密，未经上网用户同意不得向他人泄露，但法律另有规定的除外。

第十一条 BBS站用户应当遵守法律、法规，并对所发布的信息负责。

第十二条 BBS站站务管理委员会人员应当记录在电子公告服务系统中发布的信息内容及其发布时间、网络地址。记录备份应当保存60日，并在国家有关机关依法查询时，予以提供。

第十三条 BBS站用户应当遵守有关法规的规定，不得制作、复制、发布、传播含有下列内容的信息：

（一）违反宪法所确定的基本原则的；

（二）危害国家安全，泄露国家秘密，颠覆国家政权，破坏国家统一的；

（三）损害国家荣誉和利益的；

（四）煽动民族仇恨、民族歧视，破坏民族团结的；

（五）破坏国家宗教政策，宣扬邪教和封建迷信的；

（六）散布谣言，扰乱社会秩序，破坏社会稳定的；

（七）散布淫秽、色情、赌博、暴力、凶杀、恐怖信息或者教唆犯罪的；

（八）侮辱或者诽谤他人，侵害他人合法权益的；

（九）含有法律、行政法规禁止的其他内容的。

第十四条 BBS站站务管理人员发现其电子公告服务系统中出现明显属于本规定第十三条所列的信息内容之一的，应当即时删除，保存有关记录。

第十五条 学校发现BBS站的电子公告服务系统中出现第十三条所列内容之一的，应即时通知站务管理人员删除，情况紧急，也可先由网络中心暂停该BBS站的服务。

第十六条 BBS站未履行本规定第十条、十二条、十四条规定的义务的，由学校网络信息工作领导小组责令改正；情节严重的，应责令其整顿或关闭该站点。

第十七条 学校教职工或学生在BBS站的电子公告服务系统中制作、复制、发布本规定第十三条所列内容之一的信息，造成严重后果的，学校应依据有关规定给予有关责任人相应的纪律处分。

第十八条 学校网络信息工作领导小组和BBS站站务管理委员会可根据本规定精神，结合学校特点，制定具体管理办法和实施细则，并提示上网用户发布信息需要承担的法律责任。

第十九条 本规定自发布之日起施行。

第四章

校外活动安全

 学习目标

1. 了解人际交往安全的基本知识
2. 学会处理人际交往过程中的相关问题
3. 学会建立和维护良好的人际关系
4. 了解实习实践过程中的安全问题
5. 了解做社会兼职需要注意的安全问题
6. 了解求职就业过程中的安全问题
7. 了解招聘骗局、谨防招聘陷阱
8. 学会维护自己的合法权益

知识导图

校外活动安全
- 社交活动安全
  - 人际交往安全：人际交往中大学生容易上当受骗的原因、交往中应注意的问题、交往中安全问题的处置
  - 建立和维护良好的人际关系：如何建立良好人际关系、如何维护好人际关系
- 兼职、实习（实践）安全
  - 兼职安全：兼职中常见安全问题、兼职常见安全问题防范
  - 实习（实践）安全：实习（实践）期间的常见安全问题、实习（实践）期间的安全注意事项
- 求职就业安全
  - 选择正规择业渠道
  - 求职就业个人信息安全：求职就业中的信息泄露、维护求职就业信息安全的对策
  - 求职就业陷阱：求职就业陷阱的特征、求职就业陷阱的类型
  - 谨防传销：传销的概念、识别防范传销
  - 求职就业中的安全防范与权益维护：招聘信息仔细核查、填写资料留有余地、面试须谨慎、维权

第四章 校外活动安全

第一节
社交活动安全

 情景引入

某高校大一新生乔某,在军训期间与自己班级的军训教官相互间产生好感,开始相处。同年年底,教官退伍回家,两人继续保持联系。教官曾经三次到学校、两次到乔某老家看望她。因为两者性格方面的差异,矛盾逐步凸显出来。随着时间的推移,乔某越来越意识到两个人不合适。当乔某提出分手时,教官从感情上接受不了,在多次打电话对乔某威胁未果的情况下,跑到乔某所在学校闹事,给乔某带来了很多烦恼。

处于青年期的大学生,思想活跃,人际交往的需求比较强烈,但是社交活动需要注意安全。刚刚步入大学校园的大学生远离家乡,告别父母、同学和朋友来到一个全新的、陌生的生活环境,这使他们既怀念亲情和昔日的友谊,又渴望新的友谊。这种特有的心理需求增加了大学生对人际交往的渴望。一些不法分子可能会利用大学生的这些特点,假冒身份与其交往。不少大学生由于缺乏一定的辨别能力,交友不慎,遭受财产损失,受到人身伤害。因此,大学生人际交往安全也是大学生安全教育的一个重要方面。

一、人际交往安全

(一)人际交往中大学生容易上当受骗的原因

1. 思想单纯,防范意识较差

学生从小到大一直在学校里读书,社会生活经验少,思想单纯,分辨是非能力差。有的学生感情用事,疏于防范,特别是大一新生刚到一个新环境,对一切都比较陌生,感到孤独,没有依靠。一些不法分子恰恰利用这一点,冒充老乡或以同学的同学等身份,欺骗新生。

2. 有求于人，轻率行事

每个人免不了有求他人相助的时候，能否如愿这就要看是何事，对象是谁。大学生为达到目的而轻率交友，很容易上当受骗。

3. 感情用事

很多大学生（特别是大一新生）善良热情，"同情心"过强，经不住别人几句好话或可怜的求助，并受"在家靠父母，在外靠朋友"观念的影响，轻易相信他人。

> 【典型案例】某高校大一新生张某在去学校报到途中遇到一自称是某高校研究生的青年男子。该男子声称与自己同伴走失，钱包被偷，身无分文，请求张某帮忙给他"导师"打电话。"导师"要到张某的银行卡号，说马上给其弟子汇款，随后在电话中称已经汇款完毕，2小时以后到账。这时该男子声称着急坐飞机赶回学校参加一个论文报告会，恳请提前支取"马上到账"的2 000元现金。可是后来"马上到账"的2 000元迟迟未到账，拨打其"导师"电话，也已经关机。最后张某选择了报警。最终在警方努力下，抓获了行骗的男子，追回了2 000元现金。
>
> 【案例简析】面对陌生人的搭讪一定要提高警惕，尤其是涉及金钱时，若发现自己被骗，要及时报告学校保卫处或报警。

（二）交往中应注意的问题

1. 注意交往对象

大学生与老师、同学要和睦共处，他们是要相处几年的人，对他们要真诚相待，妥善处理好彼此的关系。对于其他的陌生人，尤其是上门推销物品的所谓学哥、学姐要心存防范，不要轻易相信。

2. 坚持理性交往

对于熟人介绍的人，在不失礼节的同时要三思而后行；对于初识的人要谨慎，不能轻易透漏自己的个人信息。

3. 注意公开交往

大学生尽量做到有人知道自己近期在和谁交往，若发现有什么问题，随时处置。

（三）交往中安全问题的处置

1. 机智应对

大学生在人际交往中，如果发现对方有不良动机，首先要冷静地分析情况，但是不要让对方察觉，找机会溜走或找机会通知同学或朋友来帮助自己。

2. 及时报警

大学生在校内与人交往时遇到安全问题，要及时报告学校的保卫部门、辅导员或班主任；在社会上与人交往时遇到安全问题，要及时报警。

3. 正确对待

大学生要克服不愿报警的思想，不能因为顾虑自己的隐私被公开而选择沉默。若这样，犯罪分子就会抓住这样的弱点得寸进尺，甚至危害社会。

> **小知识**
>
> **孔子的交友观**
>
> 孔子曰："益者三友，损者三友。友直，友谅，友多闻，益矣。友便辟，友善柔，友便佞，损矣。"
>
> 孔子曰："君子成人之美，不成人之恶。小人反是。"
>
> 孔子曰："见贤思齐焉，见不贤而内自省也。"
>
> 孔子曰："躬自厚而薄责于人，则远怨矣。"
>
> 孔子曰："主忠信，无友不如己者，过则勿惮改。"

二、建立和维护良好的人际关系

大学生一旦踏入大学，就会遇到各方面的人际关系：师生之间、同学之间、朋友之间，以及个人与班级、学校之间的关系等。大学生处理好人际关系，对于几年的大学生活和未来事业的成就，有着至关重要的意义。

（一）如何建立良好的人际关系

1. 主动热情交往

人际关系是相互的，不要总是冷淡地等待别人的关心，而要主动地与周围的同学或

朋友交往沟通。

2. 理解尊重

每个人都有自己特有的性格特点、成长背景、生活习惯和做事方式，所以大学生在与同学或者朋友交往的过程中，尽量做到尊重对方的习惯和处理问题的方式，学会换位思考，这样彼此的关系就会比较融洽，也会减少不必要的摩擦。

3. 真诚待人

人与人的交往，最重要的是真诚，这也是做人的根本原则。口是心非、傲慢自大的人是很难有朋友的。

4. 彼此体谅

俗话说："金无足赤，人无完人。"大学生都还处于成长的阶段，在许多问题上也会有不同见解。这就要求大学生学会从对方的角度考虑问题，相互理解、彼此体谅。大学是一个锻炼自我、完善自我的平台，只要大家积极地去努力、去磨炼，就一定会有所收获。

5. 加强沟通、互相帮助

在大学里，大学生之间应该加强沟通、互相帮助。有些大学生习惯把个人之间的交往看作隐私，但大学生必须了解，既然是交往就不存在绝对保密。有些交往关系，在一定范围内适当透露或公开，更适合安全需要。特别是在自己觉得可能会吃亏上当时，与同学有所沟通或许就会得到一些帮助并避免受害。

（二）如何维护好人际关系

1. 谦虚谨慎

大学是人生一个新的起点，大学生要正确认识自己的过去，忘记过去的辉煌或阴影，平静地看待周围的一切，保持平和而理智的心态，谦虚待人，谨慎处事。

2. 平等相待

大学生之间存在着差别，这种差别来自原有的生活条件和背景，若想维护好人际关系一定要学会平等相待，互相帮助。"善大，莫过于诚"，真诚的赞扬与诚恳的批评，都能使彼此间敞开心扉。

3. 心胸豁达

每个人都有保留自己的意见和按照自己的意愿去处理问题的权利，同学、朋友之间只能用自己的思想去影响别人，而不可能强制改变别人。大学生们如果时时处处尊重和理解别人的选择，不过高要求别人，就可以减少误解，减少矛盾。

第二节 兼职、实习（实践）安全

情景引入

小雯是一名在校大学生，来自县城的她家境一般，看到周围家庭条件较好的同学穿名牌衣服、用高端手机，她非常羡慕。2020年6月的某天，正在学校阅览室自习时，小雯的手机突然收到一条"手机操作、轻松赚钱"的刷单兼职信息。抱着试试看的心理，小雯添加了对方QQ号，完成了对方派出的第一单100元的"任务"，很快收到了105元的返款。此时的小雯万分喜悦。尝到甜头的小雯马上要求对方再给自己派"任务"，这次"任务"需要小雯先支付上万元的资金。小雯有些犹豫，但骗子以"刷得多赚得多"等理由说动了小雯。当小雯完成支付再联系对方返款时，对方称"该任务为多重任务，只有全部完成才能返款"。急于追回资金的小雯，向朋友借钱后又继续"刷单"，又支付了数万元完成全部"任务"后，对方又以操作超时、系统自动冻结等理由拒绝返款。小雯这才意识到自己被骗，拨打电话报警并哭着向家人求助。

初步走向社会的大学生容易被不法分子欺骗，除了及时报警外，还要提高警惕，切勿因贪图小利而落入陷阱。

一、兼职安全

很多大学生利用日常学习的空余时间和寒暑假外出兼职。大学生在校外兼职可以更好地接触社会，可以有效提高社会实践能力和社会交往能力。随着大学生在校外兼职人数的不断增多，出现了一些"黑中介""黑单位"，对在校外兼职的大学生的权益造成严重侵害。

(一)兼职中常见安全问题

大学生兼职中常见安全问题如下:

(1)一些传销组织以"高薪"为诱饵,诱使大学生加入传销队伍。

(2)一些用人单位为了招聘大学生,故意夸大自身的实力,诱使大学生与之签订合同。而有的大学生求职心切,轻易相信用人单位的介绍,匆忙与之签订合同,等到了用人单位才发现与其自称的相差甚远,这时已后悔莫及。

(3)一些中介利用大学生想要寻求兼职工作的心理,假称能帮其介绍好的兼职工作,但是要预先支付"介绍费"。

(5)一些用人单位通常以招聘轻松、体面的工作为由,要求前来应聘的大学生缴纳一定的保证金,告知大学生等候消息,接下来便杳无音信。

小知识

怎样防范社会兼职的八大骗局

1. 提防黑中介骗取中介费

许多非法中介看准了在校大学生缺少社会经验,同时又挣钱心切,在收了高额中介费后却不履行合同,不能够及时为大学生找到合适的工作,或者给找一家招聘公司,然后该公司又以种种名义推脱;更有甚者,打一枪换一个地方,交钱后连人都找不到了。

防范方法:大学生找工作进门先看该职介中心是否有职业介绍许可证和工商部门颁发的营业执照。正规中介机构除具有中介许可证外,一般会将营业执照悬挂在大厅较显眼的位置。

2. 拒交各种押金、保证金

一些用人单位会要求大学生支付押金,承诺交了押金后就可以上班,但之后又以人员已满等各种借口要求大学生等消息,而且拒绝返还押金,最后就没有音信了。有的单位收取保证金,称以此"保证"学生按要求上班,并答应在打工结束后退还。可是到结算工资的时候,却不履行承诺。

防范方法:任何招聘单位以任何名义向求职者收取押金、风险金、报名费等行为,都属非法行为。招聘单位培训本单位的职工也不准收取培训费。求职者遇到此类情况要坚持拒交并举报，以确保自己的合法权益不受侵害。坚决不押任何证件。

3. 远离传销，误入当止

传销公司一般先安排学生以销售人员的名义上岗工作，然后让学生缴纳一定的提货款，再让学生去哄骗他人。有的大学生在高回扣的诱饵下，甚至去欺骗自己的同学、朋友。上当之后又往往骑虎难下，最终只得自己白搭上一笔钱。

防范方法：了解传销特征。传销通常具有以下特征中的一个或几个：在"入会"时告诉你的职责之一是发展更多的人；缴纳昂贵的会费；在工作场所很多人情绪激昂。如果识别出传销，大学生应立即停止打工，及时报警。

4. 不要轻信到外地上岗

对非法中介或私招滥雇者为外地企业或总公司某某外地分公司、分厂的高薪招聘，不论其待遇多么好，求职者千万要保持清醒的头脑和高度的警惕，不要轻信他们的口头许诺。

防范方法：一是不去；二是到劳动保障部门咨询，并办理相关的手续，否则易被骗工、骗钱甚至被人贩子骗卖。

5. 签订书面协议要慎重

有些单位以种种借口拒绝与学生签订书面协议，结果打工结束后，因没有书面协议，劳务费无处可讨。有的单位在协议里为自己规定的权利很多，而给大学生的权利很少，这样的协议要谨慎对待。

防范方法：大学生打工一定要与用人单位签订权责明确的书面协议。

6. 去娱乐场所打工要小心

一般来说，这类行业大多以高薪来吸引求职者。工种有代客泊车、导游、陪练等。青年学生到这种场所打工往往容易上当受骗。

防范方法：学生在应聘前要清楚应聘岗位从事的工作内容和性质，不要被承诺的高薪迷惑。

7. 干家教谨防骗色

一些不法分子以高薪聘请家教、秘书等名义把目光瞄上涉世不深、找工作心切的大学生。一不小心落入陷阱后，容易危及人身安全。

> **防范方法**：增强分辨能力和防范意识、法律意识，不要贪小便宜。外出时要结伴，坐车要记车牌号。经常与家人、朋友、同学保持联系，准确告知家教或工作地点。
>
> 8. 防范扣取高额培训费
>
> 这类骗子在面试学生后，通常要求参加公司的上岗培训，并要交培训费。有的进行一些培训，发培训资料、光盘等，但这些资料与考试内容无任何关系；有的甚至根本不培训，收钱后做个样子。
>
> **防范方法**：招聘单位培训本单位的职工也不准收取培训费。正规企业有岗前培训，都是免费或者带薪的，劳动合同法对企业培训、培训费及服务期也有具体规定。

（二）兼职常见安全问题防范

面对兼职中常见安全问题，应从以下几个方面防范：

（1）大学生在兼职前要对自己的能力进行充分分析，选择自己可以胜任的工作。

（2）大学生应通过正规渠道寻求兼职工作。

（3）大学生不要轻易相信用人单位单方面的宣传，应多方面去了解用人单位信息，综合分析后，再决定是否与之签订协议。

（4）大学生在兼职过程中，要随时与老师、同学、家人保持联系，一旦遇到麻烦，应立即向学校学生主管部门、保卫部门或公安机关反映，并注意保留证据，以便提供有关线索，协助调查。

二、实习（实践）安全

实习就是将学到的理论知识应用于实际工作，以提高工作能力。大学学习期间，根据专业教学计划安排，学生需要离开校园到有关企业、事业单位实习。在此期间，大学生应该注意做好各项安全防范工作。

随着高等教育质量观和人才培养模式的转变，各高校无不强调知识、能力与素质综合发展，重视创新精神和实践能力的培养，将社会需求与大学生能力培养相结合。因此，各专业都加强了对大学生实习（实践）能力的培养。但同时，大学生在实习（实践）过程中因各种原因发生的安全事故也呈上升趋势。高校加强大学生的实习（实践）安全刻不容缓。

【典型案例】 在某生物科技公司实验室实习时，学生小李正准备处理一瓶四氢呋喃。他没有仔细核对，误将一瓶硝基甲烷当作四氢呋喃加入氢氧化钠。约1分钟后，试剂瓶中冒出了白烟。李某立即将通风橱玻璃门拉下。此时瓶口的烟变成了黑色泡沫状液体，爆炸发生了，玻璃碎片将小李的手臂割伤。

【案例简析】 大学生进入企业实习，应严格遵守企业规章制度，提高安全意识，提前熟悉可能导致人身伤害和财产损失的危险因素。

（一）实习（实践）期间的常见安全问题

大学生在实习（实践）期间的常见安全问题有以下几个方面。

（1）大学生在实习（实践）期间因不适应气候和环境导致突发疾病。

（2）大学生在实习（实践）期间违反当地乡规民约、风俗习惯，与当地人发生矛盾，引起事端。

（3）大学生在实习（实践）期间要独立面对社会生活、交往中的问题，可能遇到纠纷、不法侵害等问题。

（4）大学生在实习（实践）期间接触危险仪器设施或到危险生产地段，可能出现人身伤害。

（5）大学生在实习（实践）期间参与大型社会活动时，由于人群拥挤、踩踏受到人身伤害。

（6）大学生在实习（实践）期间遭遇火灾、地震等自然灾害事件，受到人身伤害。

（7）大学生在实习（实践）期间发生国家机密泄露或实习单位资料泄密。

常见的实习环境安全问题

1. 防护、保险、信号等装置缺乏或有缺陷

一是无防护设施。无防护罩，无安全保险装置，无报警装置，无安全标志，无护栏或护栏损坏，电气设备未接地或绝缘不良，无消声系统等。

二是防护不当。防护罩未在适当位置，防护装置调整不当，防爆装置设置不当等。

2. 设备、设施、工具、附件有缺陷

一是设计不当，结构不符合安全要求；

二是设备在非正常状态下运行；

三是调整不良、设备失修、保养不当、设备失灵等。

3. 个人防护用品用具缺乏或有缺陷

防护服、手套、面罩、护目镜、听力护具、安全带、安全帽、安全鞋等缺少或有缺陷。

4. 生产（施工）场地环境不良

如照明光线不良、通风不良、作业场所狭窄、交通线路的配置不安全、地面滑、储存方法不安全等。

（二）实习（实践）期间的安全注意事项

学校在大学生外出实习（实践）期间应切实加强对大学生的安全教育，并要求大学生严格遵守。具体包括以下几个方面。

（1）大学生在实习（实践）期间要遵守国家法律、社会公德及实习（实践）单位的规章制度，遵守学校实习的各项规定。

（2）大学生在实习（实践）期间要遵守国家的保密制度及实习单位的保密条例，对涉及保密的实习资料，必须保证资料的安全性。

（3）大学生要一切行动服从实习（实践）单位指导教师的管理，听从指导教师的指挥。

（4）实习安全责任的主体是大学生本人，大学生应该认真遵守和执行相关规章制度。大学生家长要主动配合学校和实习单位对大学生进行安全教育。

（5）大学生在实习（实践）期间要注意地域气候差异，及时加减衣服，做好保暖与降温，学会保护身体，避免疾病的发生。

（6）大学生要认真了解和尊重当地的民规、乡俗，避免与当地人发生任何形式的冲突。

（7）大学生实习（实践）期间不得擅自离开实习（实践）基地到外地游玩。

（8）大学生在实习（实践）期间应尽量远离危险设施和危险地段。

（9）大学生在实习（实践）期间接触、使用和操作各种相关设备及物品时，要先了解它们的操作要领，要严格按照实习（实践）指导教师的示范操作规程，在指导教师的指导下进行操作。

（三）实习（实践）期间的安全问题处置

大学生实习（实践）期间的安全问题处置方式有以下几种。

（1）大学生在实习（实践）期间如果发生人身意外伤害事故，应及时采取有效的处理措施，防止伤害扩大，对于伤者应及时就近送往医院，并报告学校。

（2）大学生在实习（实践）期间要增强自我安全意识。要乘坐正规的公交公司车辆，一旦发生交通意外应立即拨打"110"报警，及时将受伤者送往医院，按指挥人员要求迅速撤离到安全地点，随后将交通事故告知学校。

（3）大学生在实习（实践）期间如出现违规操作，造成人员伤害、设备损坏，首先不要慌张，应及时通知指导教师，按照指导老师的指导及时处理问题。

（4）大学生在实习（实践）期间，因身体不适等各种原因需返校，必须有相关人员陪伴。在实习（实践）期间需要回家的大学生，必须办理请假手续并由带队教师同家长取得联系，回到家后，要及时告知带队教师。

拓展阅读

《职业学校学生实习管理规定》摘录

第十一条 职业学校应当会同实习单位制定学生实习工作具体管理办法和安全管理规定、实习学生安全及突发事件应急预案等制度性文件。职业学校应对实习工作和学生实习过程进行监管。鼓励有条件的职业学校充分运用现代信息技术，构建实习信息化管理平台，与实习单位共同加强实习过程管理。

第十二条 学生参加跟岗实习、顶岗实习前，职业学校、实习单位、学生三方应签订实习协议。协议文本由当事方各执一份。未按规定签订实习协议的，不得安排学生实习。

第十三条 实习协议应明确各方的责任、权利和义务,协议约定的内容不得违反相关法律法规。实习协议应包括但不限于以下内容:各方基本信息;实习的时间、地点、内容、要求与条件保障;实习期间的食宿和休假安排;实习期间劳动保护和劳动安全、卫生、职业病危害防护条件;责任保险与伤亡事故处理办法,对不属于保险赔付范围或者超出保险赔付额度部分的约定责任;实习考核方式;违约责任;其他事项;实习报酬及支付方式。

第三十二条 职业学校和实习单位要确立安全第一的原则,严格执行国家及地方安全生产和职业卫生有关规定。职业学校主管部门应会同相关部门加强实习安全监督检查。

第三十三条 实习单位应当健全本单位生产安全责任制,执行相关安全生产标准,健全安全生产规章制度和操作规程,制定生产安全事故应急救援预案,配备必要的安全保障器材和劳动防护用品,加强对实习学生的安全生产教育培训和管理,保障学生实习期间的人身安全和健康。

第三十四条 实习单位应当会同职业学校对实习学生进行安全防护知识、岗位操作规程教育和培训并进行考核。未经教育培训和未通过考核的学生不得参加实习。

第三十五条 推动建立学生实习强制保险制度。职业学校和实习单位应根据国家有关规定,为实习学生投保实习责任保险。责任保险范围应覆盖实习活动的全过程,包括学生实习期间遭受意外事故及由于被保险人疏忽或过失导致的学生人身伤亡,被保险人依法应承担的责任,以及相关法律费用等。学生实习责任保险的经费可从职业学校学费中列支;免除学费的可从免学费补助资金中列支,不得向学生另行收取或从学生实习报酬中抵扣。职业学校与实习单位达成协议由实习单位支付投保经费的,实习单位支付的学生实习责任保险费可从实习单位成本(费用)中列支。

第三十六条 学生在实习期间受到人身伤害,属于实习责任保险赔付范围的,由承保保险公司按保险合同赔付标准进行赔付。不属于保险赔付范围或者超出保险赔付额度的部分,由实习单位、职业学校及学生按照实习协议约定承担责任。职业学校和实习单位应当妥善做好救治和善后工作。

第三节 求职就业安全

> 某高校毕业生李某为了预防招聘被骗，放弃了网站投递简历以及去职业介绍所求职的方式，选择了正规的人才市场。参加招聘当日，李某只应聘当日能提供面试机会的工作。在经过现场招聘后，他来到南山区的一家公司。面试之后，李某被通知面试合格，但需要交纳1250元的保险费、服装费等费用。他缴费后还让公司开具了一份收据。但第二天上班时，公司要求他下周一再来。到了第二个星期一，公司又声称月末不接受新人入职，要求他下个月1号再来报到……这样一来二去，李某迟迟不能入职。后来，一名热心的"同事"悄悄告诉他，遇到这种情况李某需要请张经理的助理吃顿饭。于是，李某又请张经理的助理和这名热心的"同事"吃了顿饭。在饭桌上，张经理的助理答应帮忙，并保证后天就可以上班。但第三天，李某去上班时，却又被告知由于业务部的主管出差无法办理入职……
>
> 随着时间的流逝，李某发现等待上班的人除了他以外还有20多人，这才发觉自己被骗了。随后，他和几名应聘者一起要求退还押金，但公司矢口否认收取过押金。最终，李某和几名受骗人员去派出所报案，准备带着警察去公司讨要说法。当他们再次来到公司时，却发现已是人去楼空。

大学生求职，切勿相信来源不明的中介信息，对不熟悉的企业，可以和校内教师进行沟通。发生被骗事件后，要勇敢站出来维权。

大学生求职安全

在求职就业过程中一定要提高安全意识和自我保护能力，不让犯罪分子有机可乘。除此之外，学校还要加强大学生的求职就业安全教育。作为即将毕业的大学生，在由大学生转变为职业人的过程中，更要学会独立生活、自我保护，确保人、财、物的安全，实现平安就业。

小知识

个性心理特征与职业选择

1. 气质与职业选择

此处的气质是指人们心理活动的速度、强度、稳定性和灵活性等方面的心理特征。

气质分为胆汁质、多血质、黏液质和抑郁质四种类型。不同气质的人适合从事的职业类型不同。

胆汁质的人精力旺盛,热情直率,易激动暴躁,情绪体验强烈,神经活动具有很强的兴奋性,反应速度快却不灵活。他们能以极大的热情去工作,克服工作中的困难,但若对工作失去信心,情绪就会低沉下来。此类人适宜竞争激烈,有一定冒险性、风险性的职业,如探险、地质勘探、登山、体育运动等。

多血质的人活泼好动,热情活跃,反应敏捷,易适应环境,善于交际。这类人工作能力较强,情绪丰富且易兴奋,但注意力不稳定,兴趣易转移,适合从事要求反应迅速灵活的工作,如导游、外交、公安、军官等,但不适宜从事单调、机械的工作和要求细致的工作。

黏液质的人情绪兴奋性低,安静沉稳,内倾明显,外部表现少,反应慢,但稳定性强,比较刻板,有较强的自我克制能力,能埋头苦干,态度稳重,不易分心,对新职业适应慢,善于忍耐。这类人适合于从事要求稳定、细致、持久性的活动,如会计、法官、管理人员、外科医生等,但不适宜从事具有冒险性的工作。

抑郁质的人敏感,行动缓慢,情感体验深刻,观察力敏锐,易感觉到别人不易觉察的细小事物,但易疲倦,性格孤僻,工作耐受性差,做事审慎小心,易产生惊慌失措的情绪,往往是多愁善感的人。他们适合于要求精细、敏锐的工作,如哲学、理论研究、应用科学、机关秘书等。

2. 性格与职业选择

性格是个人对现实的稳定态度和与之相适应的习惯化了的行为方式中表现出来的个性心理特征。美国心理学家约翰·霍兰德是著名的职业指导专家,提出了职业匹配理论。他认为,个人的性格类型、学习兴趣和将来的职业密切相关。他将人的性格分为六种：现实型、研究型、艺术型、社会型、企业型和常规型。

（1）现实型。他们通常喜欢有规则的具体劳动和需要基本技术的工作。这类人擅长技能性职业、技术性职业，但往往缺乏社交能力。他们粗犷、强壮、务实，情绪稳定，有吃苦精神，生活上求平安、幸福，不激进，倾向于用简单的观点看待事物和世界。适合的职业主要有需要用手工工具或机器操作的手工工作和技术工作。

（2）研究型。他们喜欢智力的、抽象的、分析的、推理的定向任务。这类人喜欢独立，不愿受人督促，对自己的学识与能力充满自信；擅长解决抽象问题，尊重客观事实而不愿毫无疑问地接受传统。他们具有创造精神，不喜欢做重复工作，擅长科学研究和实验工作，但往往缺乏领导能力。

（3）艺术型。他们喜欢通过艺术作品来表达自己的思想和情感，爱想象，感情丰富，不顺从，有创造力，习惯于自省，擅长艺术、文学方面的工作，但往往缺乏干具体工作的能力。其适合职业主要是艺术创作（包括音乐、摄影、绘画、文学、表演等）。

（4）社会型。这类人喜欢社会交往，喜欢有组织的工作，喜欢能让他们发挥社会作用的工作，喜欢讨论人生观、世界观、人生态度等，关心他人利益，关心社会问题，愿为团体活动工作，对教育活动感兴趣，但往往缺乏机械能力。社会型的职业主要指为大众做事的工作，这类型从业者包括教师、医生、服务员、社团工作者等。

（5）企业型。他们喜欢竞争，希望自己的言行对团体产生影响，自信心强，善于说服别人，喜欢加入各种社会团体，喜欢权力、地位和财富，性格外向，爱冒险，喜欢担任领导角色，具有支配和使用语言的技能，但缺乏耐心和科研能力，擅长管理、销售等工作。

（6）常规型。他们喜欢系统、有条理的工作，安分守己，具有务实、友善和服从的特点。此类人适宜做办公室职员、办事员、文件档案管理员、出纳员、会计、秘书等。

一般而言，只具有上述某一种职业个性的人是极少数的，多数人的职业个性具有多重性，是这六种典型个性的交叉。

3. 兴趣与职业选择

兴趣是个体积极探究事物的认识倾向，这种倾向带有稳定、主动、持久等特征。人的兴趣可以是精神的、物质的、社会的等多方面的。如果一个人对某种工作产生兴趣，在工作中就会具有高度的自觉性和积极性，也容易做出成绩。反之，则会影响积极性，有可能一事无成。爱因斯坦曾经说过："兴趣是最好的老师。"兴趣是努力的原动力，是成功之母。走自己的路，做自己喜欢的事情，选择自己感兴趣的职业，是当今社会最具有典型性的择业观念。

4. 能力与职业选择

能力是指才干、技能或能胜任某项工作的主观条件，是人们成功地完成某种活动所必须具备的个性心理特征，是人们在社会实践中所表现出的身心力量。一个人的能力高低会影响他从事各种活动的成绩和活动效果。

能力是在先天素质的基础上，在生活条件和教育的影响、熏陶下，在个体的生活实践中形成和发展起来的，对从事任何职业都是十分必要的。能力包括一般能力和特殊能力，不同的职业要求人有不同的能力。

一、选择正规择业渠道

采取安全的应聘渠道，如校园定向招聘。一般而言，校园招聘的计划性比较强，招聘新人的数量、专业往往是结合企业的年度人力资源规划或者阶段性的人才发展战略要求而设定的。进入校园招聘的通常是大中型企业，它们通常会在几个大类专业中挑选综合素质高的大学生。另外，网络招聘是在网络日益普及的趋势下产生的一种新的招聘形式，招聘信息可以定时定向投放，发布后也可以管理，大学生可以通过职位筛选等向企业投递简历进行应聘。

二、求职就业个人信息安全

（一）求职就业中的信息泄露

1. 求职中的信息泄露渠道

（1）现场招聘会求职。在大型招聘会结束后的现场，地上散落的简历随处可见。

这些简历若是被不法分子收集，那大学生的信息将泄露无疑，导致的后果也是不堪设想的。

（2）网上求职。大学生网上求职在一定程度上缓解了异地求职的困难，为刚毕业的大学生带来了方便，但互联网的开放性和虚拟性也导致了大学生网上求职时的信息安全问题。网上求职过程中信息泄露的渠道多，泄露方式更是多样。

2. 信息泄露造成的诈骗

一些用人企业通过对求职者个人信息的收集，可以了解求职者的个人详细信息，并用于商业用途，更有甚者将求职者的个人信息作为诈骗求职的介质。一些网络服务商为了牟取利益，将收集到的求职者的个人信息贩卖给其他需求者，或者有的会将信息与其合作伙伴进行交换，从而掌握更多的个人信息。有的犯罪分子通过各种手段掌握到求职者的个人信息，再通过这些信息对求职者进行诈骗，骗取其财产，更有甚者损害其人身自由。

（二）维护求职就业信息安全的对策

（1）加强个人信息的保护。互联网具有开放性、交互性、连接形式多样性、终端分布不均匀等特征。互联网的这些特点为个人信息泄露带来了可能性。大学生在求职就业过程中应加强个人信息的保护，避免因信息泄露导致财产损失乃至威胁人身安全。

（2）合理地填写和管理个人简历。个人简历中暴露了太多的个人信息，有效管理个人简历是大学生进行个人信息保护的一个关键举措。具体须做到以下几点。

①要有针对性地投递简历，不"广撒网"式投递简历。

②简历中重要的和隐私的个人信息不随意填写。

③在第三方招聘求职网站进行简历设置时，尽量设置成保密简历。

（3）防范"网络钓鱼"。大学生应注意以下几点。

①须警惕用人单位发至邮箱、手机、QQ 等的网站链接，应仔细检查域名是否为用人单位原网站域名，是否存在可疑之处，确认无误后再打开链接。

②若进入了用人单位要求进入的网站，须仔细查看网页底部的 ICP 备案号、版权声明等内容。

③用人单位要求下载压缩文件、插件、应用程序等时须小心，很可能这些东西已经种了"木马"或其他病毒。

新编大学生安全教育

三、求职就业陷阱

大学生求职就业陷阱是指用人单位、其他机构或个人，利用大学生的弱势地位，如社会经验不足、自我保护意识差、就业竞争激烈等，以提供就业机会为诱因，采用违法悖德等手段，与大学生达成权利与义务不对等的各类就业意向或协议，以期侵害大学生合法权益的现象。刚走出校园、初涉职场的大学生最容易遭遇求职就业陷阱。

> 【典型案例】某高校学生小马几天前在某招聘网站上看到一则短期兼职的招聘信息，与之联系后，对方同意小马暑假期间在该公司做兼职，工资110元/天。但对方要求小马入职前要交300元押金，说其中200元是工作服押金，另外100元是担保小马按时上班的押金。而且，押金在打工结束后全额退。而后小马到该公司工作时，该公司说要再交100元，不然前面300元也不能退，小马只好又交了100元。培训两天之后，该公司叫小马回去等消息，谁知过了一个多星期也没有通知小马上岗，而按照协议的要求，如果一个月工作时间不满25天，则押金不退。小马这才意识到自己掉进了"押金"陷阱。
>
> 【案例简析】在招聘时，凡是以各种名目收费的，均是陷阱。

（一）求职就业陷阱的特征

1. 诱惑性

诱惑性主要表现为用人单位夸大事实，并以用人单位各种荣誉、高薪待遇和发展前景来诱惑大学生。

2. 欺骗性

欺骗性主要表现为用人单位以信誓旦旦的不实承诺来取得大学生的信任，然后在协议中提出苛刻条件，隐藏不法目的。

3. 隐蔽性

有的用人单位有十分诱人的华丽说辞，听起来合情合理，面面俱到，句句都令人动心，其实处处布下陷阱。涉世不深的大学生十分单纯，难辨真假，很快就成为被猎获的对象。

（二）求职就业陷阱的类型

1. 虚假广告陷阱

一些用人单位在招聘会上为了招到条件较好的毕业生，会夸大或隐瞒自己的某些情况。比如，在发布招聘信息时，往往故意扩大用人单位规模和岗位数量，进行虚假宣传；或者把招聘职位写得冠冕堂皇，不是"经理"就是"总监"，但实际上只是"办事员""业务员"，根本没有广告上写得那么诱人。

2. 色情陷阱

一些用人单位利用招聘、面试等侵犯学生：有一些招聘广告上称招聘男女公关人员，月薪数千元或上万元，令一些涉世不深的毕业生落入陷阱。所谓"公关"实则是从事性服务；所谓"高薪"，实则是从事性服务时客人所给的小费。面对这样的招聘或遇到这样的情况，大学生一定要提高警惕。

3. 收费陷阱

当前，在就业市场中，一些用人单位利用毕业生求职心切，设立各种名目向毕业生收取各种不合理费用，如保证金、违约金、培训费等。一些用人单位可能规模不大，薪水不高，但是开出了一些诱人的条件。比如，在某大中城市工作，能解决这些大中城市的户口问题。希望留在大中城市工作的大学生很容易被这样的条件迷惑。双方谈得差不多了，单位又表示，为了增加双方的信任，大学生在工作之前必须交押金。等大学生交完押金，工作一段时间后，单位的有关人员就表示，聘用之初说定的工作岗位要有些调整，可能把你派到偏僻地区或冷僻部门，而这些地方是大学生肯定不愿意去的；单位算准了大学生不愿意去，就说大学生不服从单位安排，主动毁约放弃这个岗位，这样，大学生交的押金自然就收不回来了。

4. 电话陷阱

一般而言，大学生在收到用人单位的回应后，会主动进行联系。有些犯罪分子正是利用毕业生的这一心理，假借联系工作传呼或发送短信给大学生，让大学生给一些收费很高的信息台回电话，以骗取高额电话费。

5. 培训陷阱

有的用人单位会以各种理由向大学生收取各种不合理费用，包括风险押金、培训费、置装费、建档费等，大学生往往交了钱之后却得不到用人单位的聘用。

6. 职位陷阱

有的用人单位宣称要招聘经理等高级职位，但是大学生在缴纳了一定的费用后，到了公司才发现是从基层做起。然后，用人单位在任务没有完成的时候就借口辞退大学生。这就是所谓的用"好工作"套住大学生，实际上大学生什么也得不到。

7. 工资陷阱

工资是一个很模糊的概念，所以大学生在找工作的时候不要只看表面工资的多少，最好还是要问清楚具体内容。工资包含的内容很多，比如福利、保险、奖金等。有的用人单位在招聘的时候，只说基本工资，其他如奖金、福利、保险等，根本不包括在内；而有的用人单位尽管承诺的工资不低，可是保险等需要扣除的项目也都包括在内，在东扣西扣之后，最后剩的钱并不多。

8. 智力陷阱

有的用人单位按程序假装对前来应聘的大学生进行面试、笔试。用人单位在面试、笔试时把本单位遇到的问题以考卷的形式要求应聘者作答或设计，然后找出各种理由推辞，结果无一人被录用，而用人单位将应聘者的劳动成果据为己有，如大学生的程序、广告设计方案等。

9. 协议陷阱

常见的协议（合同）陷阱有以下几种。

（1）用人单位不与毕业生签订就业协议书。

（2）用人单位不与毕业生签订劳动合同。

（3）用人单位不将招聘的承诺写入合同。

10. 试用期陷阱

一般来说，用人单位有试用期是正常的，试用期的薪水一般都不高，等到转正之后，薪水会有较大幅度的提高。有的用人单位为了使用廉价劳动力，抓住毕业大学生急于找工作的心理，堂而皇之地打出试用期的牌子，看起来非常规范，待试用期刚过，便以种种理由告诉应聘者不符合录用条件不予转正。

四、谨防传销

（一）传销的概念

传销是指组织者通过发展人员或者要求被发展人员以交纳一定费用为条件取得加入资格等方式非法获得财富的行为。传销的本质是"庞氏骗局"，即以后来者的钱作为前面人的收益。

什么是传销

传销组织者的首选发展对象常常是急于挣钱的打工者，特别是刚刚毕业的大学生。他们通过各种渠道得到发展对象的电话后，便打着同乡、同学、亲戚等幌子，以帮忙找工作为由，以高薪为诱饵，因人而异，投其所好，欺骗将要毕业的大学生进行传销活动。大学生一旦进入陷阱，便限制其人身自由，迫使其从事传销，要么交入门费，要么以需要购买传销产品为入门条件。传销组织者还采取扣留身份证、控制通信工具、监视等手段不让受害人离开，强迫受害人联系亲友寄钱、寄物，从中牟利。

新型传销不限制人身自由，不收身份证、手机，不集体上大课，而是以资本运作为旗号拉人骗钱，最后让被发展人员走到血本无归的地步。

（二）识别防范传销

1. 如何识别传销

当前，传销组织往往打着"直销""连锁经营""电子商务""人际网络营销"等旗号从事传销活动。识别传销应从以下几个方面入手：

（1）从组织方式看，传销组织者承诺参加者发展他人加入后有高额回报，参加者再以同样的方式介绍和发展他人加入，以此组成上下线紧密联系的传销网络；

（2）从计酬方式看，传销组织者以参加者发展下线的数量为依据计算和给付报酬，或以参加者发展的下线的销售业绩为依据给付报酬，形成传销的"金钱链"；

（3）从销售方式看，与直销的单层次销售（即推销员直接将商品推销给最终消费者）相区别，传销是多层次网络式销售；

（4）从经营目的看，传销不以销售商品为最终目的，而以发展人员数量、骗取钱财为最终目的。

2. 如何防范传销

（1）树立正确的就业观。加强理论知识的学习，提高专业素养，立足个人实际情况寻找适合自己的工作。

（2）不要相信天上会掉馅饼。不要有急功近利、一夜暴富的心理。脚踏实地，勤勤恳恳创造自己的生活。

（3）学习《禁止传销条例》《直销管理条例》等相关法律规定，掌握识别传销的基本知识，树立传销违法、拒绝传销的防范意识。

大学生如果发现有组织从事传销活动，应设法与当地公安机关、工商管理部门取得联系，及时举报。

五、求职就业中的安全防范与权益维护

大学生应在日常的学习生活中积累安全知识，在选择求职单位、投放个人资料、面试、试用等各个环节提高警惕，小心应对，才能够顺利就业。

（一）招聘信息仔细核查

大学生如能在第一环节鉴别真假，识别虚假信息，就能有效保证人身安全，避免上当受骗引起的资料费、交通费和其他损失。

1. 搜集用人单位信息

大学生可通过如下渠道搜集到用人单位的信息。

（1）第三方招聘求职网站。

（2）用人单位官方网站。

（3）老师、同学、本专业上届校友。

（4）工商行政管理局官方网站或企业注册登记信息公开网站。

2. 分析用人单位信息

大学生在求职就业的过程中搜集到的用人单位的信息未必真实可信，只有通过对搜集到的信息进行分析才能在求职就业的过程中正确决策。

（二）填写资料留有余地

（1）不要填写过于详尽的资料。

（2）只交证件影印本，不交证件证书原件。将空白部分打叉。在复印件上最好注明"仅供应聘使用"。

（3）个人的联系方式一般提供手机号码和电子邮件，固定电话最好提供负责就业工作的老师或辅导员的办公电话，切记不要提供家庭详细住址、电话。

（4）记录好何时、何地向哪家公司投放了简历，何人接收，记录好投放方式，如招聘会现场递交、电子邮件、信件邮寄等。

（三）面试须谨慎

（1）大学生在面试的第一天或职前训练的前几天，应先了解公司经营状况、规模、信誉度、应聘岗位工作性质等。

（2）大学生遇到面试地点偏僻、隐秘或是更换面试地点的情况，或是要求夜间面试者，皆应加倍小心。如果用人单位约定面试的地点与学校就业指导中心发布的信息不一致，绝对不能贸然前往。

（3）大学生单独外出面试时，要告诉同学或辅导员，让同学知道自己的去向及安排，如不能按时回来，应事先电话告知。

（4）大学生在面试当场不要急于给对方明确的承诺，应告知对方考虑后再回复，可回校征求老师、家长的意见后再决定。

常见的合同陷阱

（1）"生死合同"。在危险性较高的行业，用人单位往往在合同中写上一些逃避责任的条款，典型的如"发生伤亡事故，单位概不负责"。

（2）"暗箱合同"。这类合同隐瞒工作过程中的职业危害，或者采取欺骗手段剥夺从业人员的合法权利。

（3）"霸王合同"。有的用人单位与从业人员签订劳动合同，只强调自身的利益，无视从业人员依法享有的权益，不容许从业人员提出意见，甚至规定"本合同条款由用人单位解释"等。

（4）"卖身合同"。这类合同要求从业人员无条件听从用人单位安排，用人单位可以任意安排加班加点，强迫劳动，使从业人员完全失去人身自由。

（5）"双面合同"。一些用人单位在与从业人员签订合同时准备了两份合同：一份合同用来应付有关部门的检查；一份用来约束从业人员。

在找到合适的工作单位,与对方达成就业意向后,毕业大学生还需要签订《全国普通高等学校毕业生就业协议书》(以下简称"《就业协议书》")。《就业协议书》的签订在形式上宣告了就业工作花开有果,尘埃落定。但有的毕业大学生正式到单位报到后,用人单位一改约定,擅自降低劳动报酬,变更原来双方约定的工作岗位,更有甚者以"试用期"(或见习期)为由不签订劳动合同,使得毕业大学生长期处于"试用期"。毕业大学生做最累的工作、拿最低的报酬,利益受到了侵害。所以,毕业大学生在签订就业协议前,要反复斟酌,多方面考察,方可落笔,签了就业协议后同样要签劳动合同。

(四)维权

大学生在求职就业时遭遇各类伤害要敢于维权,善于维权。这不仅能够保护自己的合法权益,而且能协助有关部门有效、及时地惩处一些不法分子,净化人力资源环境,使自己今后寻求工作和其他人寻求工作时能够有一个比较安全的人力资源市场。

(1)大学生应认真学习有关保障劳动者权益的法律法规,学会保全证据。和用人单位签订的劳动合同及其他协议都是重要证据,不用担心其中一些有失公平的条款因为合同双方签字了就得不到《中华人民共和国劳动法》的保护。恰恰相反,对这些不合法的条款,仲裁机构是不予支持的。如果大学生没有与用人单位签合同,只要存在事实劳动关系,工资单、员工卡、工作证、押金条、考勤记录、工作量记录等都是有效证据,在日常生活中要注意保留,这样申请劳动仲裁时才能维权。

(2)大学生在遇到劳动侵权现象时,主要有两种途径维权:第一,向当地劳动保障监察机构进行投诉,由其进行查处;第二,向当地劳动争议仲裁委员会提出申诉。

(3)注意时效性。劳动争议申请仲裁的时效期间为1年。仲裁时效期间从当事人知道或者应当知道其权利被侵害之日起计算。因工受伤的职工申请工伤认定是有明确时效规定的,即应当在1年内申请,如果超过1年将被视为放弃工伤认定的权利。

(4)大学生发现传销行为,应当向传销行为发生地的工商管理部门和公安机关举报,对将他人骗往异地、限制人身自由从事传销的,向传销行为地公安机关举报。

(5)大学生发现涉嫌诈骗的企业或中介也可以向公安机关报案。

禁止传销条例（摘录）

第二章　传销行为的种类与查处机关

第七条　下列行为，属于传销行为：

（一）组织者或者经营者通过发展人员，要求被发展人员发展其他人员加入，对发展的人员以其直接或者间接滚动发展的人员数量为依据计算和给付报酬（包括物质奖励和其他经济利益，下同），牟取非法利益的；

（二）组织者或者经营者通过发展人员，要求被发展人员交纳费用或者以认购商品等方式变相交纳费用，取得加入或者发展其他人员加入的资格，牟取非法利益的；

（三）组织者或者经营者通过发展人员，要求被发展人员发展其他人员加入，形成上下线关系，并以下线的销售业绩为依据计算和给付上线报酬，牟取非法利益的。

第八条　工商行政管理部门依照本条例的规定，负责查处本条例第七条规定的传销行为。

第九条　利用互联网等媒体发布含有本条例第七条规定的传销信息的，由工商行政管理部门会同电信等有关部门依照本条例的规定查处。

第十条　在传销中以介绍工作、从事经营活动等名义欺骗他人离开居所地非法聚集并限制其人身自由的，由公安机关会同工商行政管理部门依法查处。

第十一条　商务、教育、民政、财政、劳动保障、电信、税务等有关部门和单位，应当依照各自职责和有关法律、行政法规的规定配合工商行政管理部门、公安机关查处传销行为。

第十二条　农村村民委员会、城市居民委员会等基层组织，应当在当地人民政府指导下，协助有关部门查处传销行为。

第十三条　工商行政管理部门查处传销行为，对涉嫌犯罪的，应当依法移送公安机关立案侦查；公安机关立案侦查传销案件，对经侦查不构成犯罪的，应当依法移交工商行政管理部门查处。

第三章 查处措施和程序

第十四条 县级以上工商行政管理部门对涉嫌传销行为进行查处时,可以采取下列措施:

(一)责令停止相关活动;

(二)向涉嫌传销的组织者、经营者和个人调查、了解有关情况;

(三)进入涉嫌传销的经营场所和培训、集会等活动场所,实施现场检查;

(四)查阅、复制、查封、扣押涉嫌传销的有关合同、票据、账簿等资料;

(五)查封、扣押涉嫌专门用于传销的产品(商品)、工具、设备、原材料等财物;

(六)查封涉嫌传销的经营场所;

(七)查询涉嫌传销的组织者或者经营者的账户及与存款有关的会计凭证、账簿、对账单等;

(八)对有证据证明转移或者隐匿违法资金的,可以申请司法机关予以冻结。

工商行政管理部门采取前款规定的措施,应当向县级以上工商行政管理部门主要负责人书面或者口头报告并经批准。遇有紧急情况需要当场采取前款规定措施的,应当在事后立即报告并补办相关手续;其中,实施前款规定的查封、扣押,以及第(七)项、第(八)项规定的措施,应当事先经县级以上工商行政管理部门主要负责人书面批准。

第十五条 工商行政管理部门对涉嫌传销行为进行查处时,执法人员不得少于2人。

执法人员与当事人有直接利害关系的,应当回避。

第十六条 工商行政管理部门的执法人员对涉嫌传销行为进行查处时,应当向当事人或者有关人员出示证件。

第十七条 工商行政管理部门实施查封、扣押,应当向当事人当场交付查封、扣押决定书和查封、扣押财物及资料清单。

在交通不便地区或者不及时实施查封、扣押可能影响案件查处的,可以先行实施查封、扣押,并应当在24小时内补办查封、扣押决定书,送达当事人。

第十八条 工商行政管理部门实施查封、扣押的期限不得超过30日;案件情况复杂的，经县级以上工商行政管理部门主要负责人批准，可以延长15日。

对被查封、扣押的财物，工商行政管理部门应当妥善保管，不得使用或者损毁；造成损失的，应当承担赔偿责任。但是，因不可抗力造成的损失除外。

第十九条　工商行政管理部门实施查封、扣押，应当及时查清事实，在查封、扣押期间作出处理决定。

对于经调查核实属于传销行为的，应当依法没收被查封、扣押的非法财物；对于经调查核实没有传销行为或者不再需要查封、扣押的，应当在作出处理决定后立即解除查封，退还被扣押的财物。

工商行政管理部门逾期未作出处理决定的，被查封的物品视为解除查封，被扣押的财物应当予以退还。拒不退还的，当事人可以向人民法院提起行政诉讼。

第二十条　工商行政管理部门及其工作人员违反本条例的规定使用或者损毁被查封、扣押的财物，造成当事人经济损失的，应当承担赔偿责任。

第二十一条　工商行政管理部门对涉嫌传销行为进行查处时，当事人有权陈述和申辩。

第二十二条　工商行政管理部门对涉嫌传销行为进行查处时，应当制作现场笔录。

现场笔录和查封、扣押清单由当事人、见证人和执法人员签名或者盖章，当事人不在现场或者当事人、见证人拒绝签名或者盖章的，执法人员应当在现场笔录中予以注明。

第二十三条　对于经查证属于传销行为的，工商行政管理部门、公安机关可以向社会公开发布警示、提示。

向社会公开发布警示、提示应当经县级以上工商行政管理部门主要负责人或者公安机关主要负责人批准。

第四章　法律责任

第二十四条　有本条例第七条规定的行为，组织策划传销的，由工商行政管理部门没收非法财物，没收违法所得，处50万元以上200万元以下的罚款；构成犯罪的，依法追究刑事责任。

有本条例第七条规定的行为，介绍、诱骗、胁迫他人参加传销的，由工商行政管理部门责令停止违法行为，没收非法财物，没收违法所得，处10万元以上50万元以下的罚款；构成犯罪的，依法追究刑事责任。

有本条例第七条规定的行为，参加传销的，由工商行政管理部门责令停止违法行为，可以处2 000元以下的罚款。

第二十五条　工商行政管理部门依照本条例第二十四条的规定进行处罚时，可以依照有关法律、行政法规的规定，责令停业整顿或者吊销营业执照。

第二十六条　为本条例第七条规定的传销行为提供经营场所、培训场所、货源、保管、仓储等条件的，由工商行政管理部门责令停止违法行为，没收违法所得，处5万元以上50万元以下的罚款。

为本条例第七条规定的传销行为提供互联网信息服务的，由工商行政管理部门责令停止违法行为，并通知有关部门依照《互联网信息服务管理办法》予以处罚。

第二十七条　当事人擅自动用、调换、转移、损毁被查封、扣押财物的，由工商行政管理部门责令停止违法行为，处被动用、调换、转移、损毁财物价值5%以上20%以下的罚款；拒不改正的，处被动用、调换、转移、损毁财物价值1倍以上3倍以下的罚款。

第二十八条　有本条例第十条规定的行为或者拒绝、阻碍工商行政管理部门的执法人员依法查处传销行为，构成违反治安管理行为的，由公安机关依照治安管理的法律、行政法规规定处罚；构成犯罪的，依法追究刑事责任。

第二十九条　工商行政管理部门、公安机关及其工作人员滥用职权、玩忽职守、徇私舞弊，未依照本条例规定的职责和程序查处传销行为，或者发现传销行为不予查处，或者支持、包庇、纵容传销行为，构成犯罪的，对直接负责的主管人员和其他直接责任人员，依法追究刑事责任；尚不构成犯罪的，依法给予行政处分。

第五章

公共安全

学习目标

1. 了解地震灾害的基本知识
2. 掌握地震逃生的技巧
3. 了解泥石流灾害的特点和危害
4. 学会预防泥石流灾害的方法
5. 了解雷电灾害,掌握预防雷击的技巧
6. 了解溺水事故的预防
7. 了解溺水事故的自救与互救方法
8. 了解踩踏事故的发生及预防踩踏事故的方法
9. 了解突发公共卫生事件的特点
10. 了解常见传染病的特点,掌握传染病的预防技巧

知识导图

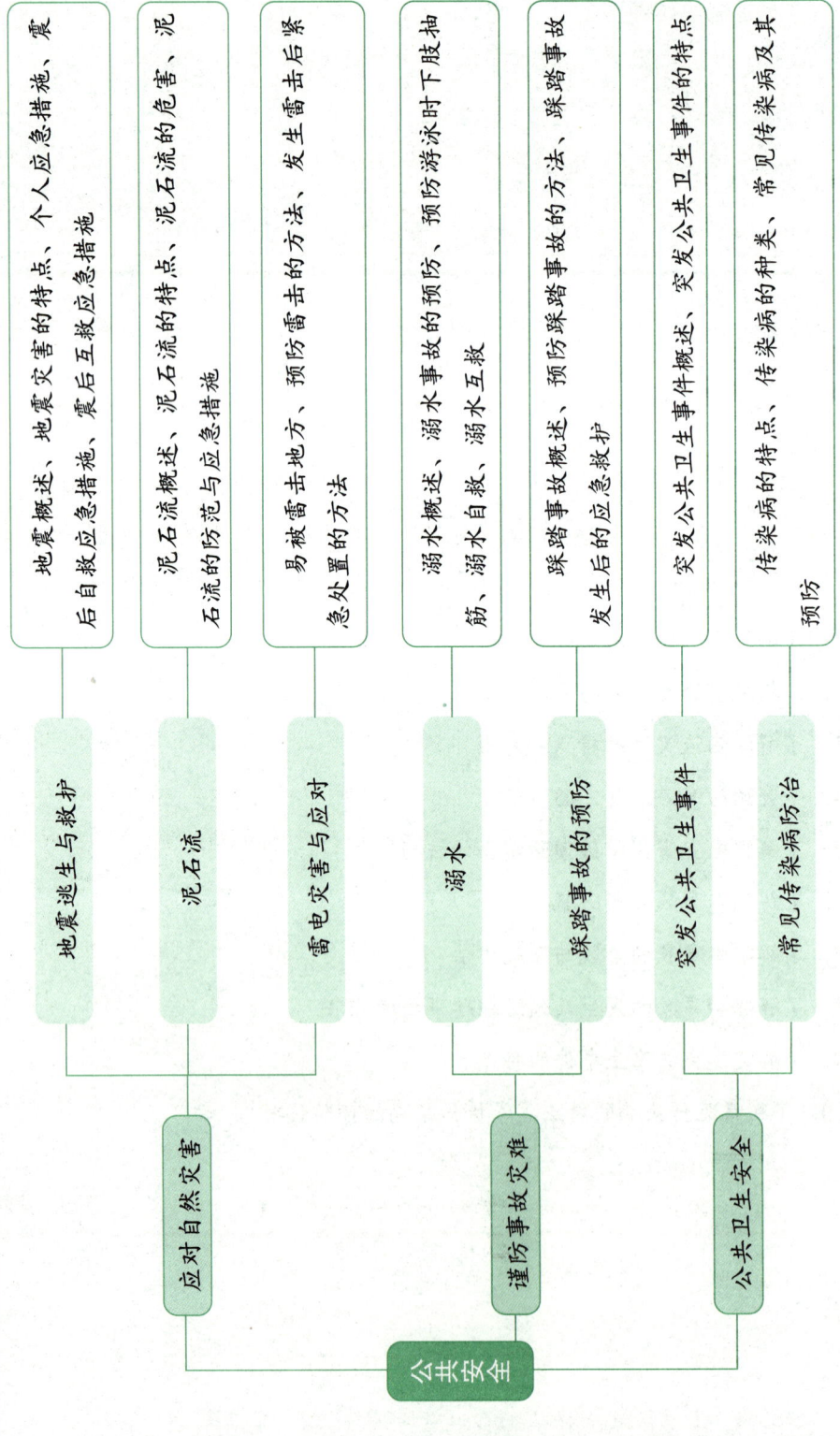

第一节 应对自然灾害

情景引入

汶川地震：北京时间 2008 年 5 月 12 日 14 时 28 分 4 秒，四川省汶川县发生地震。根据中华人民共和国地震局的数据，汶川地震的面波震级为 8.0 级。地震波及亚洲多个国家和地区，中国北至内蒙古，东至上海，西至西藏，南至香港、台湾等地区均有震感，中国之外的泰国、越南、菲律宾和日本等国也有震感。

汶川地震严重破坏地区约 50 万平方千米，其中，极重灾区共 10 个县（市），较重灾区共 41 个县（市），一般灾区共 186 个县（市）。截至 2008 年 9 月 25 日，汶川地震共计造成 69 227 人遇难、17 923 人失踪、374 643 人不同程度受伤、1 993.03 万人失去住所，受灾总人口达 4 625.6 万人。截至 2008 年 9 月，汶川地震造成直接经济损失 8 451.4 亿元。汶川地震是中华人民共和国成立以来破坏性最强、波及范围最广、灾害损失最重、救灾难度最大的一次地震。

2009 年 3 月 2 日，经中华人民共和国国务院批准，自 2009 年起，每年 5 月 12 日为"全国防灾减灾日"。

舟曲特大泥石流：2010 年 8 月 7 日 22 时左右，甘南藏族自治州舟曲县城东北部山区突降特大暴雨，降雨量达 97 mm，持续 40 多分钟，引发三眼峪、罗家峪等四条沟系特大山洪地质灾害。泥石流长约 5 km，平均宽度 300 m，平均厚度 5 m，总体积 750 万立方米，流经区域被夷为平地。舟曲特大泥石流灾害共造成 1 557 人遇难，208 人失踪。

湖南岳阳泥石流：2011 年 6 月 9 日晚开始，岳阳市发生强降雨，北部、东部地区的临湘市、云溪区、岳阳楼区、岳阳经济技术开发区、岳阳县、平江县等地降雨强度特别大。全市 6 小时降雨量大于 100 mm 的站点 42 个，大于 200 mm 的站点 14 个。因短时间降雨强度特大，岳阳市局部地区发生山洪泥石流灾害。截至 6 月 11 日凌晨，已造成 18 人死亡、28 人失踪。

一、地震逃生与救护

（一）地震概述

地震又称地动、地震动，是地壳快速释放能量过程中造成的振动，其间会产生地震波。地球上板块与板块之间相互挤压碰撞，造成板块边沿及板块内部产生错动和破裂，是引起地震的主要原因。

地震开始发生的地点称为震源，震源正上方的地面称为震中。破坏性地震的地面振动最烈处称为极震区，极震区往往也就是震中所在的地区。地震常常造成严重人员伤亡，能引起火灾、水灾、有毒气体泄漏、细菌及放射性物质扩散，还可能造成海啸、滑坡、崩塌、地裂缝等次生灾害。

地球上每年约发生 500 多万次地震，即每天要发生上万次的地震。其中绝大多数太小或太远，以至于人们感觉不到；真正能对人类造成严重危害的地震大约有数十次；能造成特别严重灾害的地震有一两次。人们感觉不到的地震，必须用地震仪才能记录下来。不同类型的地震仪能记录不同强度、不同远近的地震。世界上运转着数以千计的各种地震仪器，它们日夜监测着地震的动向。人类文明发展到现阶段，应对地震能做的是提高建筑抗震等级，做好防御。

（二）地震灾害的特点

1. 突发性强

地震发生十分突然，持续时间只有十几秒、几十秒钟，但在这短暂的时间内会造成建筑物倒塌、桥梁断裂、人员伤亡等灾害，人们从思想上到物质上都没有准备时间，来不及采取任何措施，灾难就降临了，所以预防难度大，后果严重。

2. 破坏性大

发生在人口稠密和经济发达地区的大地震往往可造成大量人员伤亡和巨大经济损失。

3. 影响面广

强烈地震发生后，不但人员伤亡惨重、经济损失巨大，严重影响人们的正常生活和经济活动，而且对人们的心灵也造成巨大创伤，这种创伤不是短时间能够愈合的。

4. 连锁性强

地震发生后，除了因建筑物破坏引发的灾害外，还会引起一系列次生灾害，如火灾、水灾、海啸、山体滑坡、泥石流、毒气泄漏、疾病流行、放射性污染等。特别是现代化城市地区，一旦地震发生，会造成供电系统破坏，交通中断，通信系统、网络系统瘫痪，供水、煤气和输油管道破裂，灾害和损失更加严重，直接影响社会安定和人们正常生活。

 小知识

地震前兆

1. 地下水异常

（1）水位、水量的反常变化。如天旱时节井水水位上升、泉水水量增加，丰水季节水位反而下降或泉水断流；有时还出现井水自流、自喷等现象。

（2）水质的变化。如井水、泉水等变色、变味（如变苦、变甜）、变浑，有异味等。

（3）水温的变化。水温超过正常变化范围。

（4）其他。如翻花冒泡、喷气发响、井壁变形等。

2. 动物异常

动物是观察地震前兆的"活仪器"，它们往往在震前出现各种反常行为，向人们预示灾难的临近。已发现有上百种动物震前有一定反常表现，其中异常反应比较普遍的有20多种。最常见的动物异常现象如下：

（1）惊恐反应：如大牲畜不进圈，狗狂吠，鸟或昆虫惊飞、非正常群迁等。

（2）抑制型异常：如行为变得迟缓，或发呆发痴、不知所措，或不肯进食等。

（3）生活习性变化：如冬眠的蛇出洞，老鼠白天活动不怕人，大批青蛙上岸活动等。

3. 电磁异常

电磁异常是指地震前家用电器如收音机、电视机、荧光灯等出现的失灵现象。最常见的是收音机失灵，手机信号减弱或消失，电子闹钟失灵等现象。

（1）地声。地震发生前，往往有声响自地下深处传来，这就是"地声"。地声一般出现在震前几分钟、几小时、几天或更早，以临震前几分钟出现得最多。

> 地声与平日人们熟悉的声音不同且多种多样。如"犹如列车从地下奔驰而来","似采石放连珠炮般的声响",类似"机器轰鸣声""狂风呼啸声""石头相互摩擦声"等。但是,有时地声也不易与远处传来的风声、雷声、机器轰鸣声等相区别。
>
> (2)地光。地光也是临震时出现的一种现象,中国已在多次地震前观测到,它们一般出现在临震时或震时,也有出现于震前数小时或更早的。
>
> 地光的颜色很多,有红、黄、蓝、白、紫等,有的也像电火光。它们的形状各异,有带状、片形、球状、柱状、火样等。地光出现的时间一般很短,所以不易观测。鉴别地光也有一定难度,因为它的形状和颜色有时也与电焊光、闪电等有相似之处。

(三)个人应急措施

地震发生时,要保持清醒的头脑,充分利用地震开始到结束的瞬间科学避震。在地震发生瞬间,首先判断地震的远近及大小,一般近震先上下颤动后左右摇晃,远震颤动不明显,以左右摇晃为主。一般小震和远震不必外逃,对于强烈近震,是逃是躲要因地制宜。

(1)在平房内的人,应充分利用时间,头顶被子、枕头或安全帽,跑到屋外。来不及逃生时可迅速躲在墙根处或坚固家具下,蹲在地上,保护头、胸等要害部位,闭目,用鼻子呼吸,并用毛巾或衣物捂住口鼻,以隔挡呛人的灰尘。正在用火时,应随手关掉煤气或电开关,然后迅速躲避。

(2)在楼房内的人,要迅速远离外墙、门窗和阳台,选择厨房、卫生间、楼梯间等空间小且不易倒塌的空间避震;也可以躲在墙根、墙角、坚固家具旁等易于形成三角空间的地方。千万不要盲目跳楼,也不能使用电梯。

(3)室外的人要避开高大建筑物,把书包等物顶在头上,防止被玻璃碎片、屋檐、装饰物砸伤,迅速跑到街心或空旷场地蹲下;尽量远离高压线及石化、化学、煤气等有毒工厂或设施;不要急于跑进室内救人。行驶的汽车、火车要紧急停车。

(4)正在工作场所的人,要迅速关掉电源和气源闸门、开关,然后就近选择在牢固的设备或办公家具下躲藏,防止次生灾害发生。

(5)在公共场所,如车站、影剧院、商店、教室、地铁等场所的人,要保持镇静,

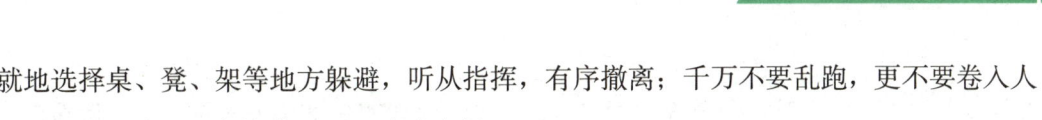

就地选择桌、凳、架等地方躲避，听从指挥，有序撤离；千万不要乱跑，更不要卷入人流，乱拥乱挤，以免挤伤踩死，造成大祸。

（6）正在野外的人，要避开山脚、陡崖，以防山崩、滚石、滑坡、泥石流等的击砸，如遇山崩滑坡，要向垂直于滚石的方向跑。

（7）遇到特殊危险的人要根据不同情况采取避险措施。燃气泄漏时，用湿毛巾捂住口鼻，不可用明火，震后设法转移；遇到火灾时，趴在地上，用湿毛巾捂住口鼻，匍匐逆风转移到安全地方；毒气泄漏时，用湿毛巾捂住口鼻，要绕到上风方向，震后及时转移。

（四）震后自救应急措施

地震对人身的伤害，大部分是倒塌的房屋造成的，一旦被废墟压埋、砸伤后，要学会自救。主要做到以下几点。

（1）被压埋在废墟下时，至关重要的是保持勇气和毅力。强烈的求生欲望和充满信心的乐观精神，是自救过程中创造奇迹的强大动力。

（2）被废墟压埋后，注意用湿手巾或其他布料等捂住口鼻，用衣服罩住头部，避免灰尘呛闷发生窒息及意外事故，尽量活动手和脚，消除压在身上的各种物体，用周围可搬动的物品支撑身体上方的重物，避免塌落，扩大安全活动空间，保证有足够的空气。条件允许时，应尽量设法逃离险境，朝更安全宽敞、有光亮的地方移动。

（3）被废墟压埋后，要注意观察周围环境，寻找通道，设法爬出去。无法爬出去时，不要大声呼喊，要保持体力，当确定附近有人时，再呼叫，或敲击出声，向外界传递求救信息。

（4）无力脱险时，尽量减少体力消耗，寻找食物和水，并计划使用，乐观等待时机，想办法与外面的援救人员取得联系。

【典型案例】2005年11月26日8时49分38.6秒，江西省九江市九江县与瑞昌市交界处发生5.7级地震，震波影响湖北、湖南、安徽等地。第一次地震发生时，阳新县浮屠镇中学580名学生正在上课。校舍摇晃、文具落地……学生们知道事情不妙，纷纷涌向教室门口冲往操场。场面一时失控。在二楼和三楼之间的楼梯口，几名学生跌倒，引发踩踏事件，47名学生不同程度受伤。另外，蕲春五所中学28名学生，武穴市两所中学28名学生，在疏散过程中挤压受伤。

新编大学生安全教育

【案例简析】地震时,如果在教室内上课,教师要组织学生不要往外逃,迅速蹲在课桌下,闭眼、抱头,等地震过后,再进行疏散。注意不要从楼上往下跳。在疏散时,要稳定学生的情绪,不要慌张,不要拥挤。

(五)震后互救应急措施

互救指灾区幸免于难和自救脱险的人员对仍埋压人员的救助。震后及时组织互救,抢时间,尽量提高救助效率,是减轻人员伤亡的关键。

互救的要点如下:

(1)在互救过程中,要有组织,讲究方法,避免盲目图快而增加不应有的伤亡。首先根据建筑物结构特点,通过侦听、呼叫、询问判断被埋人员的位置,特别是头部方位。在开挖施救中,最好用手一点点扒,不可用利器刨挖。

(2)救援要讲究科学性,首先应快速使被埋者的头部和胸部暴露,及时清除其口鼻内的尘土,使其呼吸畅通,然后再抢救。对已经窒息的人应立即进行人工呼吸。

(3)对于埋在废墟中的幸存者,首先应输送食物和饮料,然后边抢救边支撑,注意保护好幸存者的眼睛。

(4)对于颈椎和腰椎受伤的人员,施救时切忌生拉硬扯,要先让其全身暴露,然后慢慢移出,用硬木板担架送到医疗点,防止造成伤员瘫痪。

(5)对于埋压过久处于窒息、饥渴状态下的人,救出后应予以必要的护理,蒙上眼睛,避免阳光刺激,不可突然呼吸大量新鲜空气,不可一下进食过多,应避免被救者情绪过于激动。

(6)对于那些一息尚存的危重伤员,应尽可能在现场抢救,并迅速送往医疗点。

二、泥石流

(一)泥石流概述

泥石流是指由于降水(暴雨、冰川、积雪融化水)在沟谷或山坡上产生的一种夹带大量泥沙、石块和巨砾等固体物质的特殊洪流。其汇水、汇沙过程十分复杂,是各种自然和(或)人为因素综合作用的产物。

泥石流流动的全过程一般只有几个小时，短的只有几分钟，是一种广泛分布于世界各国一些具有特殊地形、地貌地区的自然灾害。它是山区沟谷或山地坡面上，由暴雨、冰雪融化等水源激发的，含有大量泥沙石块的介于夹沙水流和滑坡之间的土、水、气混合流。泥石流大多伴随山区洪水而发生。它与一般洪水的区别是洪流中含有大量泥沙石等固体碎屑物，其体积含量最少为15%，最高可达80%左右，因此比洪水更具有破坏力。

（二）泥石流的特点

泥石流具有突然性和流速快、流量大、物质容量大、破坏力强等特点。泥石流常常会冲毁公路、铁路等交通设施甚至村镇等，造成巨大损失。

小知识

泥石流的形成条件

泥石流一般发生在半干旱山区或高原冰川区。这里的地形十分陡峭，泥沙、石块等堆积物较多，树木很少。一旦暴雨来临或冰川解冻，大大小小的石块有了足够的水分，便会顺着斜坡滑动起来，形成泥石流。

1. 地形地貌条件

在地形上具备山高沟深，地势陡峻，沟床纵坡降大，流域形状便于水流汇集等特点。在地貌上，泥石流的地貌一般可分为形成区、流通区和堆积区三部分。上游形成区的地形多为三面环山，一面出口为瓢状或漏斗状，地形比较开阔，周围山高坡陡、山体破碎，植被生长不良，这样的地形有利于水和碎屑物质的集中；中游流通区的地形多为狭窄陡深的峡谷，谷床纵坡降大，使泥石流能迅猛直泻；下游堆积区的地形为开阔平坦的山前平原或河谷阶地，使堆积物有堆积场所。

2. 松散物质来源

泥石流常发生于地质构造复杂、断裂褶皱发育、新构造活动强烈、地震烈度较高的地区。地表岩石破碎，崩塌、错落、滑坡等不良地质现象发育，为泥石流的形成提供了丰富的固体物质来源。岩层结构松散、软弱、易于风化、节理发育或软硬相间成层的地区，因易受破坏，也能为泥石流提供丰富的碎屑物来源。另外，一些人类工程活动，如滥伐森林、开山采矿、采石弃渣水等，往往也为泥石流提供大量的物质来源。

3．水源条件

水既是泥石流的重要组成部分，又是泥石流的激发条件和搬运介质——动力来源。泥石流的水源，有暴雨、冰雪融水和水库溃决水体等形式。我国泥石流的水源主要是暴雨、长时间的连续降雨等。

（三）泥石流的危害

泥石流常常具有暴发突然、来势凶猛、迅速的特点，并兼有崩塌、滑坡和洪水破坏的作用，其危害程度比单一的崩塌、滑坡和洪水的危害更为严重。它对人类的危害具体表现在四个方面。

1．对居民点的危害

泥石流最常见的危害，是冲进乡村、城镇，摧毁房屋、工厂及其他场所设施，淹没人畜，毁坏土地，甚至造成村毁人亡的灾难。

2．对交通的危害

泥石流可直接埋没车站、铁路、公路，摧毁路基、桥涵等设施，致使交通中断，还可引起正在运行的火车、汽车颠覆，造成重大的人身伤亡事故。有时泥石流汇入河道，引起河道大幅度变迁，间接毁坏公路、铁路及其他构筑物，迫使道路改线，造成巨大的经济损失。

3．对水利工程的危害

泥石流可冲毁水电站、引水渠道及过沟建筑物，淤埋水电站尾水渠，并淤积水库、磨蚀坝面等。

4．对矿山的危害

泥石流可摧毁矿山及其设施，淤埋矿山坑道、伤害矿山人员，造成停工停产，甚至使矿山报废。

（四）泥石流的防范与应急措施

泥石流的发生往往是突然性的，发生时让人措手不及，出现混乱的局面。盲目地逃生可能导致更大的伤亡。在泥石流的多发地带，懂得泥石流的防范和发生泥石流的应对措施，对减少伤亡尤为重要。

1. 防范泥石流

防范泥石流，应注意以下几点：

（1）雨季不要搬动路边或山坡上的松散风化石，不要到采矿区和采空区逗留游玩。

（2）旅游出行要避开泥石流多发区，慎重选择住所的坐落位置，不要住在坡道上或沟壑附近。

（3）路经山谷地带，要留心观察周围环境情况，如果道路两旁植被遭严重破坏，又突遇暴雨，要迅速转移至安全地带，切勿停留。

（4）留意泥石流发生前的征兆。在大量降雨后，仔细听听从附近山谷是否传来打雷般的声响，如果有，应立即采取避险措施。

（5）河流突然断流或水势突然加大，沟谷深处突然变得昏暗，还有轻微震动感，这些迹象都表明沟谷上游已发生泥石流，必须迅速转移。

（6）如在野外露营，要选择高处平坦安全的地方，尽可能避开有滚石和易发生滑坡的坡地下边，不要在山谷及河沟底驻扎。

2. 应急措施

当泥石流发生时，必须遵循泥石流的规律采取科学的应急措施，而不能莽撞和随意行动。当遇上泥石流时，可采取以下应急避险措施：

遇到泥石流怎么办

（1）从容观察泥石流的走向，不要顺着泥石流可能倾泻的方向跑，不要在树上和建筑物内躲避。泥石流的威力要大于洪水，其流动途中可摧毁沿途的一切障碍，要向泥石流倾泻方向的两侧高处躲避。

（2）不要在土质松软、土体不稳定的斜坡处停留，以免斜坡失衡下滑，应待在基底稳固的高处。

（3）应避开河湾处的凹岸或地方狭小、高度不足的凸崖，因为泥石流有很强的淘刷功能和直进性，这些地方很危险。

（4）逃出时多带些衣物和食品，因为滑坡区交通不便，救援困难，而泥石流过后大多是阴冷的天气，要防止饥饿和冻伤。

（5）泥石流会间歇发生，如果要经过刚发生泥石流的地区，最好绕道找一条安全的路线。

（6）作为旅游者乘汽车或火车遇到泥石流时，应果断弃车而逃，躲在车上容易被掩埋在车厢里窒息而死。

> 【典型案例】 2012年8月底的一天，家住云南省昭通镇雄县花山乡花山村的湖南某高校学生龙某，因家乡遭受暴雨引起的泥石流特大灾害，家里的所有房屋坍塌。所幸家中五口人都得以逃脱，无生命危险。
>
> 【案例简析】 遇到泥石流灾害，应迅速逃生自救。大学生掌握一定的应急避险技巧非常必要。

三、雷电灾害与应对

雷电是伴有闪电和雷鸣的一种令人生畏的自然现象。雷电一般产生于对流发展旺盛的积雨云中，因此常伴有强烈的阵风和暴雨，有时还伴有冰雹和龙卷风。

防雷击

（一）易被雷击地方

（1）缺少避雷设备或避雷设备不合格的高大建筑物、储罐等；

（2）没有良好接地的金属屋顶；

（3）潮湿或空旷地区的建筑物、树木等；

（4）由于烟气的导电性，烟囱特别易遭雷击；

（5）建筑物上有无线电而又没有避雷器和良好接地的地方。

（二）预防雷击的方法

（1）建筑物上装设避雷装置。即利用避雷装置将雷电流引入大地而消失。

（2）雷雨天，不要靠近高压变电室、高压电线和孤立的高楼、烟囱、电杆、大树、旗杆等，更不要站在空旷的高地上或在大树下躲雨。

（3）雷雨天，不能用有金属立柱的雨伞。在郊区或露天操作时，不要使用金属工具，如铁撬棒等。

（4）雷雨天，不要穿潮湿的衣服靠近或站在露天金属商品的货垛上。

（5）雷雨天，在高山顶上不要开手机，更不要用手机打电话。

（6）雷雨天不要触摸和接近避雷装置的接地导线。

（7）雷雨天，在户内应离开照明线、电话线、电视线等线路，以防雷电侵入被其伤害。

（8）雷雨天，严禁在山顶或者高丘地带停留，切忌继续登往高处观赏雨景，不能在大树下、电线杆附近躲避，也不要行走或站立在空旷的田野里，应尽快躲在低洼处，或尽可能找房屋或干燥的洞穴躲避。

（9）雷雨天，摘下金属架眼镜、手表，若是骑车旅游要尽快离开自行车，总之要远离一切金属制物体，以免产生导电而被雷电击中。

（10）雷雨天，不要去江、河、湖边游泳、划船、垂钓等。

（三）发生雷击后紧急处置的方法

（1）发现有人被雷击时，应立即拨打120急救电话将被雷击者送往医院。

（2）如果被雷击者呼吸、心跳已经停止，应立即对被雷击者就地做人工呼吸和胸外心脏按压，积极进行现场抢救，千万不可因急着将被雷击者送往医院而不做抢救，否则会贻误抢救时机而致被雷击者死亡。有时候，还应在将被雷击者送往医院的途中继续进行人工呼吸和胸外心脏按压。

（3）要注意给被雷击者保温。若被雷击者有狂躁不安、痉挛抽搐等精神症状时，还要为其做头部冷敷。被电灼伤的部位，在急救条件下，只需保持干燥或包扎即可。

（4）心肺复苏。如果打雷闪电时有人突然倒下，口唇青紫，叹息样呼吸或不喘气，大声呼唤无反应，这表明被雷击者意识丧失、呼吸心搏骤停，应立即采取心肺复苏措施。

拓展阅读

心肺复苏术

心肺复苏也叫初级生命支持，包括人工呼吸和心脏按压。具体做法如下。

（1）救助者将伤者转移到安全的地方（同时注意救助者安全），将伤者轻轻地仰面平放在地上。救助者两腿分开，跪在伤者胸部的一侧，一手食指和中指并拢将伤者额部托起，保持呼吸道通畅。

（2）救助者用自己的口将伤者的口包住，另一只手捏紧伤者的鼻子，吸气后用力吹到伤者肺部；看见伤者的胸部膨起，然后放松手、放开口，看见伤者胸部回落。连续两次吹气后，接着做心脏按压。

（3）救助者一只手的掌根放在伤者胸骨和两乳头连线的交点上，紧贴伤者胸壁，另一只手重叠在第一只手上，以身体的重力垂直按压，使伤者胸廓下陷4～5 cm，按压频率约每分钟100次。

（4）一般来说，心脏按压30次，口对口人工呼吸式吹气2次。

第二节 谨防事故灾难

情景引入

2021年9月20日，广西壮族自治区柳江河柳州市区河段，壶西大桥东侧附近水域发生一起溺水事故。一名21岁的年轻男子谭某（广西某高校学生）在和2名同伴来河里游泳时溺水，同伴发现其失踪，立刻拨打报警电话求助。谭某被热心市民救上岸后，立刻就有人对其进行急救，随后120救护车赶到现场，专业的医务人员也立刻对谭某进行急救。但是两次急救都没有挽回谭某年轻的生命，谭某不幸溺水身亡。

2022年7月12日，岳阳市蓝天救援队接到水上派出所电话，在巴陵广场临水台阶附近水域，一名19岁大学生（男）于清晨5时左右不慎落水失联。队长陈华一边通知秘书组后方平台启动，同时调派10名队员携带声呐等救援装备出动救援。队员漆意、樊歆提前到现场了解情况。在各组配合下，仅用时13分钟就将溺水者找到并转移上岸。遗憾的是因溺水时间太久，溺水者已无生命体征。

一、溺水

（一）溺水概述

如何预防溺水

溺水又称淹溺，是人淹没于水或其他液体介质中并受到伤害的状况。水充满呼吸道和肺泡引起缺氧窒息；吸收到血液中的水引起血液渗透压改变、电解质紊乱和组织损害，最后造成呼吸停止和心脏停搏而死亡。

人体溺水后数秒钟内，本能地屏气，引起潜水反射（呼吸暂停、心动过缓和外周血管剧烈收缩），保证心脏和大脑血液供应。继而，出现高碳酸血症和低氧血症，刺激呼吸中枢，进入非自发性吸气期。随着吸气，水进入呼吸道和肺泡，充塞气道，导致严重缺氧、高碳酸血症和代谢性酸中毒。根据淹溺水的性质，溺水分为淡水淹溺和海水淹溺。

1. 淡水淹溺

江、河、湖、池中的水一般含盐量低，统称淡水。水进入呼吸道后影响通气和气体交换；水损伤气管、支气管和肺泡壁的上皮细胞，并使肺泡表面活性物质减少，引起肺泡塌陷，进一步阻滞气体交换，造成全身严重缺氧；淡水进入血液循环，稀释血液，引起低钠、低氯和低蛋白血症；血中的红细胞在低渗血浆中破碎，引起血管内溶血，导致高钾血症，最终因心室颤动而致心脏停搏；溶血后过量的游离血红蛋白堵塞肾小管，引起急性肾功能衰竭。

2. 海水淹溺

海水含 3.5% 氯化钠及大量钙盐和镁盐。海水对呼吸道和肺泡有化学性刺激作用。肺泡上皮细胞和肺毛细血管内皮细胞受海水损伤后，大量蛋白质及水分向肺间质和肺泡腔内渗出，引起急性非心源性肺水肿；高钙血症可导致心律失常，甚至心脏停搏；高镁血症可抑制中枢和周围神经，导致横纹肌无力、血管扩张和血压降低。

（二）溺水事故的预防

（1）大学生在游泳中遇到意外，要沉着、冷静，按照一定办法进行自我救护。自我救护不行时，发出呼救信号，以便及时得到同伴或救护员的帮助与救护。

（2）大学生在过饥、过饱、有醉意或心情欠佳时，不应下水游泳，饭后游泳最好要隔 1 小时。

（3）不要独自一人外出游泳，更不要到不知水情或比较危险且易发生溺水伤亡事故的地方去游泳。选择好的游泳场所，对场所的环境，如水库、浴场是否卫生，水下是否平坦，有无暗礁、暗流、杂草，水域的深浅等情况要了解清楚。

（4）最好在家长、老师或熟悉水性的人的带领下去游泳，以便互相照顾。

（5）要清楚自己的身体健康状况，平时四肢就容易抽筋者不宜游泳或不要到深水区游泳。要做好下水前的准备，先活动活动身体，如水温太低应先在浅水处用水淋洗身体，待适应水温后再下水游泳。

（6）对自己的水性要有自知之明，下水后不要逞能，不要贸然跳水和潜泳，更不要互相打闹，以免呛水和溺水。不要在急流和漩涡处游泳，更不要酒后游泳。

（7）在游泳中如果突然觉得身体不舒服，如眩晕、恶心、心慌、气短等，要立即上岸休息或呼救。

（8）在游泳过程中应该互相关照、互相关心，而不要相互嬉水，或捉弄对方；一起去游泳，如果有人提前上岸，要告诉其他人。

（三）预防游泳时下肢抽筋

（1）游泳前一定要做好热身运动。

（2）游泳前应考虑身体状况，如果太饱、太饿或过度疲劳时，不要游泳。

（3）游泳前先让四肢淋些水再下水，不要立即下水。

（4）游泳时如果胸痛，可用力压胸口，等到稍好时再上岸。

（5）腹部疼痛时，应上岸，最好喝些热的饮料或热汤，以保持身体温暖。

（四）溺水自救

（1）不要害怕沉入水中，当人落水之后或发生淹溺时，会产生极大的恐惧，因此就会本能地通过各种挣扎（如双手上举或胡乱划水等）试图使自己上浮，殊不知这样做只会适得其反。

（2）溺水后最重要的就是屏住呼吸，放松全身，去除身上的重物，同时要睁开眼睛，观察周围情况。如果身体沉入水中，就让它沉，因水有浮力，且浮力与水深有关，水越深液体压强就越大，浮力也就越大。故沉到一定程度，多数情况下，没有负重的人体就会停止下沉并自然向上浮起。

（3）一旦身体停止下沉并上浮时，溺水者应立即做如下动作：双臂掌心向下，促进自身上浮；当身体上浮时应冷静地采取头向后仰、面向上方的姿势，争取先将口鼻露出水面；一露面，应立即呼吸，同时大声呼救。

（4）溺水者的呼气要浅，吸气宜深，尽可能让自己的身体浮于水面，以等待他人救护，还可实施踩水技术，以避免自己下沉。

（5）不会游泳和踩水的溺水者不能将手上举或拼命挣扎，这样不但消耗体力，而且更容易使自己下沉。

（6）溺水者一定要全身放松，这一点非常重要，这样才能保存更多的体力，坚持更长的时间。

（7）如果在水深 2~3 m 的游泳池或在底部坚硬的水域或河床发生淹溺，溺水者可在触底时用脚蹬地加速上浮，浮出水面立即呼救，同样不要害怕再次下沉。如此反复，坚持到救援人员到来。

 小知识

下述情况必须及时呼叫专业救援人员

（1）在水情复杂或有危险的水域，如湍急的河流，水下有危险生物、严重低温水域，以及存在任何使一般人的救援不容易成功的原因时，都应呼叫带有特殊装备（如救生艇、潜水设备等）的专业救援人员。

（2）溺水者没有及时被救出，入水时间超过 5 分钟者需要呼叫专业医疗急救人员。

（3）溺水者为疾病患者、高龄者或儿童，被救后往往需要医疗支援。从理论上讲，溺水后有很多后续并发症，因此只要发生了真正意义的溺水，溺水者都需要去医院接受进一步诊疗。

（五）溺水互救

施救者要有自我保护意识，所有的施救者必须明确：施救者自己的安全必须放在首位。只有首先保护好自己，才有可能成功救人。否则非但救不了别人，还有可能葬送自己的生命。

施救者须注意以下几点。

1. 尽可能呼唤多人参与救援

人多力量大，同时可以相互照应，提高救援的安全性，因此发现有人淹溺时应尽可能多叫人来参与救援。除非万不得已，应尽量避免单人施救，尤其应避免单人独自下水施救，以免发生不测时无人帮助。

2. 不要盲目下水

因为水情不同，水下可能有很多未知因素，故即使是会游泳者甚至是游泳健将也不要盲目下水。不要以为游泳技术很好的人不会被淹死，应尽可能采用岸上救助法，下水救人是万不得已而为之的最后措施。

3. 禁止不会游泳者下水救人

不少人明知自己不会游泳却不假思索地盲目下水救人，这样非但救不了人，反而会增加损失，甚至付出生命的代价，类似愚蠢的做法已经夺去很多人的宝贵生命。岸上营救的方法有多种，不会游泳的人应高声呼叫他人援助或采用其他岸上救助的方法，绝对不允许盲目下水救人。

4. 救援时如发生意外应及时终止救援

如果救助者在救人时感到严重不适，如感到极度疲劳、水温过低、呛水、头晕眼花、胸壁憋闷、呼吸困难、四肢僵硬等，应果断放弃抢救，赶紧实施自保和求援，切勿继续勉强救人。

5. 及时呼叫专业救援人员

专业救援人员的技能和装备是一般人所不具备的，因此发生淹溺时应该尽快呼叫专业救援人员（医务人员、涉水专业救生员等），让他们尽快到达现场参与救援及上岸后的医疗救助工作。

小知识

溺水者上岸后的救援[①]

溺水者被救上岸后，施救者首先要迅速对溺水者进行身体情况检查，以确认溺水者的状态；其次才能根据不同的情况采取相应的急救措施。因此，在未查明溺水者的情况之前不要采取任何抢救措施，以免进行无用的抢救或错误的抢救。主要检查内容与救援措施有以下几点。

1. 意识检查

施救者通过观察并大声呼唤及拍打溺水者肩部的方法确认其有无意识丧失，如溺水者无反应即可认定其已经发生了意识丧失，此时应该就地尽快实施口对口吹气

---

① 郑大远，韩江卫. 大学生安全教育［M］. 北京：人民邮电出版社，2022：171.

人工呼吸两次。再检查溺水者的呼吸和心跳。

2. 呼吸心搏检查

施救者用平扫方法观察溺水者胸腹部有无起伏，或用看、听、感觉的方法检查，如胸部无起伏，则应断定溺水者已经丧失呼吸，此时应该立即检查溺水者有无心跳。对溺水者的呼吸心跳检查不同于普通情况的呼吸心跳检查，因有时溺水者在一定的时间内仅仅丧失了呼吸而有心跳存在，这不同于普通情况下呼吸停止间接提示心跳停止。因此溺水者即使停止了呼吸，仍然需要进一步检查心跳。如颈动脉无搏动，则应认定溺水者已经发生了心脏停搏，此时应立即展开心肺复苏。

3. 外伤检查

失足落水、遇到漩涡、跳水（如果头部先着地可造成颅脑及脊柱损伤等）及水情复杂或有很多杂物的水域里淹溺的溺水者常常有外伤情况，需要实施外伤检查。

施救者应让溺水者采取平卧位，通过询问、观察、局部按压和触摸的手法自上而下地检查溺水者有无在水中受伤。

4. 对意识清醒的溺水者的救援措施

除了炎热的夏季，施救者在其他季节抢救溺水者时都应采取保暖措施。脱去溺水者的湿衣服，擦干身体表面的水，换上干衣服，以减少体表水分蒸发带走热量。有条件时可用毛毯等物包裹溺水者身体保暖，还可充分按摩四肢，促进血液循环，并可酌情给予热饮料。千万不要给溺水者饮酒，那样会加快热量的流失。进一步检查患者，询问溺水者溺水原因、落水后的情况，以及有何不适感，有无呛水、喝水等；同时观察溺水者口唇及面色，测血压及心率，检查有无外伤等。

二、踩踏事故的预防

（一）踩踏事故概述

踩踏事故，是指在聚众集会中，特别是在整个队伍产生拥挤移动时，有人意外跌倒后，后面不明真相的人群依然在前行，对跌倒的人产生踩踏，从而导致拥挤加剧，更多的人跌倒，并恶性循环的群体伤害性意外事件。

意识到危险时奔跑、逃生，是人类的本能。大多数人会因为恐惧而"慌不择路"，引发拥挤甚至踩踏。踩踏事件轻者造成交通混乱，重者严重影响社会治安秩序，造成人员伤亡，产生极坏的影响。

在那些空间有限人群又相对集中的场所，例如球场、商场、狭窄的街道、室内通道或楼梯、影院、酒吧、夜总会等，较易发生踩踏事故。当身处这样的环境中时，一定要提高安全防范意识。

（二）预防踩踏事故的方法

在拥挤行进的人群中，如果前面有人摔倒，而后面不知情的人继续前行的话，极易出现像"多米诺骨牌"一样连锁倒地的拥挤踩踏现象。大学生应注意做到以下几点：

（1）人多的时候不拥挤、不起哄，不制造紧张或恐慌气氛。

（2）尽量避免到拥挤的人群中，不得已时，尽量走在人流的边缘。

（3）不论是听到上（下）课铃声，还是发生任何意外，大学生都要冷静处之，有秩序地进出教室，不要相互推搡和拥挤。

（4）在拥挤的人群中，要时刻保持警惕，当发现有人情绪不对，或人群开始骚动时，就要做好准备保护自己和他人。

（5）为了减少突遇意外时的慌乱，大学生应进行必要的演练。每一个大学生都应该清楚地了解，在遭遇突发事件必须撤离教室时，应遵循的顺序和撤离的路线。

（6）大学生发觉拥挤的人群向着自己行走的方向拥来时，应该迅速躲避到旁边；如果有可能，尽力抓住一样坚固牢靠的东西，例如楼梯护栏、扶手；不要奔跑，以免摔倒；如果旁边有可以躲避的地方，要暂避一时，等到人群过去后，迅速而镇静地离开现场。

（7）大学生在遭遇拥挤的人流时，一定不要采用体位前倾或者低重心的姿势，即便自己的鞋子被踩掉、携带的物品被挤掉，也不要贸然弯腰系鞋带或者俯身捡拾东西等，防止被挤倒在地或被踩伤。

（8）大学生如果身不由己陷入人群之中，一定要先稳住双脚，切记远离玻璃窗，以免因玻璃破碎而被扎伤。

（9）当发现自己前面有人突然摔倒了，要马上停下脚步，同时大声呼救，告知后面的人不要向前靠近。

（10）顺着人流行走，不要逆着人流行走。

（三）踩踏事故发生后的应急救护

学校一旦发生踩踏事故，要立刻采取有效的应对措施，做好急救和处理，最大限度地减少踩踏事故对大学生造成的伤害。

1. 启动应急预案

踩踏事故发生后，学校要立即启动拥挤踩踏事故应急预案。迅速拨打"120""110"，抢救受伤人员，在规定时间内向有关上级部门报告。

2. 疏导现场人员

学校要利用一切有效手段快速疏导现场人员，将大学生尽快疏散到安全地点，禁止无关人员滞留现场，防止有人故意制造恐慌气氛，避免再次发生安全事故。一方面，在医务人员到达现场前，要抓紧时间用科学的方法开展救治工作。在救治中，学校要遵循先救重伤者、老人、儿童及妇女的原则。判断伤势的依据：神志不清、呼之不应者伤势较重；脉搏急促而乏力者伤势较重；血压下降、瞳孔放大者伤势较重；有明显外伤，血流不止者伤势较重。当救治者发现伤者呼吸、心跳停止时，要赶快做人工呼吸，辅之以心肺复苏。

> **拓展阅读**

> **上海外滩踩踏事件**
>
> 2014年12月31日深夜，正值跨年活动，因很多游客市民聚集在上海外滩迎接新年，上海市黄浦区外滩陈毅广场东南角通往黄浦江观景平台的人行通道阶梯处底部有人失衡跌倒，继而引发多人摔倒、叠压，致使拥挤踩踏事件发生。
>
> 2014年12月31日22时37分，外滩陈毅广场东南角北侧人行通道阶梯处的单向通行警戒带被冲破以后，现场值勤民警竭力维持秩序，仍有大量市民游客逆行涌上观景平台。
>
> 23时23分至33分，上下人流不断对冲后在阶梯中间形成僵持，继而形成"浪涌"。
>
> 23时30分，警方从监控探头中发现陈毅广场上下江堤的一个通道上，发生人员滞留的情况，立即调集值班警力赶赴现场。民警遭超大规模拥挤人流的阻隔，采

上海外滩踩踏事件

取了强行切入的方式,进入所用时间比正常时间多5~8分钟。

23时35分,僵持人流向下的压力陡增,造成阶梯底部有人失衡跌倒,继而引发多人摔倒、叠压,致使拥挤踩踏事件发生。有处于高处的民众意识到了危险,挥舞手臂让其他人后退。楼梯上的人和赶来救援的警察开始呼喊让台阶上的人群后退,但声音太小并没有起到多大作用。于是更多的人被层层涌来的人浪压倒,情势开始失控。

23点40分,眼见下面的人处于危险,站在墙头的几个年轻人就开始号召大家一起呼喊:"后退!后退!"楼梯上端的人群察觉到了下面的危险,人流涌动的趋势开始减慢并停止。10分钟后人群有了后退的趋势,然而压在下面的人已经渐渐不支。当人群终于散开时,楼梯上已经有几十人无力地瘫倒在那里,救援人员立即进行呼喊和心肺复苏。

2014年12月31日23点50分,越来越多的警察赶到,试图从下端往外拉拽被压得动弹不得的人,但根本拉不动。

2014年12月31日23点55分,所有倒地没有受伤的人都站了起来。现场的哭喊与尖叫声和呼叫救护车的声音混成一团,赶来的医务人员和附近的热心市民对每一个倒地的人进行呼喊和心肺复苏,试图进行抢救。有一些人已经死亡。

2015年1月1日凌晨,事发地点的秩序基本恢复正常。

此次事件造成36人死亡、49人受伤。遇难者中最大的37岁,最小的仅12岁。据统计,遇难者平均年龄仅22岁。遇难者中包括复旦大学、华东师范大学、华东政法大学等高校学生。

第三节

公共卫生安全

情景引入

公共卫生类突发事件主要包括传染类疾病、自然灾害、事故灾难以及其他严重影响公众健康和生命安全的事件等。

近年来，我国人民医疗保障水平有了较大提高，但仍有多种传染病尚未得到有效遏制，公共卫生事件仍然威胁着群众的生命和健康。重大传染病和慢性病流行仍比较严重，职业病危害呈上升趋势。

突发公共卫生事件是指已经发生或者可能发生的，对公众健康造成或者可能造成重大损失的传染病疫情和不明原因的群体性疫病，还有重大食物中毒和职业中毒，以及其他危害公共健康的突发公共事件。

一、突发公共卫生事件

（一）突发公共卫生事件概述

突发公共卫生事件，是指突然发生，造成或者可能造成社会公众健康严重受损的重大传染病疫情、群体性不明原因疾病、重大食物和职业中毒以及其他严重影响公众健康的事件。

根据事件性质、危害程度、涉及范围，突发公共卫生事件可划分为特别重大（Ⅰ级）、重大（Ⅱ级）、较大（Ⅲ级）和一般（Ⅳ级）四级。

特别重大突发公共卫生事件主要有以下一些：

（1）肺鼠疫、肺炭疽在大、中城市发生并有扩散趋势，或肺鼠疫、肺炭疽疫情波及两个以上省份，并有进一步扩散趋势。

（2）发生传染性非典型肺炎（SARS）、人感染高致病性禽流感病例，并有扩散趋势。

（3）涉及多个省份的群体性不明原因疾病，并有扩散趋势。

（4）发生新传染病或我国尚未发现的传染病发生或传入，并有扩散趋势，或发现中国已消灭的传染病重新流行。

（5）发生烈性病菌株、毒株、致病因子等丢失事件。

（6）周边以及与中国通航的国家和地区发现特大传染病疫情，并出现输入性病例，严重危及我国公共卫生安全。

（7）国务院卫生行政部门认定的其他特别重大突发公共卫生事件。

（二）突发公共卫生事件的特点

1. 成因的多样性

许多公共卫生事件与自然灾害也有关，比如说地震、水灾、火灾等。公共卫生事件与事故灾害也密切相关，比如环境的污染、生态的破坏、交通事故等。社会安全事件也是引发公共卫生事件的一个重要原因，比如生物恐怖事件、动物疫情、药品危险、食物中毒、职业危害等。

2. 分布的差异性

在时间分布差异上，不同的季节，传染病的发病率也会不同，比如 SARS 往往发生在冬、春季节，肠道传染病则多发生在夏季。分布差异性还表现在空间分布上，传染病的区域分布不一样，像我们国家南方和北方的传染病就不一样。此外还有人群的分布差异等。

3. 传播的广泛性

某些疾病可以通过现代交通工具跨国流动，而一旦传播，就会成为全球性的疾病。另外，传染病一旦具备了三个基本流通环节，即传染源、传播途径和易感人群，它就可能在毫无国界的情况下广泛传播。

4. 治理的综合性

治理需要四个方面的结合：第一是技术层面和经济层面的结合，我们不但要有一定的先进技术，还要有一定的经济投入；第二是直接的任务和间接的任务相结合，它既是直接的愿望也是间接的社会任务，所以要结合起来；第三是责任部门和其他的部门结合起来；第四是国际和国内结合起来。只有通过综合的治理，才能使公共卫生事件的危害得到遏制。

5. 种类的多样性

引起公共卫生事件的因素多种多样，比如生物因素、自然灾害、食品药品安全事件、各种事故灾难等。

6. 危害的严重性

公共卫生事件不但影响我们的健康，还影响社会的稳定、经济的发展。

二、常见传染病防治

传染病是由各种病原体（微生物、寄生虫）引起的能在人与人、动物与动物或人与动物之间相互传播的一类疾病。

（一）传染病的特点

1. 病原体

绝大多数传染病有其特异的病原体，包括细菌、病毒、立克次体、衣原体、真菌、螺旋体、原虫、寄生虫等。少数传染病的病原体至今仍不太明确。

2. 传染性

病原体从宿主排出体外，通过一定方式到达新的易感染者体内，呈现出一定的传染性，其传染强度与病原体种类、数量、毒力、易感染者的免疫状态等因素有关。

3. 流行性

传染病有流行病学特征，即有流行性、季节性和地方性等。部分传染病可出现散发、暴发、流行和大流行，也有不少传染病在特定的季节容易出现高发。

4. 感染后免疫

一般情况下，机体感染病原体后，能产生针对病原体及其产物的特异性免疫。

（二）传染病的种类

传染病的种类繁多，为了保障公众的健康与安全，国家以法律的形式将某些传染病列为法定传染病以加强管理。《中华人民共和国传染病防治法》规定了甲类、乙类和丙类共37种法定传染病，具体如下。

（1）甲类传染病是指鼠疫、霍乱。

（2）乙类传染病是指传染性非典型肺炎、艾滋病、病毒性肝炎、脊髓灰质炎、人感染高致病性禽流感、麻疹、流行性出血热、狂犬病、流行性乙型脑炎、登革热、炭疽、细菌性和阿米巴性痢疾、肺结核、伤寒和副伤寒、流行性脊髓膜炎、百日咳、白喉、新生儿破伤风、猩红热、布鲁氏菌病、淋病、梅毒、钩端螺旋体病、血吸虫病、疟疾。

（3）丙类传染病是指流行性感冒、流行性腮腺炎、风疹、急性出血性结膜炎、麻风病、流行性和地方性斑疹伤寒、黑热病、包虫病、丝虫病，除霍乱、细菌性阿米巴性痢疾、伤寒和副伤寒以外的感染性腹泻病。

（三）常见传染病及其预防

1. 流行性感冒

（1）概述。流行性感冒，简称"流感"，是由甲、乙、丙三型流感病毒分别引起的一种急性呼吸道疾病，属于丙类传染病。流感的潜伏期1~7天，多为2~4天。流感流行具有一定的季节性。我国北方地区的流行一般均发生在冬季和春季，南方四季都有病例发生，发病高峰在夏季和冬季。

（2）临床表现。流行性感冒临床表现为高热、乏力、头痛、全身酸痛等，呼吸道症状较轻。

（3）传播途径。流感病毒主要通过呼吸道传播。流感患者在咳嗽、打喷嚏、与人面对面讲话时，容易导致病毒传播。

（4）预防措施。①控制感染源。流行性病毒的病原体一直处于变化之中，经常会有新的变体出现，因此高校要加强对流感的监控，掌握新近出现的流感病毒，并采取有效预防措施，做到"早发现、早报告、早隔离、早治疗"。②切断传播途径。流行期间暂停集会和集体娱乐活动。到公共场所应戴口罩。室内应保持空气新鲜，每天开窗通风1小时，可用食醋和过氧乙酸熏蒸。病人用过的食具、衣物等应煮沸消毒或阳光暴晒2小时，病人住过的房间则应进行空气消毒。③及时干预治疗。对已经感染流感的患者要及时采取措施隔离和治疗，就近设立流感诊室，及时隔离。④接种流感疫苗。近年已研制出流感疫苗和针对性强的甲流疫苗投入临床使用，取得了较好的预防效果。⑤注意保证充足的睡眠；保持良好的饮食习惯，注意多饮水；保持适当运动，提高抵抗力，运动后注意保暖以防着凉。

2. 肺结核

（1）概述。肺结核是由结核杆菌引起的一种缓慢发病的慢性呼吸道传染病。结核杆菌可引起肺部组织产生炎症、坏死和液化，也可产生结核结节。当机体免疫力提高特别是经有效治疗后，病变可吸收、好转，也可纤维化，坏死组织可钙化；当机体免疫力下降时，病灶坏死液化加重，结核菌在肺内或全身播散，钙化灶重新活动。

（2）临床表现。多为低热（午后更显著）、盗汗、乏力、消瘦、女性月经失调等；呼吸道症状有咳嗽、咳痰、咯血、胸痛、不同程度胸闷或呼吸困难。

（3）传播途径。主要是患者与健康人之间经空气传播，患者咳嗽排出的结核菌悬浮在飞沫中，被吸入后可引起感染。咳出的痰干燥后结核菌随尘埃飞扬，也可能被吸入造成感染。

（4）大学生应养成良好的生活和学习习惯，注意营养和休息，加强体育锻炼，提高自身的免疫能力。同时，进行卡介苗接种，加强对结核患者的管理。患者咳嗽时应以手帕或纸掩口，不随地吐痰。

3. 艾滋病

（1）概述。艾滋病又称获得性免疫缺陷综合征（AIDS），由人体免疫缺陷病毒（HIV，又称艾滋病病毒）引起的慢性传染病。病人和无症状病毒携带者是本病的传染源。艾滋病传播迅速、发病缓慢，目前无特效治疗手段，以预防为主。

（2）临床表现。感染 HIV 后，最开始的数年至十余年可无任何临床表现。一旦发展为艾滋病，病人就会出现各种临床表现。一般初期的症状如同普通感冒、流感，可有全身疲劳无力、食欲减退、发热等。随着病情的加重，症状日见增多，如皮肤、黏膜出现白念珠菌感染，出现单纯疱疹、带状疱疹、紫斑、血疱、淤血斑等。以后渐渐侵犯内脏器官，出现原因不明的持续性发热，可长达 3～4 个月；还可出现咳嗽、气促、呼吸困难、持续性腹泻、便血、肝脾肿大、并发恶性肿瘤等。

（3）传播途径。主要有性接触传播、血液传播及母婴传播。性接触是主要传播途径，共用针具注射或输注含病毒的血液及血制品也可传播，感染病毒的孕妇可通过胎盘、产道及产后血性分泌物和哺乳传给婴儿。此外，接受病毒感染者的器官移植或人工授精，被受病毒污染的针头刺伤或皮肤意外破损也可造成感染。而握手、拥抱、共用办公用具、共用卧具及浴池等不会传播艾滋病。

（4）预防措施。应避免不安全性行为；不要与他人共用注射器、剃须刀、指甲刀、牙刷、手帕等，日常生活用品应单独使用并定期消毒，要洁身自爱，远离毒品，杜绝不洁注射；一般的社交活动（如握手、共同进餐、共用办公用品、共用浴室或游泳池、礼节性的接吻以及空气、水、食物、昆虫叮咬等）不会传播本病；被病人用过的针头或器械刺伤应立即就诊，并进行不少于 4 周的预防性治疗。

4. 乙型病毒性肝炎

（1）概述。乙型病毒性肝炎是由乙型肝炎病毒引起的以肝脏病变为主的一种传染病。

（2）临床表现。乙型病毒性肝炎临床表现以食欲减退、恶心、上腹部不适、肝区痛、乏力为主。部分患者有黄疸发热和肝大，伴有肝功能损害。有些患者可慢性化，甚至发展成肝硬化，少数发展为肝癌。

（3）传播途径。乙型肝炎病毒最主要通过血液传播，因而最重要的传播方式是母婴垂直传播和医源性感染。

（4）预防措施。①管理传染源。对疑似、确诊、住院、出院、死亡的肝炎病例均应分别按病原学进行传染病报告，专册登记和统计；乙型病毒性肝炎患者或携带者不得献血。②切断传播途径。加强饮食卫生管理、水源保护、环境卫生管理以及粪便无害化处理，提高个人卫生水平。

> **拓展阅读**

> **突发公共卫生事件应急条例（节选）**
>
> 第四章　应急处理
>
> 第二十六条　突发事件发生后，卫生行政主管部门应当组织专家对突发事件进行综合评估，初步判断突发事件的类型，提出是否启动突发事件应急预案的建议。
>
> 第二十七条　在全国范围内或者跨省、自治区、直辖市范围内启动全国突发事件应急预案，由国务院卫生行政主管部门报国务院批准后实施。省、自治区、直辖市启动突发事件应急预案，由省、自治区、直辖市人民政府决定，并向国务院报告。
>
> 第二十八条　全国突发事件应急处理指挥部对突发事件应急处理工作进行督察和指导，地方各级人民政府及其有关部门应当予以配合。
>
> 省、自治区、直辖市突发事件应急处理指挥部对本行政区域内突发事件应急处理工作进行督察和指导。
>
> 第二十九条　省级以上人民政府卫生行政主管部门或者其他有关部门指定的突发事件应急处理专业技术机构，负责突发事件的技术调查、确证、处置、控制和评价工作。
>
> 第三十条　国务院卫生行政主管部门对新发现的突发传染病，根据危害程度、流行强度，依照《中华人民共和国传染病防治法》的规定及时宣布为法定传染病；宣布为甲类传染病的，由国务院决定。

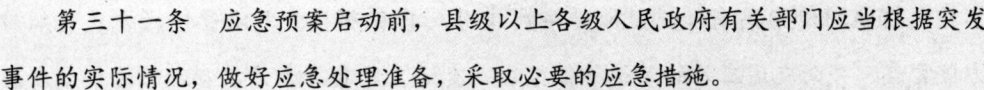

第三十一条 应急预案启动前，县级以上各级人民政府有关部门应当根据突发事件的实际情况，做好应急处理准备，采取必要的应急措施。

应急预案启动后，突发事件发生地的人民政府有关部门，应当根据预案规定的职责要求，服从突发事件应急处理指挥部的统一指挥，立即到达规定岗位，采取有关的控制措施。

医疗卫生机构、监测机构和科学研究机构，应当服从突发事件应急处理指挥部的统一指挥，相互配合、协作，集中力量开展相关的科学研究工作。

第三十二条 突发事件发生后，国务院有关部门和县级以上地方人民政府及其有关部门，应当保证突发事件应急处理所需的医疗救护设备、救治药品、医疗器械等物资的生产、供应；铁路、交通、民用航空行政主管部门应当保证及时运送。

第三十三条 根据突发事件应急处理的需要，突发事件应急处理指挥部有权紧急调集人员、储备的物资、交通工具以及相关设施、设备；必要时，对人员进行疏散或者隔离，并可以依法对传染病疫区实行封锁。

第三十四条 突发事件应急处理指挥部根据突发事件应急处理的需要，可以对食物和水源采取控制措施。

县级以上地方人民政府卫生行政主管部门应当对突发事件现场等采取控制措施，宣传突发事件防治知识，及时对易受感染的人群和其他易受损害的人群采取应急接种、预防性投药、群体防护等措施。

第三十五条 参加突发事件应急处理的工作人员，应当按照预案的规定，采取卫生防护措施，并在专业人员的指导下进行工作。

第三十六条 国务院卫生行政主管部门或者其他有关部门指定的专业技术机构，有权进入突发事件现场进行调查、采样、技术分析和检验，对地方突发事件的应急处理工作进行技术指导，有关单位和个人应当予以配合；任何单位和个人不得以任何理由予以拒绝。

第三十七条 对新发现的突发传染病、不明原因的群体性疾病、重大食物和职业中毒事件，国务院卫生行政主管部门应当尽快组织力量制定相关的技术标准、规范和控制措施。

第三十八条 交通工具上发现根据国务院卫生行政主管部门的规定需要采取应

急控制措施的传染病病人、疑似传染病病人，其负责人应当以最快的方式通知前方停靠点，并向交通工具的营运单位报告。交通工具的前方停靠点和营运单位应当立即向交通工具营运单位行政主管部门和县级以上地方人民政府卫生行政主管部门报告。卫生行政主管部门接到报告后，应当立即组织有关人员采取相应的医学处置措施。

交通工具上的传染病病人密切接触者，由交通工具停靠点的县级以上各级人民政府卫生行政主管部门或者铁路、交通、民用航空行政主管部门，根据各自的职责，依照传染病防治法律、行政法规的规定，采取控制措施。

涉及国境口岸和入出境的人员、交通工具、货物、集装箱、行李、邮包等需要采取传染病应急控制措施的，依照国境卫生检疫法律、行政法规的规定办理。

第三十九条 医疗卫生机构应当对因突发事件致病的人员提供医疗救护和现场救援，对就诊病人必须接诊治疗，并书写详细、完整的病历记录；对需要转送的病人，应当按照规定将病人及其病历记录的复印件转送至接诊的或者指定的医疗机构。

医疗卫生机构内应当采取卫生防护措施，防止交叉感染和污染。

医疗卫生机构应当对传染病病人密切接触者采取医学观察措施，传染病病人密切接触者应当予以配合。

医疗机构收治传染病病人、疑似传染病病人，应当依法报告所在地的疾病预防控制机构。接到报告的疾病预防控制机构应当立即对可能受到危害的人员进行调查，根据需要采取必要的控制措施。

第四十条 传染病暴发、流行时，街道、乡镇以及居民委员会、村民委员会应当组织力量，团结协作，群防群治，协助卫生行政主管部门和其他有关部门、医疗卫生机构做好疫情信息的收集和报告、人员的分散隔离、公共卫生措施的落实工作，向居民、村民宣传传染病防治的相关知识。

第四十一条 对传染病暴发、流行区域内流动人口，突发事件发生地的县级以上地方人民政府应当做好预防工作，落实有关卫生控制措施；对传染病病人和疑似传染病病人，应当采取就地隔离、就地观察、就地治疗的措施。对需要治疗和转诊的，应当依照本条例第三十九条第一款的规定执行。

第四十二条　有关部门、医疗卫生机构应当对传染病做到早发现、早报告、早隔离、早治疗，切断传播途径，防止扩散。

第四十三条　县级以上各级人民政府应当提供必要资金，保障因突发事件致病、致残的人员得到及时、有效的救治。具体办法由国务院财政部门、卫生行政主管部门和劳动保障行政主管部门制定。

第四十四条　在突发事件中需要接受隔离治疗、医学观察措施的病人、疑似病人和传染病病人密切接触者在卫生行政主管部门或者有关机构采取医学措施时应当予以配合；拒绝配合的，由公安机关依法协助强制执行。

第六章

国家安全

学习目标

1. 了解总体国家安全观
2. 了解大学生如何维护国家安全
3. 了解国家秘密的含义、防范泄露国家秘密
4. 了解邪教的定义、基本特征
5. 认清邪教的本质
6. 做到崇尚科学、抵制邪教

国家安全教育日

第六章 国家安全

知识导图

国家安全

- **总体国家安全观**
  - **国家安全的基本内涵**：健全国家安全体系、增强维护国家安全能力、提高公共安全治理水平、完善社会治理体系
  - **大学生如何维护国家安全**：公民和组织维护国家安全的权利和义务、维护国家安全是当代大学生的神圣职责

- **国家秘密**
  - **国家秘密概述**：国家秘密的定义、国家秘密的特征、国家秘密的密级划分、国家秘密的事项、国家秘密的载体、大学生保守国家秘密的基本要求
  - **防范泄露国家秘密**：泄密的界定、保密常识、大学生要自觉保守国家秘密、发现失密、泄密和窃密情况时如何处理

- **崇尚科学 反对邪教**
  - **什么是邪教**
  - **邪教的基本特征**：反人类、反科学、反社会、反政府
  - **邪教的本质**
  - **邪教的危害**：危害国家政治稳定、危害国家经济秩序稳定、危害社会秩序稳定、危害社会思想稳定、践踏人权
  - **邪教的骗人手法**
  - **崇尚科学 抵制邪教**：倡导文明新风、崇尚科学、珍爱生命、远离邪教，树立科学的人生观，运用法律武器同邪教作斗争

215

第一节 总体国家安全观

一、国家安全的基本内涵

国家安全是指国家政权、主权、统一和领土完整、人民福祉、经济社会可持续发展和国家其他重大利益相对处于没有危险和不受内外威胁的状态，以及保障持续安全状态的能力。

国家安全是民族复兴的根基，社会稳定是国家强盛的前提。必须坚定不移贯彻总体国家安全观，把维护国家安全贯穿党和国家工作各方面全过程，确保国家安全和社会稳定。

我们要坚持以人民安全为宗旨、以政治安全为根本、以经济安全为基础、以军事科技文化社会安全为保障、以促进国际安全为依托，统筹外部安全和内部安全、国土安全和国民安全、传统安全和非传统安全、自身安全和共同安全，统筹维护和塑造国家安全，夯实国家安全和社会稳定基层基础，完善参与全球安全治理机制，建设更高水平的平安中国，以新安全格局保障新发展格局。

（一）健全国家安全体系

坚持党中央对国家安全工作的集中统一领导，完善高效权威的国家安全领导体制。强化国家安全工作协调机制，完善国家安全法治体系、战略体系、政策体系、风险监测预警体系、国家应急管理体系，完善重点领域安全保障体系和重要专项协调指挥体系，强化经济、重大基础设施、金融、网络、数据、生物、资源、核、太空、海洋等安全保障体系建设。健全反制裁、反干涉、反"长臂管辖"机制。完善国家安全力量布局，构建全域联动、立体高效的国家安全防护体系。

（二）增强维护国家安全能力

坚定维护国家政权安全、制度安全、意识形态安全，加强重点领域安全能力建设，确保粮食、能源资源、重要产业链供应链安全，加强海外安全保障能力建设，维护我国公民、法人在海外合法权益，维护海洋权益，坚定捍卫国家主权、安全、发展利益。提高防范化解重大风险能力，严密防范系统性安全风险，严厉打击敌对势力渗透、破坏、颠覆、分裂活动。全面加强国家安全教育，提高各级领导干部统筹发展和安全能力，增强全民国家安全意识和素养，筑牢国家安全人民防线。

（三）提高公共安全治理水平

坚持安全第一、预防为主，建立大安全、大应急框架，完善公共安全体系，推动公共安全治理模式向事前预防转型。推进安全生产风险专项整治，加强重点行业、重点领域安全监管。提高防灾、减灾、救灾和重大突发公共事件处置保障能力，加强国家区域应急力量建设。强化食品药品安全监管，健全生物安全监管预警防控体系。加强个人信息保护。

（四）完善社会治理体系

健全共建、共治、共享的社会治理制度，提升社会治理效能。在社会基层坚持和发展新时代"枫桥经验"，完善正确处理新形势下人民内部矛盾机制，加强和改进人民信访工作，畅通和规范群众诉求表达、利益协调、权益保障通道，完善网格化管理、精细化服务、信息化支撑的基层治理平台，健全城乡社区治理体系，及时把矛盾纠纷化解在基层、化解在萌芽状态。加快推进市域社会治理现代化，提高市域社会治理能力。强化社会治安整体防控，推进扫黑除恶常态化，依法严惩群众反映强烈的各类违法犯罪活动。发展壮大群防群治力量，营造见义勇为的社会氛围，建设人人有责、人人尽责、人人享有的社会治理共同体。

二、大学生如何维护国家安全

当代大学生是实现中华民族伟大复兴的中国梦的中坚力量，要自觉担负维护国家安全的神圣使命，履行国家安全义务。

（一）公民和组织维护国家安全的权利和义务

《中华人民共和国国家安全法》规定公民和组织维护国家安全应当履行的义务如下：
（1）遵守宪法、法律、法规关于国家安全的有关规定；

(2) 及时报告危害国家安全活动的线索；

(3) 如实提供所知悉的涉及危害国家安全活动的证据；

(4) 为国家安全工作提供便利条件或者其他协助；

(5) 向国家安全机关、公安机关和有关军事机关提供必要的支持和协助；

(6) 保守所知悉的国家秘密；

(7) 法律、行政法规规定的其他义务。

(二) 维护国家安全是当代大学生的神圣职责

维护国家安全，大学生不仅要知法守法，还要勇于同危害国家安全的犯罪行为作斗争。在维护国家安全方面，大学生在今后的学习、工作、生活中应该做到以下几点。

1. 始终树立国家利益高于一切的观念

大学生作为中华人民共和国公民，要始终将国家利益放在第一位。国家安全涉及国家社会生活的方方面面，是国家、民族生存与发展的保障。千万不要错误地认为科学技术是没有国界的，而应该清醒认识到每一个知识分子、每一个杰出科学家都不能没有自己的祖国。"国家利益高于一切"，这也是世界各国一致的理念。每个大学生都要从我做起，从每件小事做起，时刻把国家安全放在高于一切的位置。这不仅是国家利益的需要，也是个人安全的需要。

2. 熟悉有关国家安全的法规和制度

我国法律法规、规章制度中涉及国家安全和保密工作的有 100 多种。虽然非法律专业的大学生要全部吃透弄清它们不现实，但是我们应该有基本了解：弄清什么是合法的，什么是违法的；可以做什么，不能做什么；应当熟悉一些基本的法律法规，如宪法、国家安全法、保密法、刑法等；还应当知晓一些规章制度，如科学技术保密规定、出国留学安全守则等；对可能涉及国家安全的事要三思而行，或请教老师和同学，以防被别有用心的人利用，从而危害国家，也危害自己。

【典型案例】2020 年 8 月，国家安全机关侦破河北某高校学生田某涉嫌煽动颠覆国家政权案，及时斩断了境外反华敌对势力的犯罪触手。

经查明，田某，1999 年生，河北某高校新闻系学生。田某长期收听境外反华媒体广播节目，经常浏览境外大量有害政治信息，逐渐形成反动思想。2016 年 1 月，田某开通境外社交媒体账号，开始同境外反华敌对势力人员进行互动，接受所谓"民主宪政"的理论影响，反动思想日渐顽固。

进入大学后，田某经境外反华媒体记者引荐，成为某西方知名媒体北京分社实习记者，并接受多个境外反华敌对媒体邀请担任驻京记者。在此期间，田某获取大量活动经费，介入炒作多起热点敏感事件，累计向境外提供反动宣传素材3 000余份，刊发署名文章500余篇。

在境外反动势力蛊惑教唆下，田某于2018年创办了一个境外反动网站，大肆传播各类反动信息和政治谣言，对我国进行恶毒攻击。2019年4月，田某受境外反华媒体人邀请秘密赴西方某国，同境外20余个敌对组织接触，同时接受该国10余名官员直接问询和具体指令，秘密搜集提供污蔑抹黑我国的所谓"证据"。

田某与境外反华组织接触开展的一系列渗透活动，严重危害我国政治安全。国家安全机关通过严密侦查，于2019年6月依法将田某抓捕归案。2020年11月，法院对此案进行非公开审理。

【案例简析】西方反华势力在意识形态领域对我国大学生群体渗透拉拢不遗余力。作为大学生一定要时刻保持警惕，牢记国家安全高于一切、国家利益高于一切的观念，自觉担负维护国家安全的神圣使命，履行国家安全义务。

3. 要善于辨别真伪

从表面上看，有关国家安全的法律法规和规章制度比较完善，依法依规行事不会有大问题，但是，实际生活要复杂得多。例如，有的间谍采用五花八门的手段，如假借"科研合作""社会调查"等方式套取国家秘密，特别是科技、政治情报。如果放松警惕，就有可能上当受骗，甚至走向不归路。作为大学生，在与外国人、外资企业、外国社团交往时，既要保持友好态度，又要内外有别；既要珍惜个人友谊，又要牢记国家利益；既要争取各种帮助，又要不失国格、人格。

4. 严禁与非法组织联系或参与其活动

非法组织是指未经法律法规的许可和一定程序的审批而擅自成立的组织。大学生一律不允许以任何形式支持非法组织，或与他们保持暧昧关系，甚至直接参与其活动。禁止传阅、收藏各种非法刊物，违者将受到党纪、团纪、校纪处分，情节严重者还会被直接追究刑事责任。

5. 积极配合国家安全机关工作

大学生应深刻认识到，维护国家的安全和利益，不仅是国家安全机关的神圣职责，也是每个公民和组织应当履行的法定义务。它主要包括公民和组织应当为国家安全工作提供便利条件或者其他协助；公民发现危害国家安全的行为，应当直接或者通过所在组织及时向国家安全机关或者公安机关报告；在国家安全机关调查了解有关危害国家安全的情况、收集有关证据时，公民和有关组织应当如实提供，不得拒绝。大学生若发现危害国家安全的行为，应及时报告：一是直接向国家安全机关或公安机关报告；二是通过所在组织（学校保卫部门、院系领导等）及时向国家安全机关或公安机关报告。

> **拓展阅读**
>
> 有下列行为之一的，依法给予处分；构成犯罪的，依法追究刑事责任：
>
> （一）将涉密计算机、涉密存储设备接入互联网及其他公共信息网络的；
>
> （二）在未采取防护措施的情况下，在涉密信息系统与互联网及其他公共信息网络之间进行信息交换的；
>
> （三）使用非涉密计算机、非涉密存储设备存储、处理国家秘密信息的；
>
> （四）非法复制、记录、存储国家秘密的；
>
> （五）在未采取保密措施的有线和无线通信、互联网及其他公共信息网络中传递国家秘密的；
>
> （六）在私人交往和通信中涉及国家秘密的；
>
> （七）擅自卸载、修改涉密信息系统的安全技术程序、管理程序的；
>
> （八）将未经安全技术处理的退出使用的涉密计算机、涉密存储设备赠送、出售、丢弃或者用作其他用途的；
>
> （九）非法获取、持有国家秘密载体的；
>
> （十）通过普通邮政、快递等无保密措施的渠道传递国家秘密载体的；
>
> （十一）买卖、转送或者私自销毁国家秘密载体的；
>
> （十二）邮寄、托运国家秘密载体出境或者未经有关主管部门批准，携带、传递国家秘密载体出境的。

第二节 国家秘密

一、国家秘密概述

（一）国家秘密的定义

《中华人民共和国保守国家秘密法》作出明确的表述："国家秘密是关系国家安全和利益，依照法定程序确定，在一定时间内只限一定范围的人员知悉的事项。"保守国家秘密是中国公民的基本义务之一。

（二）国家秘密的密级划分

国家秘密的等级简称密级。它是根据国家秘密具体范围的事项重要程度及其泄露后对国家安全和利益造成的不同损害程度，对国家秘密事项作出的秘密等级的划分。国家秘密的密级分为"绝密""机密""秘密"。

（1）"绝密"是最重要的国家秘密，一旦泄露会使国家的安全和利益遭受特别严重的损害。

（2）"机密"是重要的国家秘密，泄露会使国家的安全和利益遭受严重损害。

（3）"秘密"是一般的国家秘密，泄露会使国家的安全和利益遭受损害。

（三）国家秘密的特征

由国家秘密的含义可知："关系国家安全和利益"是国家秘密的最本质特征；"依照法定程序确定"是国家秘密的程序特征；"在一定时间内只限一定范围的人员知悉"是国家秘密的时空特征。

（四）国家秘密的事项

根据《中华人民共和国保守国家秘密法》的规定，国家秘密包括下列事项：
（1）国家事务的重大决策中的秘密事项；

（2）国防建设和武装力量活动中的秘密事项；

（3）外交和外事活动中的秘密事项及对外承担保密义务的事项；

（4）国民经济和社会发展中的秘密事项；

（5）科学技术中的秘密事项；

（6）维护国家安全活动和追查刑事犯罪中的秘密事项；

（7）其他经国家保密工作部门确定应当保守的国家秘密事项。

政党的秘密事项中，符合国家秘密诸要素的，属于国家秘密。

（五）国家秘密的载体

国家秘密的载体是指以文字、数据、符号、图形、声音等方式记载国家秘密信息的纸介质、磁介质、光盘等各类物品。磁介质载体包括计算机硬盘、软盘和录音带、录像带等。

国家秘密载体的制作、使用、收发、传递、保存和销毁等都必须符合国家相关保密法律法规的规定。

（六）大学生保守国家秘密的基本要求

（1）认真学习《中华人民共和国保守国家秘密法》及其他相关法律法规。大学生应严格按照保密法律法规及规章制度的规定，使用、交换和管理保密文件、资料，长期坚持并形成保密习惯。

（2）不泄露国家秘密。不把自己掌握的国家秘密随意向外人透露，不擅自扩大知密范围，不在公共场合谈论国家秘密，不在私人通信中涉及国家秘密，保证已掌握的国家秘密不发生泄露。

（3）不丢失国家秘密。对自己掌握、保管的秘密文件、资料和信息，严格按照保密规定进行管理，自觉做到不携带保密文件、资料出入公共场所，不将保密文件、资料带回宿舍、家等。

（4）积极采取措施，严防国家秘密被窃取。了解国家秘密的大学生要经常检查保密措施是否符合保密规定。对于不该接触保密事项却对保密事项格外感兴趣的人，要提高警惕。

 小知识

《中华人民共和国保守国家秘密法》（节选）

第二十一条　国家秘密载体的制作、收发、传递、使用、复制、保存、维修和销毁，应当符合国家保密规定。

绝密级国家秘密载体应当在符合国家保密标准的设施、设备中保存，并指定专人管理；未经原定密机关、单位或者其上级机关批准，不得复制和摘抄；收发、传递和外出携带，应当指定人员负责，并采取必要的安全措施。

第二十四条　机关、单位应当加强对涉密信息系统的管理，任何组织和个人不得有下列行为：

（一）将涉密计算机、涉密存储设备接入互联网及其他公共信息网络；

（二）在未采取防护措施的情况下，在涉密信息系统与互联网及其他公共信息网络之间进行信息交换；

（三）使用非涉密计算机、非涉密存储设备存储、处理国家秘密信息；

（四）擅自卸载、修改涉密信息系统的安全技术程序、管理程序；

（五）将未经安全技术处理的退出使用的涉密计算机、涉密存储设备赠送、出售、丢弃或者改作其他用途。

第二十五条　机关、单位应当加强对国家秘密载体的管理，任何组织和个人不得有下列行为：

（一）非法获取、持有国家秘密载体；

（二）买卖、转送或者私自销毁国家秘密载体；

（三）通过普通邮政、快递等无保密措施的渠道传递国家秘密载体；

（四）邮寄、托运国家秘密载体出境；

（五）未经有关主管部门批准，携带、传递国家秘密载体出境。

第二十六条　禁止非法复制、记录、存储国家秘密。

禁止在互联网及其他公共信息网络或者未采取保密措施的有线和无线通信中传递国家秘密。

禁止在私人交往和通信中涉及国家秘密。

第二十七条　报刊、图书、音像制品、电子出版物的编辑、出版、印制、发行，广播节目、电视节目、电影的制作和播放，互联网、移动通信网等公共信息网络及其他传媒的信息编辑、发布，应当遵守有关保密规定。

第三十一条　举办会议或者其他活动涉及国家秘密的，主办单位应当采取保密措施，并对参加人员进行保密教育，提出具体保密要求。

第三十二条　机关、单位应当将涉及绝密级或者较多机密级、秘密级国家秘密的机构确定为保密要害部门，将集中制作、存放、保管国家秘密载体的专门场所确定为保密要害部位，按照国家保密规定和标准配备、使用必要的技术防护设施、设备。

第三十三条　军事禁区和属于国家秘密不对外开放的其他场所、部位，应当采取保密措施，未经有关部门批准，不得擅自决定对外开放或者扩大开放范围。

二、防范泄露国家秘密

（一）泄密的界定

违反保密法律、法规和规章的下列行为属于"泄露国家秘密"：

（1）使国家秘密被不应知悉者知悉的；

（2）使国家秘密超出了限定的接触范围，而不能证明未被不应知悉者知悉的。

（二）保密常识

（1）不私自打听、索取、传播国家秘密或敏感信息。

（2）不非法获取、持有、买卖涉密文件和资料。

（3）不私自抄录、复印、翻拍涉密文件和资料。

（4）不在互联网上发布涉及国家秘密的言论、图片、音频及视频信息。

（5）不用微信、微博、QQ等社交工具发布或转发涉及国家秘密的信息。

（6）不用手机谈论国家秘密事项或发送涉密短信。

（7）不扫描来路不明的二维码，不连接免费或没有加密防护的Wi-Fi网络。

（8）不私自引带国外人员进入涉密场所。

（9）不在军事禁区或军事管理区进行非法测绘或拍摄。

（10）避免被境外间谍情报机关利诱策反。

（三）大学生要自觉保守国家秘密

大学生在高校里学习，有些专业的大学生会参与一些国家科研项目的研究，有的会直接接触一些科研秘密。因此，大学生头脑里要有敌情观念，绝不能因为自己的保密意识淡薄、麻痹大意，最终给国家、社会和人民造成不应有的损失。具体说来，在保守国家秘密方面，大学生要注意自觉做到以下几点。

（1）认真学习《中华人民共和国保守国家秘密法》及相关的保密法律法规，学习保密常识，接受保密知识教育，增强保密意识，严格遵守保密制度。既要对外开放，扩大对外交流，又要确保国家机密不被泄露。正确处理两者的关系，克服那种有密难保、无密可保的糊涂认识。

（2）提高防范意识，在对外交往中坚持内外有别。在与外籍人员接触、交往过程中，凡涉及国家机密的内容，要么回避，要么按上级的对外口径回答，不要随便说出涉及内部的人事组织、社会治安状况、科技成果、技术诀窍和经济建设中各种未公开的数据资料。在与境外人接触时不带秘密文件、资料和记有秘密事项的记录本，对方直接索取科技成果、资料、样品或公开询问我国内部秘密时，要区别情况，灵活予以拒绝。不经主管部门批准，不带境外人员参观或进入非开放区。不准境外人员利用学术交流、讲课的机会进行系统的社会调查。不经有关部门批准，不得填写境外人员发放的各种调查表，或替他们写社会调查方面的文章。

（3）在媒体上发布信息或新闻时，注意保密原则，不得随意刊载有关国防、科研等事关国家机密的事项，参加国际学术会议或在国外刊物上发表文章，要按规定办理审查手续。不得为境外人员提供或代购内部读物和资料。

（4）严格遵守保密制度。做到不该说的机密绝对不说，不该问的机密绝对不问，不该看的机密绝对不看，不该记录的机密绝对不记录。不在普通电话、明码电报、普通邮局传达机密事项。不携带机密材料游览、参观、探亲、访友和出入公共场所。不在通信中谈及国家机密，不在普通邮件中夹带任何保密资料。

（5）提高警惕，与泄密或窃密行为作斗争。在平时学习或生活中，有时会无意中发现国家秘密失密或遭到窃取的迹象，为了保守国家秘密，应立即果断采取相应的措施。

（四）发现失密、泄密和窃密情况时如何处理

发现有以下失密、泄密和窃密情况时，应当及时向国家安全机关、公安机关或保密行政管理部门报告。

（1）拾获属于国家秘密的文件、资料和其他物品的；

（2）发现有人买卖属于国家秘密的文件、资料和其他物品的；

（3）发现有人盗窃、抢夺属于国家秘密的文件、资料和其他物品的；

（4）发现泄露或可能泄露国家秘密的线索的。

> **拓展阅读**
>
> 2011年7月，犯罪嫌疑人刘某与犯罪嫌疑人付某各出资金5万元在武汉市洪山区注册了湖北省某教育发展有限公司，付某为法人代表。同年10月，二人策划、商定在"2012年全国硕士研究生入学考试"中采用偷拍的方式盗出试卷，寻找"枪手"做完，然后通过无线电设备将答案发送给考生进行舞弊，从中获取非法利益。
>
> 同年11月，刘某在互联网上以1 000元的价格购买了"2012年全国硕士研究生入学考试湖南地区考生报考名单"，并通过电话方式联系了48名愿意购买答案的考生，要求每名考生各出5 000至9 800元不等"包过"。同年12月，付某在武汉市某科技公司购置了5套信号发射器、200套接收器。
>
> 付某、刘某通过犯罪嫌疑人彭某介绍安排了犯罪嫌疑人田某、张某作为考生在湘潭某高校报名参加"2012年全国硕士研究生入学考试"。由田某、张某进入考场后用微型相机拍摄试卷，并找机会将试题相片传出考场。付某、刘某承诺付给二人各5 000元报酬。
>
> 同时，犯罪嫌疑人请人调试好作弊用的无线电设备，设置无线电频段，在考试时由犯罪嫌疑人谭某为购买答案的考生发送答案。为在湘潭某高校找好发射点，彭某联系了犯罪嫌疑人申某，由申某负责找到湘潭某高校学生宿舍寝室作为发射点并放置了发射器。
>
> 2012年1月7日8时30分，田某、张某分别进入湘潭某高校考点两个考场参加"2012年全国硕士研究生入学考试管理类联考综合能力考试"。考试中，田某趁

监考老师不备，拿出微型照相机对试卷进行拍摄。而后，田某以上厕所为由离开考室，按照付某安排将微型照相机内存卡扔出厕所窗外。

付某拿到内存卡后，立即到网吧将33张试卷照片通过"QQ"发送给事先安排好的"枪手"，由其负责做完。然后，付某再通过QQ将答案发送给了彭某、谭某。二人收到答案后，分别在事先设好的发射点通过无线发射器将答案发送给了购买答案的考生。

当日下午3时，付某还通过QQ聊天的方式获取了"2012年全国硕士研究生入学考试英语试题答案"。然后，谭某、彭某以同样的方式，将答案发送给购买答案的考生。

6名涉案人员，被湘潭市雨湖区检察院以涉嫌非法获取国家秘密罪批准逮捕。

由国家组织考试的试卷是国家秘密，泄露考试试题是严重违法行为。《中华人民共和国刑法》第二百八十四条规定："在法律规定的国家考试中，组织作弊的，处三年以下有期徒刑或者拘役，并处或者单处罚金；情节严重的，处三年以上七年以下有期徒刑，并处罚金。"

第三节 崇尚科学 反对邪教

一、什么是邪教

邪教是指冒用宗教、气功或者其他名义建立，神化、鼓吹首要分子，利用制造、散布迷信邪说等手段蛊惑、蒙骗他人，发展、控制成员，危害社会的非法组织。邪教大多是以传播宗教教义、拯救人类为幌子散布谣言，且通常有一个自称开悟的具有超自然力量的教主，以秘密结社的组织形式控制群众，一般以不择手段地敛取钱财为主要目的，部分邪教也以反人类、反社会为目的。

二、邪教的基本特征

（1）邪教对其信徒实行精神控制，信徒必须遵循"精神领袖"的旨意而行动。这种精神控制之严重，超出人们的想象。

（2）邪教通过信徒大肆敛财。邪教通过各种手段向信徒敛财。有的邪教要求入会者交纳年收入的3%作为"会费"；有的通过举办培训班收取费用；有的出版会刊、教刊等高价售卖。

（3）邪教脱离正常社会生活。邪教的内部法则高于正常的社会法规，信徒必须首先遵守会规。使信徒脱离社会，就能使信徒失去家庭和朋友的帮助，彻底纳入邪教内部。有的即使后悔，也难以脱身了。

（4）邪教大多侵犯个人身体。特别是对女性信徒和儿童来说，人身侵犯包括性侵犯，已是邪教信徒中经常出现的悲剧。

（5）邪教吸收儿童入会。中华人民共和国法律是禁止向儿童传授宗教内容的，但邪教毫无顾忌。

（6）邪教具有反社会性质，扰乱社会正常秩序。邪教宣扬社会是如此"丑恶"，只有加入"教会"才能净化灵魂。

三、邪教的本质

（一）反人类

邪教往往通过编造歪理邪说，宣扬"人生灾难""人类劫难"等摧垮人们的意志。散布"人类罪恶论"，妄言地球爆炸、人类毁灭；鼓吹"人生宿命论"，主张人们逃避现实、远离社会。一旦其歪理邪说不能自圆其说或不能兑现许诺，往往采取残害其成员生命的方式，制造人间悲剧。

（二）反科学

邪教往往宣扬神秘主义、封建迷信、伪科学，束缚人们的思想。如邪教组织"法轮功"头目李洪志多次宣称"现在的科学不算科学"，并吹嘘自己是"最大的佛"，有搬运、定物、思维控制、隐身等功能，有"推迟地球爆炸时间"的大神通，可以"往来于宇宙各个不同的空间"，对现代科学进行全盘否定。

（三）反社会

邪教往往对抗、破坏现实社会，大搞教主崇拜。邪教头目千方百计地把邪教组织打造成一个封闭的社会，不准成员与社会正常交往，以建成一个以教主为中心的"天国社会"让教主为所欲为。例如，"法轮功"邪教组织编造谣言、制造恐慌，煽动不明真相的练习者挑起事端，对社会安定造成了极大的干扰和破坏。

（四）反政府

散布"政府无用论"和"法律无用论"，否定政府与法律权威，图谋取而代之。"法轮功"头目李洪志鼓吹"全人类都归我管"，"人类制定的法律就是在机械地限制人、封闭人"。"全能神"邪教组织的头目赵维山煽动信徒"舍去生命，舍去一切，在神的率领下将大红龙灭绝，建立全能神的国度"。

四、邪教的危害

（一）危害国家政治稳定

表现：破坏国内安定团结的政治局面；向公职部门渗透，侵蚀国家机构；挑战现行政治体制，反对国家政权。

（二）危害国家经济秩序稳定

表现：非法敛财，危害人民群众财产安全；进行经济犯罪，破坏社会生产及财政金融秩序。

（三）危害社会秩序稳定

表现：破坏社会治安；蔑视法律，危害公共秩序；诬告滥诉，干扰司法机构正常执法；毒化社会风气；干涉婚姻，违背人伦，破坏家庭。

（四）危害社会思想稳定

表现：编造歪理邪说，制造思想混乱；制造恐慌心理和恐怖气氛；反科学、反文明，亵渎人文精神。

（五）践踏人权

表现：残害生命，践踏人的生命权；扼杀自由，侵犯人的政治权利；诋毁宗教，伤害信教群众的名誉权。

五、邪教的骗人手法

邪教常见的骗人手法如下：
（1）打着宗教或气功的幌子蒙骗人；
（2）用治病、免灾诱惑人；
（3）用"看相算命"、装神弄鬼等各种把戏吓唬人；
（4）套近乎拉拢人；
（5）用小恩小惠收买人；
（6）用暴力手段胁迫人。

六、崇尚科学 抵制邪教

综观当今世界，所有邪教无不威胁着人的生命财产安全与社会稳定。同邪教组织斗争是正义与邪恶、文明与愚昧、进步与倒退的较量，是维护国家安全和社会政治稳定的一场严肃斗争。我们每个公民都要做到"崇尚科学、拒绝邪教"，自觉抵制邪教组织的各种宣传和捣乱破坏活动。大学生肩负着实现祖国伟大复兴的使命，更要明辨是非、站稳立场，相信科学、拒绝邪教。

（一）倡导文明新风

严格遵守国家法律法规和社会公德、职业道德、家庭美德，讲科学、讲文明、树新风，积极参加健康文明的文体活动，自觉抵制邪教的侵蚀。

（二）崇尚科学

加强科学知识的学习，自觉抵制封建迷信、伪科学和反科学的侵袭。相信科学，遇到疾病找医生，遇到困难找政府，亲友邻里间要互相关心，相互帮忙，宽容体谅，绝不迷信和依靠邪教。

（三）珍爱生命、远离邪教

当代大学生应该认清邪教组织的真实面目，珍惜仅有一次的生命，千万不要受到邪教蛊惑而拿自己的生命为邪教服务。在"法轮功"邪教组织的蛊惑下，有健康活泼、风华正茂的女孩被烧成了终身残疾。她们不但没能升入天国，反而被钻心的疼痛与巨大的恐惧吞噬。

大学生应积极参加合法的社团组织和有益身心健康的活动。如收到有宣传邪教内容的手机短信、电子邮件等，要立即删除；如接到有宣传邪教内容的骚扰电话，要直接挂断。

如发现邪教组织在非法串联、秘密集会、聚众闹事，印刷、偷运、散发、邮寄大量反动宣传品，书写、喷涂、悬挂和张贴有关邪教的反动标语等，要立即报告当地政府有关部门或拨打110报警电话。

（四）树立科学的人生观

生老病死乃自然规律，有病要及时去医院看病、通过科学的方法医治。随着医学水平的逐步提高，目前多数疾病都能医治，有些病虽不能彻底治愈，但经过治疗可以缓解疼痛、延长生命。病急乱投医，相信入教就能消灾治病是一种极其糊涂而危险的行为，不仅对治疗疾病毫无用处，还可能因此延误最佳治疗时间，使病情恶化，后果不堪设想。

人生不如意事十之八九，有人下岗失业，有人事业受挫，有人情场失意，有人身残多病，有人家庭遭难……面对不幸与挫折绝不能心灰意冷、垂头丧气，更不能到邪教那里寻找精神寄托。不幸是暂时的，只有理智地分析现实原因，增强追求美好生活的勇气和自信，才能从根本上改变命运，找回幸福。

（五）运用法律武器同邪教作斗争

法律是抵制邪教的有力武器，多么"神"的邪教主，在法律面前都会"神"威扫地。如自诩"宇宙主佛"的李洪志因惧怕中国法律而逃亡美国，自称"觉皇"的吴泽衡被判无期等。因此，人们不但不要怕作恶多端的邪教，而且要敢于主动检举揭发邪教的违法活动。如见到邪教分子搞非法聚会要迅速向公安机关举报；发现邪教分子的反动宣传要立即向公安机关报告；邪教书籍和其他反动宣传品要尽快上缴；对误入邪教的家人或亲属要劝其回头是岸。总之，我们要敢于拿起法律的武器，与邪教作坚决的斗争，使邪教思想远离我们的心灵。

参考文献

[1] 杜钢清,胡琦峰,徐泽民. 大学生安全教育[M]. 武汉:华中科技大学出版社,2007.

[2] 上海市教育委员会学校后勤保卫处,上海市高等教育学会保卫学研究会. 上海市大学生安全教育读本[M]. 上海:同济大学出版社,2010.

[3] 中国高等教育学会保卫学专业委员会. 大学生安全教程[M]. 2版. 武汉:武汉大学出版社,2015.

[4] 李晋东. 大学生安全教育读本[M]. 西安:陕西师范大学出版社,2007.

[5] 通识教育规划教材编写组. 大学生安全教育[M]. 北京:人民邮电出版社,2009.

[6] 庄雷,任婉玲. 大学生安全教育[M]. 北京:科学出版社,2009.

[7] 中共北京市委教育工作委员会,北京高教学会保卫学研究会. 大学生安全知识[M]. 4版. 北京:机械工业出版社,2014.

[8] 张剑虹. 大学生安全教育读本[M]. 重庆:西南师范大学出版社,2008.

[9] 陈最华. 大学生安全教育[M]. 长沙:湖南人民出版社,2009.

[10] 宋志伟,陈建军. 大学生安全教育[M]. 北京:清华大学出版社,2020.

[11] 郑大远,韩卫江. 大学生安全教育[M]. 北京:人民邮电出版社,2022.

[12] 王威,呼东燕. 大学生安全教育[M]. 北京:清华大学出版社,2017.

[13] 庾庐山,张帆. 大学生安全教育[M]. 北京:中国纺织出版社,2022.

[14] 王伟才,吕罗伊莎. 大学生安全教育[M]. 北京:中国科学技术出版社,2021.

[15] 王横威. 大学生安全教育[M]. 北京:人民邮电出版社,2017.

[16] 周勇军,李彬源,林树生. 大学生安全教育[M]. 大连:大连理工大学出版社,2017.

[17] 王大伟. 大学生安全教育[M]. 北京:中国人民大学出版社,2017.

[18] 蒋丽芬,张威. 大学生安全教育[M]. 北京:高等教育出版社,2017.

[19] 邢廷卫. 大学生安全教育[M]. 北京:科学出版社,2017.

[20] 赵立莹. 大学生心理健康及安全教育[M]. 北京:科学出版社,2017.

[21] 张大凯,聂彩林,胥长寿. 高职学生安全教育通论[M]. 北京:航空工业出版社,2018.

[22] 李俊生,多俊岗. 大学生安全教育[M]. 重庆:重庆大学出版社,2016.

[23] 刘志彧,李文阁,鲁显玉. 大学生安全教育教程[M]. 北京:高等教育出版社,2016.

[24] 原彦飞. 大学生安全教育[M]. 北京:国防工业出版社,2015.

[25] 李刚. 大学生安全教育读本[M]. 哈尔滨:哈尔滨工程大学出版社,2015.

[26] 张久伟,蓝蓝. 大学生安全教育[M]. 北京:北京理工大学出版社,2015.

[27] 汤宗礼,陈志峰. 新时期大学生安全教育手册[M]. 北京:机械工业出版社,2014.

[28] 徐凯. 大学生安全教育[M]. 西安:西安电子科技大学出版社,2014.

[29] 宋志伟,宫毅. 学生安全教育读本[M]. 北京:高等教育出版社,2012.